해혼후,
지워진
황제의
부 활

An Emperor Erased

강서성의 성도 남창 신건구의 대당평향의 파양호 서쪽 언덕에 위치한 돈돈산 전경.
대당평향 관서촌 주민들은 '돈돈산'이라고 부르는 작은 산에 묻혀 있던
한나라 시대의 고분을 발견했다.

창읍은 하남성 동북부와 산동성 서부 지역이다. 장안은
오늘날 산시성 서안이다. 해혼은 오늘날 강서성 남창이다

황하

1 산동성- 거야(巨野) 출생(-92)
  (옛지명 山陽郡)
  5살 창읍왕(-88)

창읍

2 장안
19살 제9대 황제(-74)

3 산동성-거야(巨野)
  19살 평민 강등

장강

해혼

4 강서성 -남창(南昌)
  제1세 해혼후(-63~-59)

돈돈산 전경

해혼후 묘 내부

해혼후가 거주했던 자금성 유적지

작가(왼쪽)가 자금성 유적지를 조사하고 있다.

해혼후 묘구(墓區)의 부인묘(夫人墓)

묘구의 본래 사당이 있던 곳. 지반이 뚜렷하게 보인다.

청동 술그릇 동주시대의 술 그릇으로 뚜껑이 열린다. 이 기물은 '실랍법(失蠟法)'으로 제조한 것으로 당시 중국의 청동공예 최고 수준을 대표한다. 묘주가 생전에 사용했던 것으로 보인다.

청동 술통 봉황 무늬의 제량유(提梁卣; 제사용 술통)는 상말주초(商末周初) 청동기의 대표적인 기물이다. 보기 드문 이 술통은 봉황 무늬가 매우 생동적이고 테두리가 돌출되어 주조기법이 숙련되고도 출중하다. 이것은 이런 종류의 기물 가운데 희귀하고 우수한 제품으로 그 시대의 청동기 걸작이라고 할 만하다. 묘주가 생전에 사용했던 것으로 추정된다.

잡곡 대묘에서 출토된 수많은 기장쌀과 종자 그리고 동충하초(冬蟲夏草). 동충하초는 청장(靑藏)지역의 산물이고, 올방개는 인도에서 전래된 것이다. 이것으로 보아 한대에 이 지역은 서부지역 및 인도와 비교적 밀접한 관계에 있었음을 알 수 있다.

증류기 해혼후 묘에서 출토된 가장 큰 용기. 지금까지 중국에서 발견된 것 가운데 가장 이른 시기의 증류기로 주로 술을 빚는 데 사용되었다.

청동 정(靑銅鼎) 서한시대에 청동기는 차츰 생활도구로 쓰였고, 의식에 사용하는 그릇 역할은 점차 사라졌다. 이 청동 정은 디자인이 독특하고 뚜껑에 새머리 모양의 손잡이를 달아 아름답고도 단정하며 사용하기 편리하다.

청동 화과(銅火鍋) 중국에서 지금까지 발견된 것 가운데 가장 이른 시기의 청동으로 만든 화과(신선로). 원형의 솥으로 음식물을 넣어 익히기에 편리하고, 중간에 있는 홈은 숯을 놓는 자리로 보이며, 아래로는 3개의 다리가 달렸다. 보기 드문 디자인에 아름답고도 실용적이다.

안어등(雁魚燈) 아주 독특한 조명 용구. 기러기가 물고기 한 마리를 물고 있는 디자인이 수향(水鄕)인 파양호의 자연생태와 잘 어울린다. 이를 보아 설계·주조한 이가 섬세한 안목을 가졌고, 그곳에 사는 것을 아주 좋아했음을 충분히 짐작할 수 있다. 아름다울 뿐만 아니라 과학적이고 실용적이기까지 한 이유는 연기가 물고기의 배와 연도(煙道)를 지나 기러기 뱃속으로 들어오면 거기에 있던 물로 정화되어 실내환경이 청결히 유지될 수 있기 때문이다.

해혼후 묘와 묘원 항공도

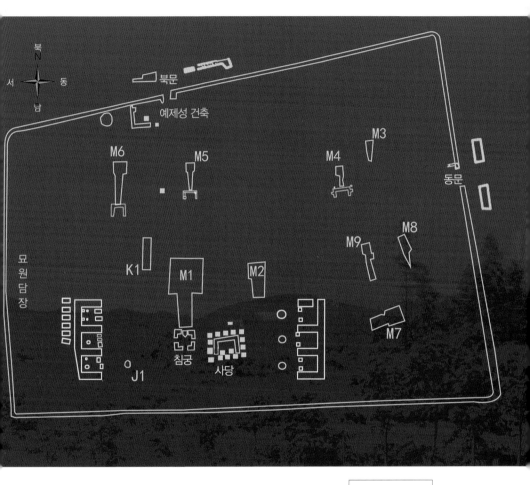

해혼후 묘원 평면도

| M = 묘실 |
| J = 우물 |
| K = 거마갱 |

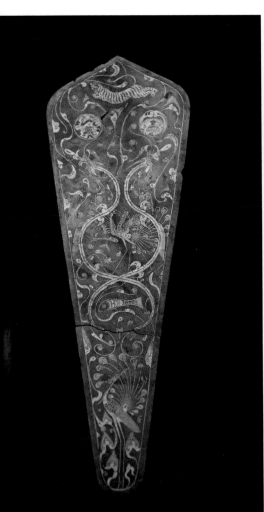

금은을 박아 넣은 거마기(車馬器) 출토된 3천여 개의 거마기 가운데 80여 개가 마면(馬面)이
었는데, 이것은 말의 얼굴 위에 걸어둠으로써 신분을 나타내는 것이었다. 청룡(靑龍)·백호(白
虎)·주작(朱雀)·현무(玄武)의 모양으로 된 마면은 금은을 박아 넣는 복잡한 기술을 사용했
다. 또한 구도가 뚜렷하고 어색한 부분이 없다. 물고기·호랑이·태양신(太陽神)·달·옥토끼
모양을 금으로 박아 넣은 것도 있고, 두꺼비와 날개를 펴고 날아오르는 주작도 있는데, 금은
을 박아 넣는 이러한 종류의 기술은 다른 고분에서는 전혀 찾아볼 수 없다. 백호의 눈과 이빨
이 생동적으로 묘사되어 있다.

연지등(連枝燈) 연지등은 신수(神樹)를 상징하는 모양으로 만들어 졌는데
곁가지에 등잔을 설치한 것을 보면 상상력이 아주 풍부하다.

물시계 가장 이른 시기의 시계. 용기 속에 물을 넣고 위쪽에 측량용 막대기를 꽂아두었는데, 막대기 위에는 눈금이 새겨져 있어서 물이 내려가면 눈금도 내려가는 원리를 이용하여 시간을 표시했다. 묘주가 생전에 시간을 소중히 여겼음을 알 수 있다.

나비형 패옥(佩玉)

칠기(漆器) 대묘에서 3천 개
가 출토되었다. 한대에는 칠
기 하나가 동기(銅器) 10개에
상당하는 가치가 있었다. 칠
기 위의 용 무늬 디자인은 독
특하고 정교하고도 아름다워
예사롭지 않은 느낌이다.

편종(編鐘) 고분의 가장 핵심이 되는 부분인 북쪽 회랑에서 출토되었다. 모두 세 벌의 편종이
출토되었는데, 그 중에는 유종(鈕鐘)이 14개, 큰 용종(甬鐘)이 10개 있었고, 철로 된 편경(編磬)
이 한 벌 그리고 낱개로 십여 개가 있었다. 수량은 말할 것도 없고 품질 역시 한대의 출토 문물
가운데 가장 완벽하게 보존되어 있었다. 14개의 유종은 음률을 확정하여 곡조가 어긋나는 것을
방지하고, 용종은 왕후(王侯)의 규범에 따르면 궁(宮)·상(商)·각(角)·치(徵)·우(羽)에 해당하
는 5개인데, 이 고분에서는 10개의 용종이 출토되었으니 5음을 기본으로 삼아 저음부와 고음부
로 확장하여 보충한 것이 분명하다. 묘주의 음악 감상력이 꽤 뛰어났음을 알 수 있다.

순우(錞于) 중국에서 실물로는 처음 발견된 청동제 타악기. 몸통에는 원래 은테가 붙어 있었으나 지금은 떨어져버렸다.『주례(周禮)』에 "쇠로 만든 순우로 북과 함께 연주시켜 보니 북과 서로 잘 어울렸다(以金錞和鼓, 作樂而振之, 與鼓相和)"는 대목이 나온다. 이로써 순우와 북은 함께 사용했음을 알 수 있다.

목용(木俑)

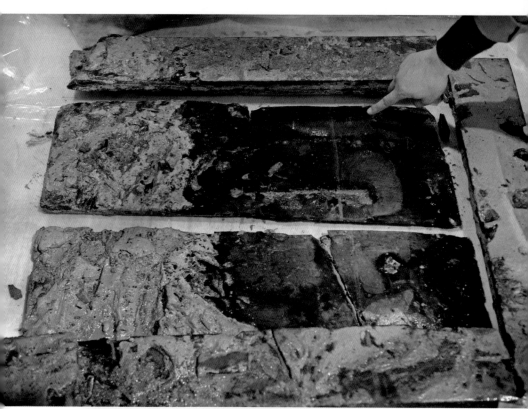

공자상 병풍 병풍 뒷면에는 두터운 동판이 덧대어 있었고 앞면에는 공자상이 있었는데, 이것은 지금까지 발견된 것 가운데 가장 이른 시기의 공자상이다. 옆에는 공자의 제자인 안회(顏回)·자공(子貢)·자로(子路) 등의 형상이 있다. 공자라는 글자가 뚜렷하게 보인다. 국보급 문물이다.

바둑판 이것은 15줄 바둑판인데, 바둑판은 19줄이 가장 높은 수준의 것이다. 한대에는 바둑이 꽤 유행했다.

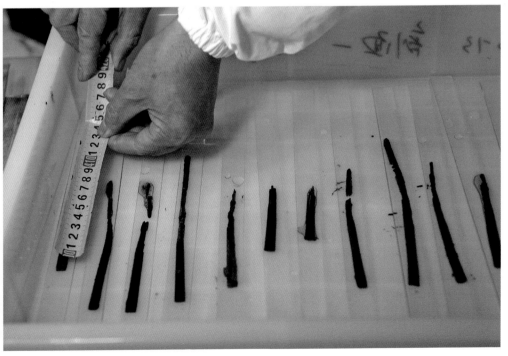

죽간(竹簡) 일만 매(枚) 이상이 출토되었는데, 『시경(詩經)』·『주역(周易)』·의서(醫書) 등이 발견되었다.

2백만 개의 동전 하나같이 연호(年號)가 없다. 사용하지 않은 동전으로, 이곳에 묻혀 있던 동전을 추산하면 한대에 중국 전역에서 주조된 동전의 1%에 이른다고 한다.

청동염로(靑銅染爐) 염로는 고기를 구울 때 쓰는 화로.

기러기 모양 석진(席鎭) 돗자리는 줄곧 옛날 사람들이 일상적으로 사용하던 생활용구였다. 돗자리는 끝이 말리기 쉬울 뿐만 아니라 일어날 때 움직이기도 했기에 돗자리를 고정시키는 석진이 생겨나게 되었다.

마제금(馬蹄金) 기록에 따르면 서기전 95년, 한무제(漢武帝)가 사냥을 나갔다가 뜻밖에 순백의 기린 한 마리를 잡았는데, 그와 동시에 돈황에서 천마(天馬)가 발견되었다고 한다. 무제는 대단히 상서로운 일로 여겼기에 마제금(말발굽 모양의 금괴)과 인지금(麟趾金)을 주조하여 그 일을 기념하고, 또 연호를 바꿔 원수(元狩) 원년(元年)이라고 했다. 다른 한편으로는 한무제가 대원성(大宛城)을 함락시키고 한혈보마(汗血寶馬) 여러 마리를 얻은 일을 기념하기 위한 것이었다는 설도 있다. 마제금은 보통 황제가 제후왕에게 내리는 하사품이다.

와당 해혼후묘는 현재 남창에서 한나라 기와를 볼 수 있는 유일한 발굴 유적지다.

'유하(劉賀)'의 개인 도장 묘주인 한폐제(漢廢帝)이자 제2대 창읍왕(昌邑王)
그리고 제1대 해혼후인 유하의 신분을 직접 확인해 주는 증거이다.

청자관(靑瓷罐) 청자로 된 항아리

옥이배(玉耳杯) 옥으로 된 손잡이가 달린 술잔

유하 세계표(世系表)

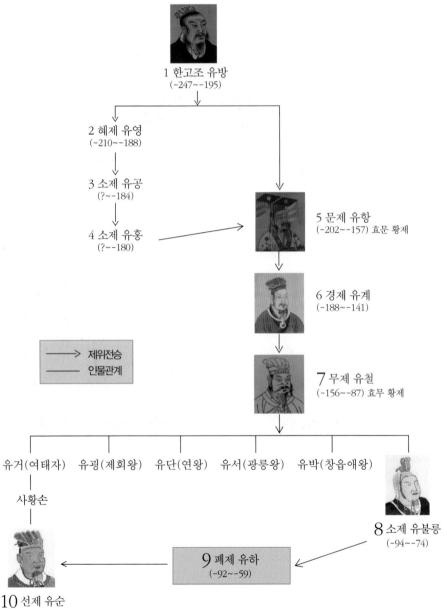

1 한고조 유방
(-247~-195)

2 혜제 유영
(-210~-188)

3 소제 유공
(?~-184)

4 소제 유홍
(?~-180)

5 문제 유항
(-202~-157) 효문 황제

6 경제 유계
(-188~-141)

→ 제위전승
— 인물관계

7 무제 유철
(-156~-87) 효무 황제

유거(여태자)   유굉(제회왕)   유단(연왕)   유서(광릉왕)   유박(창읍애왕)

사황손

8 소제 유불릉
(-94~-74)

9 폐제 유하
(-92~-59)

10 선제 유순
(-91~-49)

* 인물자료 출처 : 『중국사 인물과 연표』(손잔췐 지음, 진화 편역), 2017, 서울
* 년도 앞에 (-)는 서기전을 표시함.
* 사황손(史皇孫)은 선제의 생부 유진의 어머니 이름이 사량제라 하여 사황손이라 한다.

해혼후,
지워진
황제의
부 활

An Emperor Erased

리롱우(黎隆武) 지음
진화(陳華) 옮김

* 일러두기
  - 이 책에 언급된 지명은 한자음 표기로 통일한다.
  - 인명은 중국 신해혁명(1911년)을 기준으로 이전 인물은 한자음 표기, 이후는 중국
    발음 표기로 통일한다.
  - 본문 각주는 저자가 작성했다.
  - 도서는 『　』, 소논문, 시, 사, 부 작품은 「　」로 표기했다.

서막

대묘를 열다

-한나라 시대 고고학 발견 중 최고-

세상을 깜짝 놀라게 한 유하

2015년 세밑의 남창, 파양호 서안에 위치한 신건구의 대당평향 관서촌 주민들이 '돈돈산'이라고 부르는 작은 산에 묻혀 있던 한묘가 공개되어 세상을 깜짝 놀라게 했다.

5년에 걸친 발굴을 통해 고고학 전문가들은, 현지 주민들이 선산으로 쓰고 있던 돈돈산이 한대 제후국의 하나인 해혼후국의 거대한 규모를 갖춘 묘원 구역의 일부분임을 밝혀냈다. 묘원의 전체 면적은 4만 6천 만 평방미터인데, 그 둘레는 담장이 쳐 있고 동문과 북문이 있으며 문 밖에는 궁궐이 있었다.

묘의 동문으로 나가면 곧장 해혼후국의 도성, 즉 자금성(紫金城)과 통했다. 묘원 안쪽으로는 크고 작은 아홉 기의 고분과 한 기의 거마갱이 여기저기에 있는데, 제법 정취 있게 배치되어 있었다. 묘원 구역의 건축물로는 사당·침궁·편전*·곁채·묘원 담장과 도로와 배수시설

해혼후, 지워진 황제의 부활

돈돈산 전경

등의 유적이 모두 뚜렷하게 남아 있었다. 묘주가 살아 있을 때와 다름 없이 거의 모든 것이 보존되어 있었다.

대묘의 주곽실(主槨室) 안은 묘주가 살아 있을 때의 거실과 똑 같은 구조였다. 묘의 실내 높이는 2.4미터이고, 좌우 양측으로 나뉘어 있었다. 우측은 묘주가 기거하는 방으로 동쪽에 있고, 묘주의 관이 놓여 있고 관 옆에는 선반이 있으며 그 위로는 휘장이 쳐 있었고, 앞쪽으로는 일상생활 용구가 놓여 있었다. 이곳이 묘실의 가장 핵심적인 부분이다. 기거하는 방에는 "죽은 사람 모시는 것을 산 사람 모시는 것처럼 하듯이(事死如事生)" 심지어는 등잔·박산로(博山爐)·쟁반·이배(耳杯)까지 진열되어 묘주가 생전에 사용하던 물건이 고스란히 남아 있었다.

────────────
* **편전** : 정전(正殿) 이외의 별전(別殿)으로 옛날에 제왕들이 쉬거나 소일하던 곳

대묘의 주갱

묘실의 좌측은 응접실로 서쪽에 있으며 묘주가 업무를 처리하고, 손님을 초대하여 주연을 베푸는 곳이었다. 응접실에서는 병풍과 탁자 그리고 술잔 등의 물품이 발견되었다. 묘주가 생전에 사용하던 물건이 주곽실과 사방의 찬장 속에 그대로 잘 놓여 있었던 것이다.

묘실을 감싸고 있는 회랑은 무기고·돈 창고·식량 창고·악기 창고로 나뉘어 있으며, 그 안에는 문학과 사학 관련 문서·편종·무기·술그릇를 비롯한 오락용구와 일상용구가 들어 있었다. 묘도 입구 부근은 차고로 양쪽에는 전부 수레가 들어서 있고 가운데는 또 징을 울려 길을 여는 역할을 하는 호위차도 있었다.

고고학자들은 찬장에서 기악용·시종용·거마용·의장용을 비롯한 각종 목용(木俑) 수십 개를 잘 수습하여 출토했다. 목용들은 정교하고

 해혼후, 지워진 황제의 부활

대묘의 수레와 말 무덤

도 아름답게 그리고 생동적인 모습으로 만들어져 있었다. 이러한 목용
들은 오로지 묘주만을 위해 만들어진 것으로, 묘주가 생활하는 데 필
요한 각종 서비스를 제공하기 위한 것이었다.

가장 놀라운 일은 이 고분에서 수만을 헤아리는 진귀한 문물이 출
토되었다는 사실이다. 대묘의 주곽실이 열리고 정리되면서 한 번 보기
도 어려운 보물들이 대량으로 세상 사람들 눈앞에 나타난 것이다.

수만을 헤아리는 죽간과 목간은 부장품 목록과 상주문(上奏文)의 부
본(副本)으로, 중국 고고학사에서 지극히 중대한 발견이다. 그리고 글
자가 적힌 옻칠한 대바구니와 이배(耳杯, 좌우에 귀와 같은 손잡이가 달
린 타원형의 잔) 등도 많이 나왔다. 이러한 발견을 통해 여러 종의 진귀
한 고대문헌이 2천 여 년 뒤 현대에 모습을 드러냈다. 이 진귀한 문물

발굴팀이 거마갱 속의 마차 바퀴를 깨끗이 정리하고 있다.

들은 오늘날의 사람들에게 한대와 그 이전의 역사와 문화 그리고 예술과 과학기술의 발전에 관해 완전히 새로운 자료이므로 그 역사문화 연구가치는 짐작조차 할 수 없을 만큼 크다. 특히 진시황의 분서갱유로 인해 막대한 양의 유학 전적이 불타버렸기 때문에 발굴의 의의가 더욱 크다.

그런데 해혼후 묘에서 출토된 죽간에 기재된 문헌의 총 자수가 대충 헤아려보아도 수십만 자에 이르니, 그 속에는 불타버리지 않은 선진(先秦) 전적의 내용이 들어 있을 수도 있지 않을까? 꼬리에 꼬리를 무는 상상이 이어진다. 발굴팀의 노고로 마침내 비밀이 밝혀져 전세계가 흥분하는 날이 오리라고 간절히 믿는다!

대묘에서 출토된 한 벌의 그림에 인물의 모습이 담긴 병풍 날개들이 있다. 인물 아래쪽의 제자(題字)를 보면 공자·안회·숙량흘* 등등 유명인의 이름 말고도 "성 밖에 살면서 낳았다(野居而生)"라는 자구가 분명히 눈에 들어온다. 전문가들은 이것이 지금까지 발견된 중국 고대 선현 공자의 그림 가운데 가장 이른 것임을 인정하고 있다. 이 사실은 한무제가 "제자백가의 학설을 배척하고 오로지 유가의 학설만을 받든다(罷黜百家, 獨尊儒術)"고 선언한 뒤 서한 중후기 상류계층에서 유학을 숭상하는 것이 일종의 유행이었음을 입증하는 것이다. 앞으로 유관 연구성과가 반드시 역사책에 실리게 될 것이다.

더욱더 감탄해 마지 않을 일은 황금으로 된 물품이 대량으로 출토되었다는 점이다. 주관(主棺)을 열기도 전에 마제금(馬蹄金)·인지금(麟趾金)·금병(金餠) 등등을 비롯한 금붙이가 3백 여 개 발굴되었는데, 금빛 찬란한 '금병'과 '금판(金板)'은 중량이 무겁고 순도가 높았다. 전하는 바에 따르면, 마제금은 한무제가 서역의 대완국(大宛國)을 정복하던 해, 한혈보마(汗血寶馬)를 얻은 성과를 널리 알리기 위해 특별히 한혈보마의 말발굽 모양에 따라 주조하여 조정의 하사품으로 쓰던 것이라고 한다. 그러므로 마제금을 가지고 있는 사람이라면 누구나 영광과 은총을 누린다는 뜻이다. 국제 문물시장에서 똑같은 마제금이 2012년 중국 쟈더(嘉德)경매회사의 경매가격으로 개당 인민폐 919만 위안에 달했는데, 이러한 마제금이 주관을 제외한 묘의 내부에서 두 벌 도합

---

* **숙량흘**(서기전 622년~서기전 549년) : 춘추(春秋) 시대 노(魯)나라 사람으로 주대(周代)의 제후국인 송(宋)나라 군주(君主)의 후대(後代). 사상가이자 교육가로 유가(儒家)학파의 창시자인 공자의 아버지. 70세에 공자를 낳았다.

48개가 출토되었다.

주관과 내외관(內外棺) 사이에서는 20개의 금판이 발견되었는데, 이것은 한묘의 발굴사에서 처음 있는 일이었다. 어느 전문가는 이러한 금판이 아마도 옛날에 책봉식을 할 때 사용하던, 보기 드문 '금책(金冊)'일 수도 있다고 하니, 이것은 묘주의 신분이 존귀하다는 것을 알려주는 중요한 정보인 셈이다.

그밖에 북쪽의 저장고에 있는 돈 창고에서는 산더미처럼 쌓인 무려 10여 톤에 달하는 오수전이 출토되었다. 이번 발굴을 통해 한대에 동전은 일천문(一千文)을 하나의 기본단위로 삼았다는 중요한 정보를 성공적으로 얻게 되었다. "천문을 일관으로 삼는다(千文一貫)"는 화폐제도가 1천 년 더 거슬러 올라가게 된 셈이다. 20여 톤에 달하는 동전 수량은 무려 2백만 개나 되는데, 어느 전문가의 분석에 따르면 한대 중기 전국에서 주조된 동전의 1%에 이른다고 한다. 묘주 집안의 풍족함에 말문이 턱 막힌다!

대묘에서는 또 정밀하고도 뛰어난 가공 기술을 보여주는 청동기·철기·옥기·칠목기·도자기·죽공예품·짚공예품·방직품과 금은을 박아 넣거나 도금을 하거나 순도 높은 황금으로 된 거마기(車馬器)·악기 등이 대량으로 출토되었다. 그 가운데 칠목기 3천 여 개, 청동기와 철기 3천 여 개, 보석·마노·터기석 등등을 포함한 옥기 5백 여 개가 포함되어 있다.

특히 정교하게 제작된 안어등과 술그릇 등의 생활용기는 서한시대 열후 이상 귀족들의 생활상과 당시의 뛰어났던 수공예 수준을 보여준

 해혼후, 지워진 황제의 부활

다. 한대 귀족의 의식주와 교통 그리고 문화 오락 등등의 방면에서 풍부하고 다양했던 생활상을 재현해 주고 있으니, 서한 문화를 깊이 파고드는 데 획기적인 의미와 가치를 지니고 있다. 그리고 그 속에서 드러나는 선조들의 지혜와 창조력에 경탄을 금치 못한다!

이 묘주의 부장품에는 금과 옥 그리고 보배가 많아서 전문가들이 "한대 고고학 발견 중 최고"라고 일컫고 있으니 세계를 깜짝 놀라게 하기에 충분하다! 게다가 어떤 부장품은 오로지 제왕의 집안에서만 향유할 수 있는 것이었다. 예컨대 진짜 수레와 말이 순장된 구덩이에서, 정교하고도 아름다운 문양이 새겨진 순도 높은 황금과 은이나 청동을 박아 넣은 거마기가 출토되었다. 거마기는『후한서』'여복지(輿服志)'에 실려 있는 "용머리가 멍에를 물고 있는(龍首衡軛)"모습의 '왕청개거(王靑蓋車)'와 비슷하다. 이것은 바로 묘주가 제왕과 동급의 인물일 가능성이 아주 높다는 정보를 제공해 준다.

이 대묘는 어떻게 발견되었을까? 또 이 존귀하고도 부유한 묘주는 과연 누구였을까?

대묘 발견의 미스터리를 풀려면 5년 전의 소문으로 거슬러 가보자.

2011년 초봄, 남쪽지역에서는 가장 추운 시기였다. 이른 봄 추위가 여전히 매서웠던 남창의 골동품 시장에선 오히려 한 가닥 열기가 치솟기 시작했다. 적지 않은 업계 내 인사들이 하나같이 똑같은 소식을 전하고 있었다. 어떤 이가 순금으로 된 금룡(金龍) 하나를 처분하려고 하는데, 그 금룡은 가공 기술이 정교하고도 아름다워 세상에 보기 드문 것이라고 한다. 확실히 너무나 진귀한 것이었기 때문에 남창의 전체 골동품 시장에선 의외로 감히 사들이려는 사람이 없다는 것이었다.

금룡은 옛날에 오로지 제왕과 동급의 사람만이 가질 수 있는 보물이므로 그 금룡이 가짜가 아니라면 어느 제왕의 무덤에서 나온 것일 가능성이 높았다. 진귀한 문물을 도굴하여 매매했다가 조사라도 받게 된다면 아주 성가신 일이다. 그래서 설사 속으로 좀이 쑤신다 한들 감히 사들이려는 사람이 없었던 것이다.

이러한 소문은 경찰의 주의를 끌게 되었다.

얼마 전에 남창시 신건구 경찰측은 대당평향 관서촌 주민의 신고를 받았다. 며칠 전 외지인 일행이 관서촌에 와서 여염집 한 채를 임대했는데, 이들은 연달아 며칠씩 낮에는 자고 밤에만 나가는 등 행적이 수상적다는 것이었다. 그들이 바깥으로 나간 날 밤이면 마을 개들이 끊임없이 맹렬히 짖어댔고, 관서촌에서 동남쪽으로 약 1킬로미터 떨어진 돈돈산에 공교롭게도 불빛이 반짝거리고 있었다는 것이다.

돈돈산은 현지 주민들의 선산으로, 산 위에는 무덤이 층층이 가득 쌓여 있다. 이미 세월도 오래 지났고 후손들도 어디로 옮겨 갔는지 몰라 보살필 사람이 없어진 바람에 적지 않은 무덤들이 황폐해지고 말았다. 이따금씩 외지인이 옛 자취를 찾아와 조상의 제사를 모시는 경우도 있었고, 이름을 알 수 없는 무덤은 도굴되는 경우도 있었다.

처음에 주민들은 며칠 전부터 집을 빌려 묵고 있던 외지인들 역시 돈돈산에서 조상을 기리는 의식을 행하는 것으로 여겨 크게 개의치 않았다. 그러나 나중에 그들이 연달아 며칠씩이나 낮에는 문을 닫고 집안에 숨어있고, 한밤중에 마을의 개들이 맹렬히 짖기 시작할 때가 바로 그들이 집을 나서는 시간이며 그 다음엔 저 멀리 돈돈산에서 불빛이 반짝거린다는 사실을 알아차렸다. 주민들은 그들이 정당한 일을 하는 사람들 같지는 않고 도굴을 하고 있을 가능성이 높다는 생각이 들자 바로 경찰에 신고한 것이었다.

경찰이 계속해서 뒤를 밟고 비밀리에 며칠 조사한 뒤 내린 최초의 판단은 그들이 하남성에서 온 도굴단이라는 것이었다. 풀을 쳐서 뱀을 놀라게 하는 일이 없도록, 다시 말해 계획을 누설해서 그들이 미리 경계하는 일이 없도록 경찰은 계속해서 추적 조사를 벌이며 조건이 성숙하기를 기다렸다가 그물을 거두기로 결정했다.

달빛도 없고 바람도 세찬 어느 날 밤이었다. 초봄의 쌀쌀함 탓에 관서촌 주민들은 일찌감치 이불 속으로 들어갔다. 한밤중이 되자 마을 개들이 또 맹렬히 짖기 시작했다. 쌀쌀하고도 고요한 밤중에 여기저기서 개들이 계속해서 짖어대자 사람들은 몹시 놀랐다. 이튿날 아침 일찍 일어난 주민들은 저 멀리 돈돈산 언덕 위에 황토가 하룻밤 새 아주 높이 쌓여 있다는 사실을 문득 알아차렸다. 이상하다는 생각이 든 주민들이 서둘러 가서 보니, 산 언덕 높은 곳에 새로 파낸 굴이 있는 것이었다. 담력이 좀 큰 주민이 굴속에 나 있는 발자국을 따라 내려가 보았는데, 깊이가 10여 미터쯤 되는 것 같았다. 발자국이 없는 곳에 이르

러 뛰어내리자 쿵 하고 메아리가 울리는 것으로 보아 그 속은 뜻밖에
도 비어 있는 것이었다. 굴속은 높이가 1미터가 좀 넘고 넓이가 60센
티미터쯤 되었으며 그 속에는 부서진 나무토막들도 있었다. 주민들은
이것은 틀림없이 어젯밤 도굴꾼들이 파낸 굴이라고 짐작했다.

문물시장에서 금룡을 팔고자 하는 사람이 있다는 소문에 생각이 미
친 경찰은 이 도굴용 땅굴이 하남성에서 온 도굴단의 소행일 가능성
이 지극히 높다고 판단했다. 도굴꾼들은 이미 묘혈을 열고 물건들을
훔쳐내고 있는 것 같았다. 경찰은 그물을 거두기로 결정하고는 재빨리
도굴꾼 모두를 일망타진했다. 경찰은 금룡을 비롯한 문물과 범죄도구
등등을 압수했다.

곧이어 경찰은 압수한 물품을 문물부서에 보내 감정을 의뢰했다. 정
말로 보지 않았으면 몰랐을 일이고, 보았다면 깜짝 놀랄 일이었다! 경
찰이 보낸 물품은 즉각 국가 문물부서가 아주 중시하는 대상이 되었
다. 문물 전문가들은 이러한 문물과 도굴꾼들이 파낸 목재로 판단해
볼 때, 도굴된 고분은 등급이 높은 귀족의 묘임이 분명했다. 왜냐하면
금룡은 말할 것도 없고 고분에 사용된 목재 역시 서한시대에 일반적
인 제후나 귀족이라 해도 향유할 수 없는 것이었기 때문이다.

그런데 사서의 기록을 볼 때 남창의 신건구는 일찍이 한대에 제후
국이었던 해혼후국의 도성인 자금성이 있었던 곳이다. 도굴꾼들이 파
낸 문물들은 어느 세대의 해혼후와 관련이 있는 인물의 부장품일 가
능성이 아주 높았다. 다행인 것은 도굴꾼들은 아마도 밤에 작업시간이
부족했던 탓인지 밤새도록 겨우 작은 묘혈 하나만 열고 금룡을 비롯

해혼후, 지워진 황제의 부활

멀리서 바라본 자금성터

한 문물을 꺼냈다는 점이다. 그리고 어쩌면 더 많은 가치를 가지고 있을지도 모르는 그 옆의 다른 묘혈은 이미 10여 미터를 파고 들어가 여러 겹으로 된 두터운 방호 목판을 뚫기는 했으나, 작업 시간이 부족했기 때문에 결국 대묘를 열지 못했다는 것이다.

동틀 무렵이 되어 저 멀리 마을에서 일찍 일어난 사람들이 바깥으로 나올 기미가 보이기 시작하자, 도둘꾼들은 달갑지 않지만 작은 산처럼 쌓인 황토를 남겨둔 채 황급히 떠날 수밖에 없었다.

문물 발굴은 대개 도굴꾼들의 자취를 따라 진행된다. 국가 문물국의 승인을 거쳐 강서성의 전문가들은 도굴꾼들이 찾아낸 이 묘를 두고 긴급 발굴을 개시했다.

이러한 '대묘발견기(大墓發見記)'는 '과장'된 느낌이 적지 않다. 공안기관과 문물부서의 조사에 따르면 이른바 '금룡'은 풍문에 불과한 것일 뿐, 발굴 작업에 참여했던 사람들마저도 결국 '금룡'을 본 적이 없다고 한다. 그런데 공안기관의 해결 사건 자료에 따르면, 진짜 '도굴수사기'는 다음과 같다.

2011년 1월, 살을 에는 듯한 차가운 바람이 불자 흙마저 얼어버린 것 같았다.

"섣달의 문에 들어서면 바로 새해를 맞이한 사람이 된다(一進臘月門, 便是過年人)"는 속담이 있다. 세밑 무렵, 감강(贛江, 중국 남부의 강)의 가장자리에 있는 강서성 남창시는 예전과 다르게 훨씬 추운 데다가 보기 드물게 큰눈이 연달아 몇 번이나 내렸다. 눈이 내리면 들판에서 토끼 발자국을 볼 수 있다. 산토끼에겐 이상한 버릇이 있는데, 그것은 바로 가본 적이 있는 길만 줄곧 다닌다는 것이다. 그러므로 토끼의 발자국을 따라 덫을 놓으면 아마도 한 마리는 잡을 수 있을 것이니, 마침 토끼 해인 2011년에 '토끼 분위기'를 더해준다고 할 수 있겠다.

어느 날, 남창시 신건구 대당평향의 주민 한 사람이 토끼 덫을 들고 집에서 그다지 멀지 않은 눈판에 가서 토끼 발자국을 찾고 있었다. 멀리 가지 않았는데도 눈판 위에 움푹 팬 '흔적'이 보여 위에 얇게 덮인 흙을 헤쳐보았더니, 편직자루와 흙으로 덮어서 가린 땅굴이 나타났는데 깊이가 5~6미터나 되지 않는가?

이 일대는 바로 성급 문물 보호단위인 철하(鐵河) 고묘군이었다! 저 멀리 바라보니, 하나하나의 흙더미가 길게 이어져 있었다. 이곳의 지하에는 얼마나 많은 보물이 묻혀 있는지 알 수 없지만, 이전에 도굴된

해혼후, 지워진 황제의 부활

묘가 있었다. 이 땅굴은 십중팔구 도굴꾼의 소행이리라. 고분이 도굴 당했다는 소식은 재빨리 공안국에 보고되었다.

거의 똑같은 시간대에 대당평향에서 20킬로미터 떨어진 신기주(新 祺周)에서는 남창시 공안국 상해 분국의 지역 인민경찰인 쉬에지엔펑 (薛建峰)이 새해 전에 관할구역의 사업체를 방문하는 관례 업무를 시 작하고 있었다. 그즈음 비와 눈이 한꺼번에 내리는 바람에 도로는 진 창이 되어 있었다. 그가 어느 여관에 도착했을 때 공터에 주차되어 있 던 7인승 루이펑(瑞風) 승합차가 주의를 끌었다.

거리에는 사람과 차가 오가고 있었는데, 유독 이 차가 그의 주의를 끌게 된 까닭은 무엇이었을까? 그도 그럴 것이 이 승합차는 위장포로 자동차 번호판을 빈틈없이 가리고 있었기 때문이다. 양심에 부끄러운 일을 하지 않으면 귀신이 문을 열라고 해도 두려워하지 않는다는 속 담이 있다. 번호판을 가린 승합차로 인해 쉬에 경관의 마음속에는 의

철하 고묘군

문부호가 그려졌다.

며칠 후 춘절(春節)이 더욱 가까워졌을 무렵, 눈비가 내리던 날씨도 마치 휴가를 바라고 있다는 듯이 점점 수그러들었다. 그날 쉬에지엔펑은 다시 그 여관을 방문했는데, 그 승합차가 아직도 그곳에 주차되어 있고 번호판도 여전히 빈틈없이 가려져 있었다. 쉬에지엔펑은 곧바로 관심을 기울이지 않을 수 없었다. 자세히 알아보니 이 차를 사용하는 사람들은 날마다 밤 8~9시에 차를 몰고 나가서 새벽 4~5시가 되어야 돌아온다는 것이었다. 게다가 이 사람들이 더 이상한 점은 여관 직원들이 그들이 묵는 방을 청소하지 못하게 한다는 것이었다.

이들은 도대체 무슨 일을 하는 사람들일까? 쉬에지엔펑이 그 차를 살펴보자 창문을 통해 보이는 것이라고는 약간 남아 있는 황토 흔적과 바닥에 놓여 있는 지렛대와 철삽 등의 공구뿐이었다. 더 세세히 살펴보자 이상한 모양의 물건이 몇 개 있었는데, 부삽처럼 생겼지만 삽 머리 부분이 좁아서 넓이가 몇 센티미터에 불과하고 U자 모습을 한 반원형이었다. 딴 사람이 보았다면 알아낼 수 없었겠지만, 쉬에 경관은 산서성 출신으로 고향에는 제왕과 장상의 능묘가 아주 많았고 도굴꾼 역시 많았다. 그는 단번에 알아볼 수 있었다. 그것은 낙양(洛陽)삽이었던 것이다.

낙양삽은 보통 삽이 결코 아니다. 전하는 바에 따르면 낙양삽은 하남성 낙양 부근의 마을 주민 이압자(李鴨子)가 20세기 초에 발명한 것이라고 하는데, 후세 사람들이 조금씩 개량하여 도굴하는 데 널리 사용되었다. 중국에서 고분이 가장 집중되어 있는 낙양의 양망산(陽邙山)

해혼후, 지워진 황제의 부활

지역에선 "묘 열 개 가운데 아홉은 비었다(十墓九空)"는 말이 있다. 도굴꾼이 사용하는 것이 바로 이런 공구이며 '낙양삽'도 이로 말미암아 '악명'을 널리 떨치게 되었다. 나중에 저명한 고고학자 웨이쥐시엔(衛聚賢)이 발굴을 위한 시추 작업에 낙양삽을 활용했기에 원래 도굴용 공구인 낙양삽이 동시에 중요한 고고학 공구가 된 것이다. 기존의 삽자루는 너무 길어서 감추고 다니기가 불편하고 들통나기 쉬웠기에 나중에 여러 차례 개량되었다.

이번에 쉬에 경관이 본 낙양삽은 자루가 50센티미터 길이의 나사 조립식 쇠파이프로 계속 이어지는 것이었는데, 전부 떼어진 채로 차 안에 보관되어 있었다. 낙양삽을 보자마자 쉬에지엔펑 경관은 그들이 도굴단임을 거의 확신할 수 있었다. 그는 서둘러 상황을 분국에 보고했다. 때마침 철하 고묘군에서 도굴용 땅굴을 발견했다는 정보도 공안국에 접수되었다.

인민경찰 쉬에지엔펑이 춘절 전에 관할구역의 사업체를 관례대로 방문하고 있을 때, 상해 경제개발구 국약대도(國藥大道)에 있는 억가(億佳)여관의 마당에서 의심스러운 승합차 한 대를 발견했다.

볼품없는 억가 여관. 도굴꾼들은 이곳에 숨어 있었다.

쉬에지엔펑이 의심스러운 차량을 발견했던 당시의 상황을 설명하고 있다.

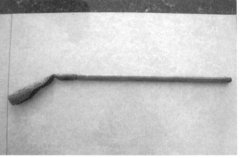

낙양삽과 쇠파이프를 조립한 낙양삽

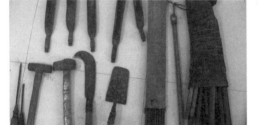

낙양삽과 쇠파이프를
비롯한 도굴 공구

　상해 분국은 즉시 형사와 파출소 인민경찰을 선발하여 전담반을 구성했다. 전담반은 쉐에지엔펑이 찾아낸 사람들의 신상에 중점을 두고 수사에 임했다. 그들이 매일 밤 외출한 것은 철하 고묘군에 가기 위함이 아니었을까?

　철하 고묘군은 황량한 교외에 자리잡고 있어서 몹시 외진 까닭에 평소 밤에 차량 출입이 드문 곳이다. 그들이 묵고 있는 여관은 철하 고묘군에서 20킬로미터 떨어진 곳에 있었다. 전담반은 그들이 매일 밤 차를 몰고 여관을 떠난 뒤 정말로 철하 고묘군으로 곧장 달려간다는 사실을 금방 알아냈다. 방문조사를 통해 경찰은 요즈음 철하 고묘군에서 새로 판 도굴용 땅굴이 3개 발견되었음도 알게 되었다.

　1월 26일이 되자 섣달 그믐이 코앞에 다가왔다. 그날 경찰은 다시 한 번 정보를 입수했는데, 새로 판 도굴용 땅굴 3개의 입구가 이미 전

해혼후, 지워진 황제의 부활

부 매립되었다는 것이다. 전담반은 도굴꾼들이 아마도 철수하여 집으로 돌아가 새해를 맞이할 작정인 듯하므로 더 이상 그물을 거두지 않았다가는 늦을지도 모른다고 판단했다. 이에 경찰은 주저하지 않고 행동을 개시해서 8명의 도굴꾼을 여관방에서 체포했고, 뇌관·강철 끌·철삽·곡괭이·낙양삽 등의 범죄도구를 압수했으며, 더 나아가 방 안에서 고대 청동 등잔의 파편을 찾아내서 나중에 문물부서에 넘겨주었다.

자세히 조사를 해보니 이 도굴단은 허술한 조직이 아님이 밝혀졌는데, 폭파를 잘하는 자도 있었고 골동품을 잘 아는 자도 있었던 것이다. 그들은 분업을 확실하게 해서 어떤 자는 차 운전 책임을 맡았고 어떤 자는 망보는 책임을 맡았으며, 나머지는 고분을 도굴하는 책임을 맡았다. 지점을 잘 선택한 뒤 그들은 땅속으로 낙양삽을 집어넣고 지하의 토양을 추출하여 그 색깔과 구성 그리고 포함 성분에 의거해서 지하에 문물이 있는지 없는지를 분석해 냈다. 지하에 문물이 있다고 판단하면 철삽과 곡괭이 등의 공구를 써서 땅을 파기 시작했다. 한편으로 땅을 파고 또 한편으로 자루에 흙을 담아 날랐는데, 땅을 파다가 자갈층과 맞닥뜨리면 폭파를 잘하는 자가 뇌관을 써서 자갈층을 폭파시켜 버렸다.

이 도굴단은 철하 고묘군에서 깊이 12미터와 9미터 그리고 7미터로 나뉘는 3개의 땅굴을 팠다. 깊이 12미터짜리 땅굴은 그들이 첫 번째로 판 것이었다. 고대 청동 등잔 파편은 이 땅굴에서 찾아낸 것이었다. 그들은 낮에는 순찰을 도는 사람이 있다는 것을 알았기에 들키지 않으려고 첫 번째 땅굴에서 파낸 흙을 수풀 속에 숨기고는 다시 철사로 그물 모양의 덮개를 만들어 땅굴 입구 위에 덮고, 그 위에 모래부대를 놓고 마지막으로 모래부대 위에 풀을 깔아두었다. 그리고 두 번째 땅굴을 팔 때 거기서 나온 흙으로 첫 번째 땅굴을 메웠다. 세 번째 땅굴을 팔 때 다시 거기서 나온 흙으로 두 번째 땅굴을 메웠다. 도굴단의 전문적인 범죄수법에 말문이 막힐 따름이다.

이것이 공안기관에서 제공한 철하 고묘군 관련 도굴사건 수사과정이다.

한편 현지 정부와 문물부서의 보고에 따르면 대묘 발견의 과정은 다음과 같다.

2011년 3월, 돈돈산에서 서쪽으로 약 250미터 떨어진 곳에 거주하며 당시 대당평향 관서촌 지부 서기를 맡고 있던 쳐우더싱(裘德杏)은 연달아 며칠 동안 밤마다 마을 개들이 심하게 짖는 소리를 들었고, 또 저 멀리 돈돈산 위에서 드문드문 손전등 빛이 보인다는 사실을 알아차렸다. 이런 심상치 않은 상황에 그는 경계심이 일어났다. 3월 24일 아침, 쳐우더싱은 마을 주민 몇 사람을 데리고 돈돈산에 가서 살펴보다가 어느 대묘에 깊이가 15미터쯤 되는 커다란 구멍이 뚫려 있는 모습을 발견했다. 도굴용 땅굴에서 멀지 않은 곳에서는 대량의 숯과 모르타르 그리고 톱으로 자른 곽판(槨板, 덧널) 조각들이 발견되었다.

쳐우더싱은 당장 현지 파출소로 가서 사건을 신고함과 동시에 강서성 TV방송국의 도시채널 뉴스 핫라인 코너에 전화를 걸어 돈돈산에

해혼후, 지워진 황제의 부활

새로 판 도굴용 땅굴

도굴사건이 발생했음을 알려주는 실마리를 제공했다. 도시채널 담당자는 이 소식을 지체 없이 강서성 문물고고학 연구소와 남창시 박물관에 통보했고, 남창시 박물관은 바로 신건현 박물관에 통지했다.

　그날 오후 5시를 전후해서 성·시·현 3등급의 문물부서 담당자들이 속속 서둘러 현장에 도착하여 초보적인 조사를 진행했다. 이 묘는 봉토(封土)가 높고 크게 쌓여 있고 건축 규모가 비교적 크며 관곽(棺槨) 바깥에는 숯과 모르타르가 있음이 밝혀졌다. 곽판 위의 붉은 칠 채색화는 솜씨가 정교한 것으로 보아 묘주의 신분이 일반인이 아니었음을 과시하고 있었다. 문물부서는 이 고분의 등급이 비교적 높아 반드시 긴급 보호조치를 취해야 한다고 보았다.

　2011년 4월, 국가 문물국 승인을 거쳐 강서성 전문가들은 도굴꾼

상해 공안에 압수된 범죄 도구

이 다녀갔던 이 묘지를 긴급히 발굴하기 시작했다. 발굴이 진척됨에 따라 중대한 발견이 갈수록 이어졌다. 드디어 이 한묘는 전세계의 스포트라이트를 받게 된 것이다.

5년 여의 발굴을 거쳐 2천 년 전의 묘원과 주변 유지를 덮고 있던 베일이 점차 벗겨져 나갔다. 게다가 제 · 왕 · 후의 지위를 한 몸에 누렸던 전기적인 역사 인물을 발굴해 내기까지 한 것이다!

이 대묘의 제도와 부장품의 내용은 일반적인 제후의 규격을 크게 뛰어넘는 것이었다. 대묘에서 출토된 물건 가운데는 제후의 것도 있고 왕의 물건도 있고, 심지어는 황제라야 비로소 가질 수 있는 보배도 있었다.

역사를 살펴보면 남창 신건구 지역에서는 왕도 해보고 황제도 해본 제1대 해혼후 유하만이 대묘 주인에 가장 부합하는 높고 귀한 신분을 가진 사람이었다. 이 사실 말고도 발굴과정에서 여러 종류의 흔적을 통해 묘지의 주인이 유하임이 이미 밝혀졌다. 예를 들면 수많은 '창읍

해혼후, 지워진 황제의 부활

식(昌邑式)' 칠기에는 '창읍 9년' 또는 '창읍 11년' 같은 자구가 적혀 있다. 이러한 칠기는 마침 일찍이 창읍에서 왕으로 있었던 유하와 긴밀한 관련이 있는 것이다.

2016년 1월 15일, 2천 여 년 동안 깊이 잠들어 있던 해혼후가 '이사'했다. 현장요원들은 내관과 관상(棺床)을 기중기를 써서 묘혈 바깥으로 옮기고 다시 트럭에 실어 문물보호용 방으로 보냈다. 특별히 이 묘의 고고학적 발굴을 위해 세운 국가급 고고학 실험실에 자리 잡은 뒤, 마침내 연구자들은 오랫동안 기대해 온 대관을 세세히 살펴볼 수 있었다.

겉에 주홍색 옻칠을 한 대관은 안팎 2층으로 나뉘어 있는데, 길이는 3.71미터이고 넓이는 1.44미터이며, 장엄하고도 근사했다. 대관의 상면에는 금실로 둘둘 감은 옥검(玉劍) 세 자루가 놓여 있었는데, 솜씨가 정교하고도 아름다웠다. 내관의 덮개 판자 위에는 신령한 새 한 마리가 뚜렷이 보이는데, 마치 막 날개를 펼치고 날아오르려고 하는 것 같았다. 어느 전문가가 말하기를, 이 새는 주작(朱雀)으로 죽은 자의 영혼을 인도하여 하늘나라로 올라가게 한다는 것을 상징한다고 한다. 주작 그림은 한대에 일시적으로 크게 유행했다고 한다.

2016년 1월 16일, 고고학 실험실에서 해혼후 묘의 주관이 서서히 열렸다. 곽실(槨室)의 천장이 무너져 대관을 내리누른 바람에 관 속의 문물도 눌리게 되었다. 내관과 외관 사이의 틈새에는 눌려서 납작해진 칠합(漆盒) 한 개가 있었는데, 길이 0.6미터, 넓이 0.3미터였다. 칠합 위에는 나는 새와 달리는 사슴 그리고 사냥하는 모습의 금박이 붙어 있었는데, 생동적인 형상으로 한대의 뛰어난 금박제작 기술을 재현하고 있었다. 대관의 후미에는 청색의 골짜기 무늬를 가진 옥벽(玉璧)이 절반쯤 드러나 있고, 대관의 우측으로는 옥고리 하나가 몇 조각 나 있었는데, 옥고리에는 구름 무늬가 조각되어 있었다.

내관을 열고 보니 해혼후는 여전히 금그릇과 옥그릇에 둘러싸여 있었다. 정교하고도 아름다운 문물이 엄청 많았고, 문물의 형상에 생동감이 넘쳤고 제작 기술이 더할 나위 없이 훌륭해 현장에 있던 연구원들은 크게 놀라지 않을 수 없었다! 내관의 중간 부분에는 작은 옥도장이 있었는데, 그 위치는 바로 묘주의 허리 부분이었으니 짐작건대 묘주의 허리에 달려 있었던 것이리라. 반짝반짝 빛나는 옥도장 위에는 '유하'라는 두 글자가 새겨져 있어 그제서야 묘주의 신분이 명확해졌다. 과연 27일 동안 황제 자리에 있었던 제2대 창읍왕이자 제1대 해혼후 유하, 즉 역사에서 말하는 한폐제(漢廢帝) 유하였던 것이다.

2천 여 년에 걸친 세월의 침식으로 인해 유하의 백골은 이미 흔적을 찾아보기 어렵고 유해의 흔적만 약간 남아 있을 따름이었다. 유하가 남긴 흔적으로 짐작해 보건대 유하의 신장은 1.8미터 내외이고 머리를 남쪽으로 둔 채 관 속에 바로 누워 있었다. 유하 몸통 아래의 깔개는 금실을 박아 넣은 유리석(琉璃席)으로 10여 센티미터마다 5개의 금병(金餠)이 깔려 있으므로 머리에서 발끝에 이르기까지 족히 수십 개가 넘는 금병이 깔려 있는 셈이다. 유하의 왼손 위치에는 그가 몸에 지니고 다니던 옥구검(玉具劍) 한 자루 그리고 오른손 위치에는 서도(書

刀) 한 자루가 놓여 있었다. 전문가의 설명에 따르면 서도는 죽간이나 목간에 글자를 쓰다가 고칠 경우 긁어내는 데 쓰는 것이라고 한다.

유하의 허리 오른편 위치에는 비교적 큰 나비형 패옥(佩玉)에 마노 장식이 곁들여져 있었는데 매우 정교하고도 아름다웠다. 유하의 머리와 가슴 그리고 복부는 모두 커다란 원형 옥벽(玉璧)으로 덮여 있었고, 몸통 아래에도 옥벽이 깔려 있었으며 가장 큰 옥벽은 직경이 27.27센티미터에 달했다. 듣자 하니 지금까지 발굴된 것 중에 가장 큰 옥벽이라고 한다. 고고학자의 분석에 따르면 유하의 눈·귀·입·코를 비롯한 칠규(七竅)에는 빠짐없이 옥그릇이 놓여 있었고, 입속에는 옥선(玉蟬)이 들어 있었음이 틀림없다고 한다.

유하의 머리 위치에는 옻칠한 상자 하나가 놓여 있었는데, 이미 눌려서 망가졌다고는 해도 윗면의 산뜻하고 아름답기 그지없는 무늬 장식은 여전히 분명하게 식별이 가능한 상태다. 그 상자 속에 들어 있는 것은 유하가 가장 귀중하게 여겼던 물품인 게 틀림없다. 그러나 내관 정리가 아직 시작되지 않았으므로 놀랍고도 기쁠 일이 얼마나 많을지 기대가 크다.

유하는 한무제 유철(劉徹)의 손자이자 창읍 애왕(哀王) 유박(劉髆)의 아들로 겨우 다섯 살의 나이에 창읍왕의 자리를 이어받아 제2대 창읍왕이 되었다. 유하가 열아홉 살 때 겨우 스물한 살이었던 한소제(漢昭帝) 유불릉(劉弗陵)이 갑자기 붕어했는데 그 슬하에 아들이 없자, 소제의 조카뻘인 유하가 황위에 올랐다. 권신(權臣) 곽광(霍光)의 도움 덕분이었다. 그러나 겨우 27일 동안만 황제로 있다가 다시 곽광에 의해 폐위 당하고는 봉지인 창읍으로 되돌아왔고, 신분도 서민으로 강등되었다.

10년 후, 유하는 다시 그의 뒤를 이어 황제 자리에 오른 한선제(漢宣帝) 유순(劉詢)에 의해 '해혼후'에 봉해져서 파양호반의 남창 신건구 지역으로 옮겨갔다. 유하는 한대에 재위기간이 가장 짧은 황제로 연호를 정할 겨를 조차 없었기에 중국황제 연표에는 그의 이름이 없으며, 역사에서는 '한폐제'라고 부른다.

'해혼'의 '해(海)'는 한없이 넓고 아득한 물을 뜻하는 글자인데, 여기서 가리키는 것은 옛날의 팽려택(彭蠡澤)이자 현재의 파양호이고, '혼(昏)'은 해가 진다는 뜻이다. 해혼후국은 파양호 서안의 작은 제후국으로, 도성은 오늘날 남창 신건구 일대에 있었다.

유하는 어떻게 황제가 되었을까?

해혼후, 지워진 황제의 부활

제 1 장

하늘에서 떨어진 황제 자리

- 행운아 유하 -

서기전 74년, 국운이 번창하고 태평한 시대를 한창 누리고 있던 한나라에 커다란 사건이 일어났다. 당시의 황제, 즉 한소제 유불릉이 갑자기 붕어한 것이다.

한소제 유불릉은 13년 간 재위했으니, 붕어할 때 나이가 겨우 스물한 살이었다. 한소제는 자식이 없었기에 황위를 물려준다는 조서(詔書)도 없었고, 열다섯 살인 상관(上官) 황후만 남겨두었다. 그래서 누가 황위를 물려받을 것인지가 당시 조정의 가장 큰 난제가 되었다.

한소제의 붕어는 갑작스레 일어난 일이었다. 둘레가 수십 킬로미터에 달하는 네모꼴의 장안성(長安城)은 하룻밤 사이에 검은색 긴 휘장이 높게 내걸려 봄날의 햇빛마저 가려버렸다. 성을 지키는 병사들은 흰 모자에 삼베옷을 걸치고 있었고, 날카로운 미늘창에는 흰빛이 번쩍거리고 있었다. 소제가 생전에 거주했던 미앙궁(未央宮)은 전례 없는 혼란에 빠져들었고, 분위기는 상주(喪主)의 비통함에 물들어 있었다.

나라에는 주인이 하루도 없어서는 안 되고, 조정에는 임금이 하루도 없어서는 안 되는 법! 소제의 장례식은 누가 주관할 것인가? 누가 다

해혼후, 지워진 황제의 부활

음 황제가 될 것인가? 황위를 계승할 사람을 골라야 하는 너무나 무거운 부담은 그 누구도 아닌 소제의 다스림을 보좌했던 대사마대장군(大司馬大將軍)* 곽광이 맡을 수밖에 없었다.

서기전 87년, 한무제는 죽음에 이르러 자기가 가장 신임하는 곽광에게 어린 유불릉과 한실강산(漢室江山)을 부탁하고는 그를 대사마대장군에 임명했다. 당시 여덟 살인 유불릉을 보좌함에 으뜸가는 자리를 내주었던 것이다. 눈 깜짝할 사이에 13년이라는 세월이 흘러갔고, 이미 환갑이 지난 곽광은 소제 유불릉이 한창 때 일찍 죽어 자기보다 먼저 세상을 떠날 줄은 생각조차 하지 못했다.

장안성에 만장(挽章)이 빼곡히 들어선 모습을 바라보고 있자니, 곽광은 무제가 자기에게 당부하던 당시의 상황이 떠올라 속으로 한 번 길게 탄식하지 않을 수 없었다. "무제시여! 당신께선 애지중지하시던 아들을 제게 부탁하셨는데, 그가 갑자기 노신(老臣)을 버리고 떠났으니 노신은 당신의 유언을 저버리게 되었습니다! 노신도 이미 예순이 훌쩍 넘었으니, 위대한 한나라에 무슨 변고라도 생긴다면 무슨 낯으로 당신을 뵐 수 있겠습니까?" 탄식하는 곽광의 눈에서는 두 줄기 뜨거운 눈물이 세차게 솟구쳐 올랐다.

무제의 탁고(託孤) 중신(重臣)인 곽광은 가슴팍에 손을 얹고 자문해 보았다. '지금껏 나는 어린 군주인 유불릉을 보좌하느라 혼신의 힘을

---

* **대사마대장군** : 서한시대에는 전공(戰功)을 존숭하여 대장군 앞에 '대사마'라는 일종의 직함을 붙였다.

쏟았으니, 그야말로 그를 내 친아들처럼 대한 것이다. 죽을 때까지 그만두지 않겠다고 말하지는 않았다 해도 전심전력을 다한 셈이다. 조정의 복잡한 모든 일도 내가 다 처리하고, 설사 엄청나게 성가신 일이라 해도 내가 다 짊어져서 황제가 난처해지는 경우가 조금도 없도록 했다. 소제 유불릉은 무척 총명해서 나를 몹시 신뢰했다. 13년 동안 임금과 신하가 힘을 합쳐 효무(孝武) 황제*의 당부에 따라 노역과 세금을 줄여 백성이 쉬면서 경제력을 회복하도록 하니, 인구가 늘고 사방의 오랑캐가 복종하여 한나라 전체가 현재 그야말로 태평성대를 누리고 있다. 그러니 효무 황제의 유언을 돌이켜 보아도 떳떳하다.

그러나 바야흐로 나라가 태평하고 백성이 편안한 시절에 젊디젊은 유불릉이 세상을 등질 줄을 누가 짐작이나 했겠는가? 한창 나이에 죽은 유불릉을 생각하고 있자니 곽광의 마음은 다시 한바탕 몹시 슬퍼졌다. "폐하! 저는 일찍이 여러 차례 정권을 돌려드려 당신께서 직접 정사를 돌보게 할 생각이었습니다. 그러나 당신의 옥체가 너무나 허약한 모습을 보면 어찌 모질게 입을 열 수 있었겠습니까? 그때마다 말이 입에까지 나왔다가 다시 목구멍 속으로 넘어가고 말았습니다. 휴, 천명이 이렇게까지 무상할 줄은 미처 몰랐습니다!"

곽광은 잘 알고 있었다. 그동안 정사를 보좌해 오면서 비록 자기 양심에 물어 부끄러울 바는 없지만, 남들의 비난을 받기도 했다는 사실을 말이다. 특히 소제 유불릉이 자라나서 성인이 된 뒤에, 자기가 꾸물

---

* **효무 황제** : 한무제 유철의 시호(謚號)

해혼후, 지워진 황제의 부활

거리면서 정권을 황제에게 돌려주지 않는 것을 두고 불만을 품은 자가 적지 않았다. 또한 자기가 권력과 지위에 연연한다고 말하는 자도 있었고, 자기가 효무 황제의 당부를 저버렸다고 말하는 자도 있었다. 그러나 이것은 정말로 남의 입장은 생각하지 않고 쓸데없는 말만 늘어놓는 짓이다!

이렇게 커다란 나라에 만약 약간의 손실이라도 생기게 되면, 장차 무슨 면목으로 구천(九泉)에 가서 효무 황제를 뵙는단 말인가? 효무 황제는 어린 군주와 강산사직을 내게 맡기셨으니, 나는 오로지 아침 일찍 일어나고 밤늦게 잠자리에 들며 매일같이 온갖 정사를 처리해야 비로소 효무 황제의 당부에 미안할 것이 없었다. 이제 황제가 갑자기 세상을 떠나자 뭇 신하들은 누가 대통(大統)을 이어받을 것인가 하는 문제를 두고 다투기를 그치지 않고 있다. 황제가 남긴 이 난장판은 보아하니 본인밖에 수습할 사람이 없었으니, 누가 뭐래도 효무 황제의 탁고중신은 바로 내가 아닌가? 휴, 내 마음속의 괴로움을 누가 알 수 있을까?

유불릉에게 후사가 없다는 사실에 생각이 미치자 한줄기 불안함이 곽광의 마음을 스쳐 지나갔다. 상관 황후는 곽광의 외손녀로, 유불릉과 맺어주어 황후 자리에 오르게 한 것도 곽광이 꾀한 일이었다. 외손녀인 상관 황후가 하루빨리 아들을 낳으면 자기의 권력과 지위가 튼튼히 다져질 것이다. 그래서 심지어 황후를 시켜 후궁(後宮)과 비빈(妃嬪)이 황제의 침소에 드는 것을 불허하는 명령을 내리게까지 했다. 그러니까 황제와 동침하여 황제의 대를 이을 아들을 낳는 일은 황후 한 사람만의 특허였던 셈이다.

그리고 젊은 황제가 다른 궁녀나 비빈과 마음대로 운우(雲雨)의 정을 나누는 것을 막고자 궁궐의 여자는 모두 궁고(窮袴: 앞뒤로 바짓가랑이가 있고 여러 벌의 속곳을 껴입게 되어 있어 벗기에 불편함)를 입으라는 명령도 내렸다. 아깝게도 사람의 셈은 자연의 이치만 못한 법이다. 유불릉은 다른 여인을 가까이 할 기회도 없었지만, 그가 붕어할 때까지 상관 황후도 임신하지 못했다.

장안성 안의 높고 높은 돌계단 위에 걸터앉은 미앙궁은 구름 속에 우뚝 솟아 있는 채로 장안성을 굽어보고 있었다. 미앙궁은 석조 난간으로 둘러싸여 있고 비첨(飛檐)이 뿔처럼 솟아 있어 궁전이 높고 크며 우람했다. 궁전 내부의 대들보와 기둥은 채색화로 꾸며졌고, 천장판의 격자 속은 색깔이 장중하고 소박한 스타일의 도안과 꽃무늬로 되어 있었다. 아름드리 녹나무로 된 거대한 기둥에는 운룡(雲龍)이 새겨져 있는데, 이빨을 드러내고 발톱을 치켜세우고 몸통을 일으켜 세운 채 날아가 덮치려는 형세가 다채롭다.

지난날 높고 크며 우람하게 느껴졌던 미앙궁은 이제 곽광의 마음속에선 그가 숨을 쉴 수 없을 만큼 억누르는 커다란 산이나 다름없었다. 누가 미앙궁의 주인이 될 것인가 하는 문제는 위대한 한나라의 강산 사직과 관련되어 있고 효무 황제가 당시 자기에게 했던 당부와 연관되어 있었다. 뿐만 아니라 곽씨 가문 전체의 미래 운명과 연관된 것이기도 했다. 대통을 계승할 이를 고르기란 그렇게 쉬운 일이 아니었다!

해혼후, 지워진 황제의 부활

효무 황제의 아들 몇 명 가운데 이미 죽은 이들을 제외하면 건재한 이가 오직 하나밖에 없는데도 오히려 시시비비가 많으므로 한 세대 더 내려가 본들 선택의 여지는 많지 않았다. 대신들에게는 각자의 속셈이 있었으니, 하나같이 자기에게 보다 유리한 사람을 세우고자 할 뿐이었다.

미앙궁의 대전(大殿)에서 뭇 신하들은 한바탕 슬퍼한 뒤에 새로운 군주를 모시는 국가 대사를 상의하고 있었다.

상관 황후는 정전(正殿) 안쪽에 앉아 온몸에 흰옷을 걸치고는 눈물을 흘리고 있었다. 대전 아래의 문무백관(文武百官)은 하나같이 엄숙하고 경건한 자세를 취했다. 맨 앞자리에 선, 몸집이 건장하고 아래턱 수염과 양쪽 귀밑머리가 덥수룩해서 볼수염과 맞닿은 된 덕분에 더없이 위풍당당해 보이는 대신이 바로 대사마대장군 곽광이었다. 상관 황후는 겨우 열다섯 살이었으니 이런 큰일을 겪어보았을 리가 없었다. 그녀는 대전을 가득 메운 채 초조해하고 있는 대신들을 바라보고 있었는데, 황공하고 불안해서 자기의 외할아버지인 대사마대장군 곽광에게 가끔씩 몹시 가련해 보이는 눈길을 주고 있었다. 이 사람이야말로 그녀가 마음속으로 가장 든든하게 여기고 있는 후견인이었다.

뭇 신하들은 다 알고 있었다. 이제 대사마대장군의 말이 곧 성지(聖旨)나 다름없다는 사실을 말이다. 곽광은 다만 상관 황후를 향해 허리를 깊숙이 숙여 한 번 읍하고 나서는 뭇 대신들에게 엄숙한 표정으로 말했다.

"황후 전하, 대신 여러분! 황제께서 갑자기 붕어하시는 바람에 노신은 몹시 슬프고 마음이 아프며 효무 황제의 유언을 저버리게 되었음을 깊이 느끼고 있습니다. 그러나 지금은 비통해하고 반성만 하고 있을 때가 아닙니다. 지금 가장 중요한 일은 누가 대통을 이어야 비로소 한나라 강산사직의 요구에 부합하고 또 효무 황제의 기대에 부합할 것인가 하는 문제를 서둘러 상의해 보는 것입니다."

곽광의 말소리가 떨어지자마자 대신들은 당장 왈가왈부하기 시작했다.

한나라의 황위계승 제도에 따르면, 황제가 붕어했는데 아들이 없으면 우선 고려해야 할 일은 황제의 형제에게 황위를 물려주는 것이다. 소제 유불릉에게는 본래 형님이 다섯 명이나 있었는데, 나이 순서대로 하면 유거(劉據)·유굉(劉閎)·유단(劉旦)·유서(劉胥)·유박(劉髆)이 그들이다. 소제 유불릉은 한무제의 아들 가운데 막내였다. 한무제의 막내아들이면서도 유불릉이 태자로 뽑혀 황제 자리에 오를 수 있었던 까닭은 대부분 다른 황자(皇子)들 덕분이었다. 다시 말해 유불릉의 형님들이 각각 사고를 쳤기 때문이었다.

한무제의 장자이자 소제 유불릉의 맏형인 유거는 한무제와 황후 위자부(衛子夫)의 소생이다. 그는 태자 자리에 있다가 누명을 쓰고 죽었기에 역사에서는 '여태자(戾太子)'라고 부른다.

서기전 128년 봄, 무제의 총비(寵妃)였던 위자부는 황제 자리에 오

른 지 이미 12년이 되었고 당시 나이가 스물아홉이 된 무제에게 첫 번째 황자를 낳아주었다. 한무제는 몹시 기뻐하여 맏아들에게 유거라는 이름을 지어주고는 당장 명령을 내려「황태자생부(皇太子生賦)」를 짓게 했으니, 막 태어난 이 황자가 바로 태자임을 미리 천하에 선포한 것이나 다름없었다. 조정의 모든 신하들 역시 오랫동안 기다려온 위대한 한나라 황장자(皇長子)의 탄생에 기뻐했다.

한무제의 원래 부인이었던 진아교(陳阿嬌) 황후가 폐위되어 황후 자리가 빈 지 이미 1년이 넘었기에, 중대부(中大夫)였던 주보언(主父偃)이 무제에게 상소를 올려 유거의 생모인 위자부를 황후로 세우기를 청했다. 같은 해 3월, 한무제는 위자부를 황후로 책립하고는 천하에 대사면령을 내렸다. 유거도 서장자(庶長子)에서 적장자(嫡長子)로 신분이 바뀌었다. 유거가 일곱 살이 되자 곧 태자로 책립되었다.

한무제는 태자가 된 유거를 온 마음을 다해 보살폈다. 비록 한무제의 느낌으론 태자를 자기와 비교해 볼 때 좀 나약해 보이기는 하지만, 황위를 계승할 저군(儲君)으로서는 괜찮은 후보라고 여기는 편이었다. 세월이 유수처럼 흘러가면서 위자부 황후도 점차 아름답던 용모가 흐트러졌고, 위 황후와 태자에 대한 한무제의 총애도 약간 줄어들었다. 이에 위 황후와 태자는 늘 불안감을 떨쳐버릴 수 없었지만, 한무제는 태자 유거를 계승자로 육성하는 일을 조금도 게을리하지 않았다.

위 황후는 용모가 아름다웠지만 출신이 비천하여 처세에 지극히 겸손했기 때문에, 후궁과 뭇 신하들의 존경을 많이 받았고 한무제 역시 위 황후를 매우 공경하고 신뢰했다. 한무제는 위 왕후와 태자 유거가 내심 불안에 시달리고 있다는 느낌이 들자 한 번은 유거의 외삼촌인 대사마대장군 위청(衛靑)에게 이렇게 말했다.

"조정의 많은 일이 아직 초기 단계에 있고 게다가 주위의 이민족과 적국이 우리나라를 끊임없이 침범하여 소요를 일으키고 있으니, 내가 만일 제도를 고치지 않는다면 후손들이 장차 의거할 규범을 잃게 될 것이오. 그리고 군사를 일으켜 정벌에 나서지 않으면 천하가 안정되지 않을 테니, 잠시 백성을 좀 수고롭게 하지 않을 수 없소이다. 그러나 만일 후손들도 짐이 하는 대로 해나간다면 진(秦)나라 멸망의 전철을 다시 밟는 것이나 다름없지요. 태자는 성격이 진중하고 아주 차분하므로 확실히 천하를 안정시켜 내가 걱정할 일이 없도록 할 것이오. 문치(文治)로 나라를 이끌 수 있는 군주를 찾고자 한다면, 태자보다 더 적합한 사람이 누가 있겠소? 듣자 하니 황후와 태자가 불안해한다는 말이 들리던데, 설마 정말로 그런 것은 아니겠지요? 짐의 뜻을 그들에게 전하도록 하시오."

위 황후는 형제인 위청이 전한 말을 듣고 나자 일부러 장신구를 벗어버리고는 한무제에게 용서를 빌었다. 나중에 태자가 한무제의 변방 정벌을 말릴 때마다 한무제는 웃으면서 말했다. "부황(父皇)인 내가 고달픈 중책을 맡아, 강토를 개척하여 안정된 강산을 내게 물려주면 좋지 않느냐?"

한무제는 만년(晩年)에 곧잘 천하 유행(遊幸)에 나섰는데, 그때마다 조정의 모든 일은 태자인 유거에게 맡기고, 궁중의 일은 황후에게 맡겼다. 이로써 한무제가 위 황후와 태자를 신뢰했음을 알 수 있다.

해혼후, 지워진 황제의 부활

태자 유거는 성격이 인자하고 관대하며 온화하고 신중하여 백성의 신임을 받았다. 그러나 황궁에서는 사람을 관대하게 대한다고 해서 반드시 모든 사람의 마음을 살 수 있는 것도 아니고, 온화한 성격은 도리어 더 많은 질투와 원망을 쉽게 일으킬 수도 있는 법이다. "윗사람이 좋아하는 바가 있으면, 아랫사람은 반드시 그것을 훨씬 더 좋아한다(上有所好, 下必甚焉)"는 말이 있다. 한무제는 법 사용에 단호했기에 임용한 자들은 대개 냉정하고 몹시 무자비한 혹리(酷吏)였는데, 유거는 관대한 성격이라 정사를 돌볼 때 처벌이 과중하다고 생각되는 사람이나 사안이 있으면 늘 가볍게 처분했다.

차츰 뭇 신하들 가운데 사람됨이 관대한 이들은 모두 유거 곁에 모이되, 법을 냉혹하게 사용하는 자들은 대개 유거를 헐뜯었다. 결국 한무제 곁에는 유거를 칭찬하는 사람은 적고 일부러 헐뜯는 사람들이 오히려 많아졌다. 서기전 106년, 태자의 외삼촌이자 한무제를 위해 흉노와 싸워 이기는 데 혁혁한 전공을 세운 대장군 위청이 세상을 떠나자, 태자와 화목하지 못했던 사람들은 유거를 모함하기 시작했다. 유거와 위 황후에겐 이미 외척이라고 하는 비빌 언덕이 없어졌다고 여김과 동시에 태자가 계위하면 자기들이 불리해질 것을 두려워했던 것이다. 그리고 한무제는 총애하는 태자가 여러 방면에 걸쳐 자기와 다른 점이 있음을 알아차리게 되었고, 게다가 생각과 감정의 교류와 소통이 부족하여 부자 간의 틈도 넓어지기 시작했다.

한무제는 만년에 강충(江充)이라는 혹리를 중용했다. 강충은 본래 유거와 아무런 관련도 없었다. 그런데 한 번은 유거가 사자를 감천궁

(甘泉宮)에 보내 한무제에게 정무(政務)을 아뢴 적이 있었다. 이때 사자는 정무가 긴급한 것이었기 때문에 마차에 탄 채 치도(馳道) 위를 달리다가, 공교롭게도 한무제를 따라 감천궁으로 가던 강충에게 발각되었다. 치도는 천자(天子)가 사용하는 통로이기 때문에 신하는 허가를 받지 않은 이상 그 길을 사용해서는 안 되었다. 혹리 강충은 유거의 사자를 구금했다.

유거는 그 소식을 듣자 사람을 보내 강충에게 사과했다. "이게 다 내가 수하를 엄격하게 단속하지 못한 탓이고, 실로 황제께서 이러한 일을 알게 되는 것을 바라지 않으니, 한번 관대히 봐주시기 바라오." 간사한 강충은 한무제의 성격이 보통사람과 다름을 잘 알고 있었기에 일부러 한무제에게 이 일을 당당하고도 엄숙하게 보고했다. 과연 한무제는 크게 칭찬하면서 말했다. "신하된 자는 마땅히 이렇게 강직해야 하는 것 아닌가?" 이로써 강충은 한무제의 신임을 더욱 많이 받게 되었다. 그러나 이 사건으로 태자와 강충 사이에는 악감정이 생겼으니, 이는 장차 벌어지는 일의 화근이 되었다.

한무제 만년에는 무속(巫俗)이 크게 성행했다. 일찍이 후궁을 도와 '무고(巫蠱)'로 남을 해치는 일을 도와준 무당이 있었고, 후궁들은 질투 때문에 서로를 고발하면서 상대방이 황제를 저주하고 있다고 소리 높여 주장했다. '무고'는 대개 나무로 원수의 형상을 만들어 쇠바늘을 꽂아 땅속에 묻어 저주하는 것으로, 이렇게 하면 상대방이 화를 입게 할 수 있다고 여겼다. 한무제는 만년에 연로한데다가 병치레도 잦아 장생(長生)을 추구하는 욕망이 아주 강했기에 방사(方士)와 영감무(靈感

해혼후, 지워진 황제의 부활

巫)를 맹신하여 누군가 자기를 저주하고 있다고 의심해서 무고의 풍속을 극도로 꺼렸다. 그래서 무고와 연관된 비빈 및 대신은 모두 사형을 당해 죽은 자가 수백 명이었다.

　서기전 92년, 강충은 무고의 죄를 이용해서 태자를 모함하기로 작정했다. 한무제는 이미 너무 늙었고, 일 처리 방식이 관대한 유거와 달리 지나치게 엄격한 자신의 스타일도 걱정되었다. 또한 예전의 악감정도 있었기에 한무제가 세상을 떠나고 나면 유거에게 보복당할까 봐 두려웠다. 강충은 먼저 일부러 말하기를 한무제가 병이 난 것은 무고 탓이라고 했다. 그 말을 믿은 한무제는 그를 사자에 임명해서 무고를 전문적으로 맡아 다스리게 했다. 강충은 광범위하게 무격(巫覡)*을 잡아들이고는 혹독한 고문으로 자백을 강요해서 죄를 인정하게 만들었다. 수도인 장안에서 군(郡)과 국(國)에 이르기까지 무고로 인해 죽은 자가 전부해서 수만 명에 달했기 때문에 천하의 인심이 불안할 정도로 사나워졌다.

　그후 어느 날, 한무제가 감천궁으로 유행을 갔다가 병이 나자, 강충은 장안궁에 무고의 기운이 감돈다고 말했다. 한무제는 즉각 강충을 보내 조사시키고, 한열(韓說)과 장공(章贛) 그리고 소문(蘇文) 등의 환관을 파견하여 협조하도록 했다. 진작에 사전모의를 해두었던 강충은 곧 후궁 가운데 총애를 받지 못한 부인을 조사하여 처리하고는 더 나아

---

* **무격** : 옛날에 여자 무당은 '무(巫)'라 하고 남자 무당은 '격(覡)'이라 했는데, 이를 합쳐서 '무격'이라고 불렀다.

가 황후 위자부까지 끌어들였다.

일 년 뒤, 강충은 계략을 꾸미고는 마침내 태자의 동궁 밑에서 오동 나무로 된 인형을 "파냈다." 유거는 몹시 두려운 나머지 장안에서 멀리 떨어진 감천궁에 직접 가서 한무제에게 결백함을 분명히 밝히고 싶었지만, 강충이 끝까지 물고 늘어짐으로써 유거를 떠나지 못하게 했다. 유거는 어쩔 수 없이 군사를 일으켜 강충을 죽이고 흉노 출신의 무당을 불태워 죽였다. 그러자 강충과 한패였던, 그와 똑같이 간사했던 소문이 장안을 탈출해서 감천궁으로 달려가 한무제에게 태자가 반란을 일으켰다고 고했다.

한무제는 소문의 보고를 들은 뒤 결코 믿으려 하지 않으면서 다음과 같이 말했다. "태자는 틀림없이 두려운 데다가 강충 등의 사람이 원망스러운 나머지 이런 변고가 일어난 게야." 이때만 해도 한무제는 여전히 태자의 마음을 잘 이해하고 있었기 때문에 사자를 보내 유거를 불러오게 했다. 그러나 파견된 사자는 장안에 들어갈 엄두가 나지 않아 거짓말을 날조하여 보고했다. "태자가 이미 반란을 일으켜 저를 죽이려 하므로 도망쳐 돌아왔습니다."

그러자 비로소 한무제도 태자의 모반을 사실로 받아들여 벌컥 성을 내며 태자와 그를 따르는 세력을 소탕하라고 명했다. 태자는 싸움에 패하자 도망쳤다가 오래지 않아 자결해 버렸다. 한무제는 태자가 군사를 일으킬 때 위 황후의 지지가 있었음을 알게 되자 태자의 기병을 돕는 데 사용되고 황후의 실권을 상징하는 옥새를 회수해 오라고 했다.

해혼후, 지워진 황제의 부활

위 황후는 결백을 입증하고자 자결을 선택했다.

이 사건에 수십만 명이 연루되었기 때문에 역사에서는 이를 '무고의 화(禍)'라고 부른다.

30여 년에 걸쳐 존중하고 신임했던 황후와 수십 년 동안 정성을 다해 키운 태자가 잇따라 자결해 버리자, 한무제는 끝내 마음에 맺힌 바를 풀 수 없었다. 얼마간 조용히 있다가 어느 대신이 한무제에게 태자의 억울함을 토로하자 한무제는 명령을 내려 그 사건을 철저히 조사하라고 했다. 그리고 마침내 태자는 악의에 찬 모함 때문에 누명을 쓰고 죽은 것으로 밝혀졌다. 분노한 한무제는 태자를 모함했던 소문 등의 사람을 엄중하게 처벌하고는 아들을 그리워하는 마음에 사자궁(思子宮)을 짓고, 또 태자가 자결한 호현(湖縣)에 귀래망사지대(歸來望思之臺)를 세웠다.

서기전 89년, 한무제는 "어질고 덕망 있는 성인의 뉘우침(仁聖之所悔)"이라는 찬양을 받은 「윤대조(輪臺詔)」를 반포했다. 이로써 자기가 과거에 했던 모든 행동을 전면적으로 반성하고, 앞으로는 생산을 진작하는 데 노력하고 백성을 쉬게 해주겠다는 뜻을 표명했다.

유거가 죽은 뒤 태자 자리는 계속해서 비어 있었다.

여태자 유거와 위자부 황후를 죽음으로 내몬 '무고의 화'를 소개한 까닭은 이 변고가 서한의 정치상황에 지극히 큰 영향을 미쳤기 때문이다. 또 유하와 중요한 잠재적 연관성이 있어 그의 운명을 근본적으로 바꾸어버렸기 때문이다.

한무제의 둘째 아들은 유굉이다. 유굉은 한무제와 총비 왕부인(王夫
人)의 소생으로 제왕(齊王)에 봉해졌다. 왕부인은 한무제의 총애를 받
았기 때문에 유굉도 더욱 한무제의 사랑을 받았다. 그러나 애석하게도
유굉은 한창 나이에 죽었고 대를 이을 아들도 없었기 때문에 그가 죽
자 봉국(封國)은 폐지되고 말았다. 시호가 '회(懷)'이므로 제회왕(齊懷
王)이라고 한다.

한무제의 셋째 아들은 연왕(燕王) 유단이다. 유단은 한무제와 이희
(李姬)의 소생이다. 연국(燕國)은 땅이 북쪽 경계에 있어 바로 옆에 흉
노를 이웃으로 두고 있으며, 토지가 척박하고 민간의 풍속이 사납고
흉악했다. 그래서 한무제는 조서를 내려 유단을 일깨우고 격려하여 변
방을 잘 지켜 한나라의 울타리가 되라고 했다.

한무제 시대의 군국(郡國)제도는 한나라 초기와 달랐다. 제후왕의
권력을 약화시키는 정책들이 있었다. 즉 삭번책(削藩策)과 칠국(七國)
의 난 그리고 추은령(推恩令) 때문에 여러 번의 타격을 받은 뒤, 제후왕
의 봉국에는 이미 큰 권력이 남아 있지 않았던 것이다. 게다가 한나라
의 황위 전승제도는 주(周)나라 것을 따르고 있었기에 장자를 세우는
것이 기본이었다. 따라서 한무제의 셋째 아들이었던 유단은 황제 자리
에 오를 수 있으리라는 생각이 애당초 없었다. 태자 유거가 살아 있었
을 때, 유단은 제후왕이 되겠다는 마음을 먹고 각종 학문에 정신을 집

 해혼후, 지워진 황제의 부활

중했다. 유단은 경서(經書)와 잡설(雜說)을 가리지 않고 마음껏 배웠으며 특히 천문과 수학 그리고 가무와 사냥을 좋아했다. 성년이 된 후 연왕은 "언변이 좋았고, 지모가 풍부했으며(能言善辯, 廣有謀略)", 협객과 무사를 끌어모으기를 좋아했다.

유단의 둘째 황형(皇兄)인 유굉이 세상을 떠난 뒤, 무고의 화가 일어나 태자 유거가 자살하기에 이르자 자신이 나이가 가장 많으므로 순서에 따르면 황태자 자리는 마땅히 자기 것이 되어야 한다는 사실을 의식하게 되었다. 그러나 무슨 이유인지 모르겠으나 한무제는 다시 태자를 세울 생각이 없었다. 얼마간을 기다리고 나자 유단은 초조해졌다. 그는 사자를 장안으로 보내 한무제에게 상소를 올려 요청하기를 장안에서 숙직을 서면서 뜻밖의 일에 대비하겠다고 했다. 그 뜻은 이미 연로한 한무제가 마땅히 자기를 태자로 세워두어야 한무제에게 뜻밖의 일이 생기더라도 미리 대비한 셈이 된다고 일깨우는 것이었다.

유단이 태자 자리에 스스로를 천거하자 한무제는 아주 불편한 느낌이 들었다. 그때, 만년의 한무제는 억울하게 죽은 태자 유거를 그리워하느라 여념이 없었는데, 연왕 유단의 자천(自薦) 서신을 보고 나더니 벌컥 성을 내며 그 자리에서 사자의 목을 잘라버렸다.

곧이어 또 연왕에게 "도망친 무리를 숨겨 한나라 법률을 위반했다(藏匿亡命之徒, 違反漢律)"는 죄명을 씌워 봉국의 3개 현읍을 삭감해 버리는 것으로 징계의 뜻을 보였다. 그리고 나서 한무제는 탄식하기를 "아들을 낳으면 마땅히 제나라와 노나라의 땅에 두고 예와 의로 감화시켜야 하는 법인데, 연나라와 조나라의 땅에 두었더니 과연 권력을 다투는 마음이 생기는구나(生子應置於齊魯之地, 以感化其禮義, 放在燕趙之地,果生爭權之心)"라고 하고는 유단을 몹시 싫어했다. 그래도 유단은 결코 낙담하지 않고, 한무제가 막내 아들 한소제 유불릉에게 황위를 물려주고 난 뒤 두 차례나 모반을 시도했다. 하지만 성공하지 못하자 결국엔 처벌이 두려워서 목매어 자살하고 말았다.

한무제의 넷째 아들은 광릉왕(廣陵王) 유서다. 유서도 한무제와 이희의 소생으로, 연왕 유단의 친동생이다. 유서는 몸집이 크고 신체와 기백이 강건하며 놀고 즐기기를 좋아했는데, 힘이 세어 맨 손으로 곰이나 멧돼지 같은 맹수와 싸운 적도 있었다. 내로라하는 싸움꾼인 유서는 행실에 법도가 없었기 때문에 한무제의 총애를 받을 수가 없었다. 한무제는 유서를 태자로 세우려는 생각을 해본 적이 한 번도 없었던 것이다.

한소제 유불릉이 계위하고 나자 유서는 분에 넘치게도 제위를 노리고는 두 차례나 무당 이여수(李女須)를 불러들여 한소제가 급사하도록 저주하게 했다. 그러다 마침 소제가 갑자기 붕어하자 유서는 이여수의 저주가 영험하다며 대단한 무당이라고 말하고는 소를 잡아 축하했다. 유서는 어느 방면으로 보나 자기야말로 황위의 계승자임이 틀림없다고 자신만만해했다. 그래서 유서는 조정 대신들을 적극적으로 책동하여 자기를 황제로 옹립하게 하고자 했다.

해혼후, 지워진 황제의 부활

한무제의 다섯째 아들은 창읍왕 유박으로, 곧 유하의 아버지다. 유박은 한무제 유철이 가장 좋아했던 이부인(李夫人)의 소생이다. 서기전 97년에 유박은 창읍왕에 봉해졌는데, 봉지는 바로 "제나라와 노나라의 땅"인 공맹(孔孟)의 고향이었다. 유박은 또한 당시의 이사(貳師)장군 이광리(李廣利)의 생질이기도 했다. 이광리와 승상 유굴리(劉屈氂) 등등의 사람은 태자 유거가 '무고의 화'로 자살한 뒤, 무제가 태자 세우기를 주저하고 "아들을 낳으면 마땅히 제나라와 노나라의 땅에 두고 예와 의로 감화시켜야 하는 법"이라고 탄식하는 것을 지켜보았다. 그리하여 이들은 무제가 제나라와 노나라의 땅에 있는 창읍왕 유박에게 호감을 가지고 있는 것이 분명하다고 생각하고는 유박을 태자로 세우려는 계략을 함께 꾸몄다.

이광리와 유굴리가 도모하던 일이 발각되는 바람에 무제가 다시 한번 진노하며 승상 유굴리의 허리를 두 동강 내라고 명했다. 한창 흉노를 정벌 중이던 이사장군 이광리는 그 소식을 듣고 놀라서 허둥대다 전쟁에 패하고는 나중에 흉노에 투항했다가 피살되었다. 한무제는 이광리 집안 사람을 모조리 잡아 목을 베어 죽여버렸다.

한바탕 격렬했던 변고를 겪은 창읍왕 유박은 태자가 되려는 희망을 접었다. 서기전 88년, 즉 한무제가 세상을 떠나기 1년 전에 유박이 죽었다. 그래서 다섯 살인 그의 아들 유하가 계위하여 창읍왕이 되었다.

한무제의 여섯째 아들이 바로 최종적으로 황위를 계승한 한소제 유불릉이다. 유불릉의 어머니는 한무제가 만년에 가장 총애했던 후궁인 구익(鉤弋)부인이다. 전하는 바에 따르면 구익부인은 임신한 지 14 개월이 지나서야 유불릉을 낳았다고 하는데, 이런 보기 드문 양상은 상고시대 요(堯)임금과 같은 것이다. 전설에 따르면 요임금도 어머니가 임신한 지 14개월이 지나서야 낳았다고 한다. 그래서 한무제는 유불릉을 특별히 중시했다. 게다가 어린 시절의 유불릉은 체격이 건장한 데다가 똑똑하고 영리해서 어릴 적 한무제를 빼닮았다. 이 때문에 한무제는 유달리 유불릉을 총애하고 큰 기대를 품어 만년에는 일부러 그에게 황위를 물려주었던 것이다.

한무제는 자기가 죽은 뒤, 군주는 어린데 어머니는 기세가 등등한 상황, 즉 태후가 전권을 휘두르는 역사가 되풀이되는 것을 막기 위해 유불릉의 생모이자 자기가 총애했던 구익부인에게 사약을 내렸다. 한무제는 병세가 위중해지자 여덟 살에 불과한 유불릉을 황태자로 세웠다. 머지않아 한무제가 붕어하자 유불릉이 계위하여 한소제가 되었다. 한소제가 곽광의 보좌를 받으며 재위한 13년 동안 나라는 태평하고 백성은 편안하며 만방(萬邦)이 입조(入朝)하니 형세가 아주 좋은 편이었다.

그러나 한소제의 신체는 제 구실을 못해서 자손을 남기지 못했을 뿐만 아니라, 나이가 젊었음에도 의외로 한 번 앓더니 끝내 일어나지 못하고 명의를 두루 찾아보아도 호전되지 않았다. 결국 곽광이 자기에게 정권을 돌려주는 것조차 기다리지 못하고 갑자기 붕어해 버렸다.

한소제가 붕어한 뒤 제위가 비어 있게 되자 서로 의논하여 새로운

 해혼후, 지워진 황제의 부활

군주를 세우는 것이 당연히 조정의 가장 중요한 일이 되었다. 그러나 사실은 의논하고 말 것도 없었다. 제도에 따르면, 한소제에게는 대를 이을 아들이 없었고, 한무제의 아들로 세상에 남아 있는 이는 광릉왕 유서밖에 없었기 때문이다. 황위를 넘겨받을 자격이 가장 확실한 이는 당연히 가까스로 살아남아 있는 한무제의 넷째 아들 유서였다.

　유서의 속셈도 뻔했다. 그러나 의외의 일이 벌어지는 것을 막고자 유서는 일부러 푸짐한 선물을 잔뜩 준비해서 대신들의 집으로 보내기까지 했다. 대신들은 푸짐한 선물을 보자 모두 당연히 마음에 짚이는 바가 있었다. 유서가 계위하는 것이 순리에 맞는 일인 데다가 유서가 황위를 이어받으려는 것을 대신들은 잘 알고 있었다. 푸짐한 선물을 받은 대신들은 잇달아 암암리에 유서를 반드시 지지하겠다는 입장을 밝혔다.

　그러나 유서도 잘 알고 있었다. 설령 뭇 신하들이 자기가 제위를 계승하는 것을 겉으로 지지한다고 해도, 최종적인 결정권은 여전히 한무제의 탁고대신이자 현재 대권을 장악하고 있는 곽광의 손아귀에 있다는 사실을 말이다. 유서는 푸짐한 선물을 특별히 마련해서 곽광의 집으로 보냈다. 그때 마침 곽광은 집에 없었기에 그의 부인인 곽현(霍顯)은 제위를 계승하고자 한다는 소문이 돌고 있는 유서가 특별히 푸짐한 선물을 마련해서 보내온 모습을 보고는 속으로 생각했다. '저 광릉왕 유서가 우리 집안에 줄을 대고 싶은 것이 분명하네. 이제 우리 집안은 기필코 더욱더 부귀영화를 누리게 되리라.' 이에 곽현은 곧 희색이 만면해지면서 선물을 받아들였다.

유서는 곽광의 집안이 자기가 보낸 선물을 받아들였다는 사실을 알게 되자 마음이 즐겁기 그지없었다. 그는 속으로 생각하기를, 곽광이 지지해 주기만 한다면 황위는 떼어놓은 당상이나 다름없다.

일단 생각이 곽광에 미치자 유서는 뜻밖에도 한편으로 두렵기도 하고 또 한편으로 원망스럽기도 한 심정이 솟구치는 것을 막을 수 없었다. '곽광, 이놈의 곽광아! 네놈이 애당초 내 형님 유단을 사지에 몰아넣고, 게다가 부친인 무제 앞에서 내게 유리한 말을 하지 않는 바람에 나는 태자로 책립될 기회도 없었다. 유단은 내가 가장 잘 따르는 형님이셨단 말이다! 차후에 내가 정말로 황위를 접수하는 날에는 곽광 네놈을 결코 가만두지 않으리라! 그러나 지금 나는 아직 제위를 접수하지도 못했다. 우선 원한은 한편으로 제쳐두고 머리를 숙여야 할 때는 숙이다가, 때가 되면 쌓이고 쌓인 원한을 풀어도 늦지 않을 것이다. 이미 보낸 푸짐한 선물도 그때가 되면 다시 토해내야 할 것이야.'

자기도 모르는 사이에 광릉왕 유서는 손이 아프도록 두 주먹을 불끈 쥐고 있었다.

이날, 조정 대신들은 어느 대청에 모여 누구를 천거하여 황위를 계승할 것인가 하는 문제를 의논하고 있었다. 한 차례 회의가 있은 뒤 여러 대신들이 떠들어대던 소리도 차츰 잦아들고 있었다. 곽광은 여러 대신들을 쓱 훑어보고 있자니 마음이 몹시 불안해졌다.

유서가 암암리에 벌인 행동은 결코 곽광의 시야를 벗어날 수 없었다. 곽광도 뻔히 알고 있었다. 도리상 대다수 대신들은 틀림없이 광릉왕 유서를 선택하고 말 것이다. 그러나 곽광은 광릉왕 유서가 전혀 마음에 들지 않았다. 광릉왕은 행실에 법도라는 것이 조금도 없어서, 한무제는 생전에 유서를 좋아하지 않았다. 비록 광릉왕에 봉하기는 했지만, 유서에게 대통을 잇게 할 생각은 아예 없었던 것이다. 곽광 본인은 한무제 곁에 20여년 간 있었기에 그 사실을 아주 분명히 알고 있었다. 이제 광릉왕 유서가 장년이 되었으나, 행실이 예전과 다름없으며 듣자하니 계집 무당과 어울려 지낸다고 한다. 그가 만약 황제가 되어 행실에 여전히 일말의 법도도 없다면, 한나라 강산사직이 그의 손아귀에서 어찌 결딴 나지 말라는 법이 있겠는가? 게다가 그의 형인 연왕 유단은 곽광 본인이 정무를 주관하던 시기에 모반했다가 죽었다.

이 두 형제는 우애가 특별해서 듣자 하니 유단이 죽은 뒤 유서가 형님을 위해 복수하겠다는 뜻을 무심코 드러낸 적이 한 차례에 그친 것이 아니라고 했다. 유서와 유단 이 두 형제는 결코 선량한 사람이 아니며 하찮은 원한마저 반드시 복수하고 마는 사람이니, 만일 이런 놈이 제위에 오른다면 곽광 본인도 짐작조차 할 수 없는 일이 일어날 것 아닌가? 자기도 이미 나이가 예순이 넘어 몇 년이나 더 억지로 버텨낼 수 있을지 모르니, 그때가 되면 한무제가 자기에게 부탁한 강산사직은 도대체 어쩐단 말인가!

곽광이 이리저리 재빨리 머리를 굴리고 있을 때, 황실의 족보 사무를 주관하는 종정(宗正)* 유덕(劉德)이 큰소리로 말하는 것이었다.

---

* **종정** : 중국 고대 관원의 명칭. 조정에서 황제의 친족 또는 외척 그리고 공훈이 있는 귀족과 관련된 사무를 관장하는 관리

"선제께서 한창 나이에 돌아가셨으니, 실로 안타깝기 그지없는 일입니다. 효무 황제께서는 여섯 황자를 두셨으나, 지금은 광릉왕 유서만이 살아 계십니다. 그는 선제의 직계 황형이고, 선제와 관계도 가장 가깝습니다. 대한(大漢)의 규정에 따르자면, 선제께서는 아들이 없으므로 이복형님인 광릉왕 유서가 마땅히 황위를 이어받아야 합니다."

아니나 다를까, 한소제 유불릉에게 대를 이을 아들이 없다 보니, 황친국척(皇親國戚)과 문무백관이 가장 먼저 생각해 낸 이는 가까스로 살아남아 있는 그의 이복형 광릉왕 유서였던 것이다. 종정은 황실의 족보 사무를 주관하는 관원이고, 유덕의 말은 황실 가족의 의견을 대표하는 것이라고 할 수 있으니 중시하지 않을 수 없었다! 한무제의 아들로 여전히 건재하고 있는 이는 확실히 광릉왕 유서밖에 남아 있지 않으니, 종정 유덕의 말은 적지 않은 대신들의 생각을 대변하는 것이기도 했다.

곽광의 속마음은 한층 더 불안해졌다. 광릉왕 유서는 책봉 받은 지여러 해가 되었지만, 결코 백성의 시름을 덜어줄 주인이 아님을 그는 잘 알고 있었기 때문이다.

어젯밤에 부인 곽현이 유서가 선물을 보내온 일을 곽광 본인에게 알리자 한바탕 몹시 꾸짖었다. 이 여편네가 재물에 눈이 멀었군! 선물을 이렇게 잘 받아두다니? 당신이 이 푸짐한 선물을 받아들였으니, 장차 처참하게 죽을지도 모를 일이네그려!

곽광은 광릉왕 유서가 틀림없이 일찌감치 행동을 개시한 것이라는

짐작이 들었다. 종정 유덕이 그렇게 당당하게 말하는 것을 보니, 아마도 유서가 이미 그에게 푸짐한 선물을 보낸 듯했다. '유서야, 유서! 너는 푸짐한 선물로 나의 선택을 좌우할 수 있다고 여긴단 말이냐? 오히려 난 어떤 이들이 네게 매수되었는지 살펴볼 생각이구나!'

과연, 승상(丞相) 양창(楊敞)도 서둘러 말하는 것이었다.

"선제께서 아들이 없는데, 광릉왕이 가까스로 살아남아 있는 효무 황제의 아들이고, 듣자 하니 그는 신체와 정신이 강건하며 용맹스럽고 위풍당당하여 패기가 넘친다고 합니다. 이 늙은이도 광릉왕이 즉위하면 틀림없이 효무 황제의 용맹스러운 기세를 다시 떨치리라고 생각합니다."

양창이 이렇게 빨리 자기의 생각을 털어놓는 모습을 본 곽광은 속으로 움찔하지 않을 수 없었다. '이것 봐라, 양창은 지나치게 소심하고 신중한 사람으로 조정에서 회의가 열릴 때면 하고 싶은 말은 반드시 먼저 자기에게 알려줄 텐데⋯. 이번엔 어찌 예외란 말인가?' 생각이 문득 여기에 이르자 곽광의 가슴에선 갑자기 한줄기 한기가 솟구쳤다. 광릉왕이 아직 제위를 이어받은 것도 아닌데, 대신들은 이미 상상 속의 새로운 주인에게 빌붙기 시작했던 것이다! 유서가 일단 제위를 접수한다면, 곽광 본인은 장차 여전히 결정적인 역할을 할 수 있을까?

나머지 대신들도 연달아 똑같은 말만 내뱉었다.

"광릉왕이 책봉된 이래 봉국은 질서정연하게 다스려져 백성들이 감지덕지하고 있습니다. 광릉왕은 치국의 능력을 갖추고 있으니, 새로운 군주로서 둘도 없는 후보입니다."

"광릉왕은 사람됨이 겸손하고, 일찍이 여러 차례 입조하여 선제를 알현했습니다. 선제께서도 광릉왕을 몹시 후하게 대우하셨으니, 광릉왕이 계위한다면 하늘에 계신 선제의 영혼도 틀림없이 마음이 놓이실 것으로 생각됩니다."

이런 대신들은 유서의 공적을 찬양하거나 종묘(宗廟)의 견지에서 광릉왕이 최적의 후보임을 상세히 설명했다. 나머지 대신들은 앞서 이미 광릉왕 유서를 천거하는 사람이 있음을 본 데다가 지금 다시 듣고 보니 유서가 가장 적합한 자격을 갖춘 새로운 황제 후보라고 말할 수 있으므로 추세를 따라 자기들도 광릉왕을 지지한다는 의견을 표명했다.

설령 다른 의견을 가진 사람이 있다 해도, 이런 분위기에서 만약 어쭙잖게 억지로 나섰다가 차후 유서가 정말로 황제가 된다면 아마도 자기는 틀림없이 숙청되리라고 생각하고 있을 것이다. 일순간, 조정 관료들은 거의 이구동성으로 유서가 황위를 계승하는 것이 사리에 맞다고 인정했다.

근엄한 낯빛을 하고 있던 곽광은 여전히 입을 떼지 않은 채 여러 대신들의 의견을 진지하게 경청하고 있는 것 같았다. 사실 그의 속마음은 도도히 흐르는 강물 속에서 암조(暗潮)가 솟구치는 것과도 같았다.

곽광은 속으로 상황을 헤아려보았다. 지금 조정 대신들 대부분이 광릉왕 유서를 세우기를 주장하고 있고 이것은 자기가 사전에 예측했던 것과 다르지 않지만, 모두가 이구동성으로 광릉왕 유서를 옹립하기를 주장하는 국면은 미처 생각하지 못했다. 곽광은 오늘 대전에서 벌어진

 해혼후, 지워진 황제의 부활

이런 상황에서 누구를 황제로 세울 것인가 하는 시급한 일을 늦추어 처리하는 것이 좋겠다고 남몰래 생각했다. 곽광은 잠시 한 발 늦추기로 결정했다. 그는 뭇 신하들을 둘러보고는 천천히 말했다.

"나라를 생각하는 여러 대신의 충심은 장한 일입니다. 그러나 새로운 황제를 세우는 일은 사직의 안위에 관계된 일이니, 자세히 생각해 보아야 하고 대충 결정해서는 안 될 일입니다. 여러 대신들께서는 한 나라의 강산사직부터 염두에 두시고 거듭 생각해 보시기 바랍니다. 그러면 내일 다시 의논하시기로 하지요."

곽광의 말을 듣고는 여러 신하 가운데 누구도 그의 의도를 짐작하지 못했기에 할 수 없이 해산하고 말았다.

곽현은 남편이 궁궐에서 돌아와서는 어두운 얼굴로 방안을 천천히 오가는 모습을 보니 걱정거리가 겹겹인 것 같아 저도 모르게 가까이 다가가 물어보았다.

"장군 얼굴에 시름이 가득해 보이니, 오늘 궁궐에서 무슨 일이라도 벌어진 게 아닌지요? 황제께서 붕어하신 뒤 무슨 골치 아픈 일이라도 생긴 것인가요? 아니면 누가 당신을 불리하게 만들고자 하나요?"

곽광은 한 차례 한숨을 짓고는 말했다.

"선제께서는 대를 이을 아들이 없다는 사실을 당신도 알고 있을 것이오. 오늘 조정에서 누구를 황제로 세울 것인지 하는 문제를 두고 긴급히 의논을 했다오. 광릉왕 유서가 효무 황제의 아들 가운데 유일하게 살아 있는 자이고 선제와 형제이니, 사리에 따르자면 그도 황위를 계승할 수 있단 말이오. 조정의 여러 대신들도 그를 천거했소."

곽현은 남편의 말투에 무기력감과 초조함이 가득 담긴 것을 보고는 이해하지 못하겠다는 듯이 물었다.

"여러 대신들의 의견이 기왕 일치한 이상 상황은 아주 순조롭다 하겠는데, 장군께서는 무슨 걱정을 더하고 계시나요? 그저께 광릉왕이 푸짐한 선물을 보내오기까지 했으니, 장차 틀림없이 우리 집안을 우대하려고…"

곽광은 아내인 곽현이 또 광릉왕이 선물을 보낸 일을 언급하자 벌컥 성을 냈다.

"천박한 여편네 같으니라고! 장차 곽씨 가문이 망한다면 바로 당신 때문일 게요. 그래, 그 선물을 냉큼 받아들였단 말이오? 오늘 선물을 받아들였으니 내일 어쩌면 우리 목숨을 요구할지도 모른단 말이오!"

곽광은 곽현의 따귀를 한 대 때리고 싶어 미칠 지경이었다. 그러나 곽현이 이미 겁에 질려 줄곧 불쌍한 표정을 짓고 있는 모습을 보고는 한 대 때리고 싶은 충동을 꾹 억눌렀다.

'아, 이 여편네가 비록 곽씨 가문을 위하는 일에만 신경 쓰고 그동안 나를 꼼꼼히 배려하고 보살펴주기는 했지만, 재물에 눈이 멀고 말았구나! 머리카락은 길어도 식견이 짧은 게지! 나는 그동안 조정을 주관하면서도 저 여편네가 남에게 얼마나 많은 선물을 받았는지도 모르고 있었구나! 지금은 내가 요직에 있어 막강한 권력이 조정과 재야에 미치고 있으니, 곽씨 가문은 한낮의 태양과 같은 형세다! 일단 내가 세상을 떠나고 나면, 곽씨 가문은 아마도 저 여편네의 손에 무너지고 말지도 모르겠구나!' 곽광은 이리저리 생각하면서 속으로 한숨 지었다.

곽광은 성질 부리는 것을 참으면서 곽현에게 말했다.

"광릉왕 이 사람은 성정이 포악하고 행실에 법도가 없으니, 일단 황제가 되면 나라가 어지러워질 것이오. 효무 황제께서 당시 그를 태자로 세우지 않은 까닭도 사직의 안위를 고려했기 때문이란 말이오. 게다가 광릉왕이 황위를 노린 것도 이미 오래된 일로 선제께서 아직 살아 계실 때조차 반역의 마음을 품고 있다는 소문이 있었소. 그리고 그의 형인 연왕 유단은 모반했다가 나의 명령에 따라 주살당했단 말이오. 알아보니, 그 원한을 그는 한시도 잊지 않았다고 하오! 만일 그가 제위에 오른다면 우리 곽씨 가문을 용서해 줄 리가 있겠소?"

여기까지 듣자 곽현도 허둥거리며 말했다.

"그럼… 그러면 어떻게 그를 황제로 세운단 말이에요? 장군께서는 절대로 동의하셔서는 안 돼요."

곽광은 탄식하며 말했다.

"하지만 선제께서는 아들이 없고, 효무 황제의 아들 가운데 살아 있는 사람은 그뿐이니, 그를 세우지 않으면 또 누가 한나라 황실의 사직을 계승할 수 있단 말이오? 나라엔 임금이 하루도 없어서는 안 되는 법이고, 뭇 신하들이 다 광릉왕이 적합하다고 여기고 있으니, 설령 이 늙은이가 단호히 반대한다고 해도 마땅히 뭐라고 말을 한단 말이오?"

곽현이 끼어들며 말했다.

"기왕 이렇게 된 이상, 장군께서는 대권을 장악하고 계시니 차라리 마땅히 그 자리를 대신하셔야죠."

곽광은 그 말을 듣자마자 노하면서 호통을 쳤다.

"어찌 그런 말을 할 수 있단 말이오? 효무 황제께서 어린 군주와 강산을 내게 부탁하셨기에 감히 나는 하루도 긴장을 풀 수 없었소. 이제 선제께서 일찍이 붕어하셨는데, 신하된 자로서 어찌 그리 불충불의한 짓을 할 수 있단 말이오? 당신은 내게 오명을 뒤집어쓰게 할 작정이오? 이런 뻔뻔스러운 말은 차후 다시는 하지 마시오! 광릉왕이 보낸 선물도 당장 돌려보내고, 앞으로 어떤 사람의 선물도 다시는 받지 마시오! 부인, 여보시오, 부인! 곽씨 가문이 당신 때문에 무너지는 일은 없도록 하시오!"

화가 나서 펄펄 뛰는 바람에 곽광의 안색은 소름 끼치도록 창백해졌다. 곽현은 남편이 이렇게 진노하는 모습을 지금껏 본 적이 없었다. 곽씨 가족의 눈에 비친 곽광은 언제나 태연자약하고 침착한 얼굴을 하고 있었으니, 설사 태산이 코앞에서 무너진다 해도 놀라는 안색을 할 리 없을 것 같았다. 그러니 이번에 이렇게 크게 화를 내리라고는 생각도 못 했던 것이다! 곽광이 격노하는 모습을 본 곽현은 겁이 나서 얼른 사죄했다.

"장군께서는 노여움을 푸세요. 그저 아녀자가 한 말일 따름이에요."

곽광은 잠시 깊은 생각에 잠겼다가 마치 혼잣말을 하듯 중얼거렸다.

"어쨌든 이 늙은이도 광릉왕이 황제가 되도록 내버려둘 수는 없지."

그럼 누구를 뽑아야 한단 말인가? 또 무슨 이유를 들어 광릉왕이 계위할 수 없음을 설명한단 말인가? 곽광은 심사숙고했다. 문득 곽광의 머릿속에서 뭔가 번쩍하더니 한무제가 임종시 그에게 당부한 일이 생

해혼후, 지워진 황제의 부활

각났다.

한무제가 가장 총애했던 후궁인 이부인은 젊은 나이에 세상을 떠났
다. 이부인의 아들은 창읍왕 유박이었는데, 그도 이미 세상을 떠났다.
하지만 유박은 외아들 유하를 남겨두었기에 그가 창읍 왕위를 이어받
았다. 이부인이 죽은 뒤, 한무제는 슬퍼해 마지않아 잠꼬대를 할 정도
였다. 한무제는 일찍이 이부인의 후대를 우대해 줄 것을 윤허한 바 있
으며, 임종시 곽광에게 뒷일을 맡기면서 이 점을 잊지 말라고 특별히
신신당부했다. 그리고 무제가 세상을 떠나자 이부인의 핏줄도 창읍왕
유하로 남아 있었던 것이다.

곽광은 궁리해 보았다. 한무제의 손자이자 소제 유불릉의 조카인 유
하를 황제로 천거하면 어떨까? 비록 유하 역시 놀기 좋아하고 성격이
경망스러워 좀 제멋대로 굴기 마련인 황족 자제이기는 하지만, 나이가
어려 시키는 대로 할 가능성이 높으므로 유서보다는 유하를 뽑는 것
이 당연히 좋을 것이다. 게다가 선제 유불릉과 창읍왕 유하는 숙질 사
이이므로, 만약 유하가 유불릉의 양자 신분으로 황위를 잇는다면, 한
나라 황실의 대통 계승 규정에 부합하다.

또한 광릉왕 유서를 황위 계승자 후보에서 밀어낼 수 있을 뿐만 아
니라, 자기의 외손녀인 상관 황후가 공교롭게도 황태후가 되는 것이었
다. 그러면 대사마대장군인 자기는 여전히 본조(本朝)의 가장 혁혁한
외척이자 조정에서 빠질 수 없는 대들보로 남아 있게 되는 셈이었다.

승부수를 던질 수 있는 창읍왕 유하라는 패가 아직 있다는 생각이 들자 바짝 죄여 있던 곽광의 기분도 풀리기 시작했다. 곽광의 마음속에서는 말로 표현할 수 없는 감동이 솟구쳤다.

"영명하시고 용감무쌍하셨던 효무 황제시여, 다행스럽게도 당신께서 당시 노신에게 이부인의 후대를 우대하라고 당부하셨기에 망정이지, 그렇지 않았으면 지금의 곤란한 상황을 어떻게 풀어나가야 할지 여전히 모르고 있었을 것입니다. 당신께서 특별히 돌보라고 당부하셨던 이부인의 손자이자 당시 당신께서 좋아하셨던 손자가 제위에 오르도록 제가 돕는다면, 감히 아무도 이의를 제기하지 못할 것입니다!"

한무제는 곽광의 마음속에서는 바로 한 분의 '신'이었다. 무제가 당부했던 일은 언제까지나 곽광이 반드시 단호히 그대로 처리해야 할 성지였던 것이다. 곽광은 생각이 꼬리에 꼬리를 물다가 무제가 탁고했던 그해가 또 떠올랐다. 당시 무제가 어린 군주 유불릉과 한나라 황실의 강산사직을 자기에게 부탁했을 때, 곽광은 결심을 했다. 선비는 자기를 알아주는 사람을 위해서 죽는다(士爲知己者死)! 무제의 신임과 부탁을 결코 저버리지 않기로 한 것이다.

무제는 임종 전에 자기에게 세 가지 일을 당부했다. 첫 번째는 어린 군주 유불릉을 몸과 마음을 다해 보좌하는 것이었는데, 이 점만큼은 무제에게 면목이 섰다. 두 번째는 이부인의 후대를 우대해 주는 것이었는데, 구체적으로 말하자면 곧 창읍왕 유하를 우대하는 것이었다.

 해혼후, 지워진 황제의 부활

이제 유불릉이 붕어해서 제위가 비었으니 유하에게는 기회가 찾아온 셈이었다. 무제가 당부했던 두 번째 일은 보아 하니 그 시기가 무르익 었다. 세 번째는 무제가 양심의 가책을 느끼고 있던 여태자의 후손을 잘 돌봐주는 것이었다. 이 일은 줄곧 해오고 있는 것으로 여태자가 남 긴 손자 유병이는 상관리(尙冠里)*에서 잘 자라고 있었다. 자기가 지위 만 잘 지키고 있으면 장래에 그는 왕이나 후(侯)에 봉해질 것이다.

이런 생각을 하고 있자니 곽광은 약간 만족스러운 마음이 들었다. 그는 또 궁리해 보았다. 창읍왕 유하에게 제위를 이어받게 하는 일은 비록 자기가 한무제의 기치를 내걸고 주관해도 무방하지만, 가장 좋은 처리 방법은 대사마대장군이 먼저 나서지 않는 것이었다. 조정의 오전 회의 때 자기는 여러 대신들에게 한나라 황실의 강산사직을 염두에 두고 새로운 황제 후보를 거듭 생각해 보라고 했다. 자기가 한 말의 숨 은 뜻이 있었음을 알아차린 자가 과연 있을까?

어느 낭관(郎官)**이 곽광의 속셈을 대충 간파하고는 그날 밤으로 상소를 올려 말했다.

옛날에 태자를 세울 때, 일찍이 주태왕(周太王)***은 장자 태백

---

* **상관리** : 상관은 장안성 안에 있던 이(里)의 이름으로, 서한의 귀족이 모여 살던 구역의 하나다. 이는 진한(秦漢)시대 국가에서 가장 낮은 급의 행정조직이었다.
** **낭관** : 제왕의 시종관인 시랑(侍郎)·중랑(中朗)·낭중(郎中) 등의 통칭
*** **주태왕** : 공단보(公亶父), 성은 희(姬), 이름은 단(亶). 주태왕 또는 주대왕(周大王)이라고 불린다. 빈(豳; 지금의 섬서성 순읍(旬邑)) 사람으로 상고시대 주족(周族)의 걸출한 수령. 서백(西伯), 즉 주문왕(周文王)의 할아버지로 주왕조의 기초를 다졌다. 주무왕(周武王) 희발(姬發)이 주나라를 세우고 그에게 '주태왕'이라는 시호를 추증했다.

(太伯)을 세우지 않고 막내 아들 계력(季歷)을 세웠으며, 주문왕은 장자 백읍고(伯邑考)를 세우지 않고 주무왕을 세웠습니다. 이것은 다 그 사람이 사직의 중임을 맡을 수 있을지를 따져보고 고려한 것입니다. 황제가 되기에 가장 적합한 사람이기만 하면, 설령 장자를 폐하고 막내를 세운다고 해도 될 일입니다.

한무제께서는 생전에 광릉왕이 한나라의 군주가 되기에 적합하지 못하다고 여기셨기에, 그를 태자로 세우지 않으심으로써 대통을 계승하지 못하도록 하신 것입니다. 그런데 지금 또 어찌 그를 황제로 세울 수 있단 말입니까? 게다가 오늘날 광릉왕은 여전히 행실이 단정하지 못하니, 소관(小官)은 그가 황위를 계승해서는 안 된다고 생각합니다.

곽광은 이 상소문을 보고는 속으로 움찔했다. 이것이 바로 그가 원하고 있었던 것, 즉 유서를 새로운 황제로 천거할 수 없는 이유가 아니던가?

그래서 이튿날 조정 회의 때, 곽광은 우선 이 상소문을 뭇 신하들에게 돌려가며 읽게 했다. 열람을 마친 조정 대신들은 모두 곽광이 광릉왕을 세우고 싶어 하지 않는 것임을 알게 되었지만, 곽광의 꿍꿍이가 도대체 무엇인지 아는 사람은 없었다. 그래서 아무도 감히 다시 성급하게 천거하려 들지 않았고, 광릉왕의 제위 접수를 다시 제기하는 사람도 당연히 없었다. 하나같이 관망하면서 곽광의 속셈이 무엇인지 알아보고 나서 말할 생각이었던 것이다. 그러나 곽광은 오히려 시종일관

해혼후, 지워진 황제의 부활

자기의 생각을 주동적으로 말하지 않았다. 이렇게 두 번째 조정 회의도 아무런 결과 없이 끝나고 말았다.

새로운 황제 후보는 매우 늦도록 나오지 않았다. 곽광은 비록 표면상으로는 침착한 척했지만, 사실은 애를 태우고 있었다. 마음속엔 이미 창읍왕 유하를 세워 제위에 오르도록 해야 한다는 주장을 품고 있지만, 일을 확실하게 하고자 곽광은 암암리에 승상 양창을 부르기까지 했다.

양창은 조정의 승상으로 당연히 유서가 있는 힘을 다해 자기편으로 만들고 싶어 하는 중요 인물이었다. 광릉왕이 직접 푸짐한 선물을 가지고 온 날, 양창은 받지 않을 생각을 하기도 했다. 하지만 만일 광릉왕이 제위를 접수하고는 결정적인 순간에 체면을 세워주지 않았다고 자기를 원망한다면, 자기는 틀림없이 커다란 화를 입을지도 모른다는 점이 마음에 걸렸다. 그래서 안절부절못하면서 그 뜨거운 감자인 푸짐한 선물을 받을 수밖에 없었던 것이다. 그 선물은 며칠 밤을 제대로 자지 못하고 살펴볼 정도로 푸짐했다.

양창은 속으로 생각하기를, 이 '미래의 황제'가 정말로 황위를 계승하게 된다면, 애당초 그를 지지한 대신들을 틀림없이 우대할 것이다. 자기도 당시엔 틀림없이 유서를 지지할 것이라고 말했던 것이다. 그러나 뭇 신하들이 의논을 하는데, 비록 절대 다수의 대신들이 유서를 천거했지만, 곽광은 오히려 따로 생각해 둔 바가 있었음을 어찌 알았겠는가?

지금은 곽광이야말로 위대한 한나라의 실질적인 주인이다. 바로 이 때문에 자기는 조정에서 회의를 할 때마다 먼저 곽광의 생각을 알아보고 의견을 제시하기 마련이었는데, 이번엔 어쩌자고 멍청하게 굴다가 반드시 거쳐야 하는 그 절차를 뜻밖에도 잊어버렸던 말이더냐! 조정 회의 때, 곽광은 광릉왕을 새로운 황제로 천거해서는 안 된다는 상소문을 뭇 신하들에게 돌려가며 읽어보게 했으니, 곽광은 유서를 새로운 황제로 세울 생각이 없다는 것은 불을 보듯 뻔한 일이다! 광릉왕은 어쩌자고 곽광에게 연줄을 댈 수 없었단 말인가? 곽광도 이미 푸짐한 선물을 받았다고 말하지 않았던가?

생각이 여기에 미치자 양창은 간간이 후회하는 마음이 들었다. 그런데 지금 곽광이 자기를 부르니 복인지 화인지 모르겠구나! 양창은 광릉왕 유서의 선물을 집에 둔 채 아직 돌려보내지 않았다는 생각이 들자 남몰래 마음을 졸이지 않을 수 없었다. '광릉왕의 선물을 재빨리 돌려보내야 한다!'

양창은 곽광을 만나자 잠시 인사말을 나누었다. 이어서 곽광이 물었다.

"승상께서는 누구를 새로운 황제로 천거해야 한다고 생각하시오?"

양창의 영전은 사실 모두 곽광 덕분이었다. 그는 행동이 지나치게 소심하고 신중한 데다가 본래 겁이 많고 일에 책임지기를 두려워하는 사람으로 진작부터 곽광의 뜻을 감히 거역하지 못했다.

곽광이 단도직입적으로 새로운 황제의 후보를 묻자, 양창은 앞서의 실수를 만회할 기회를 단단히 붙잡아야만 한다고 생각하고는 서둘러

해혼후, 지워진 황제의 부활

자기의 입장을 이렇게 밝혔다.

"광릉왕은 행실이 방종한 데다가 효무 황제가 좋아하는 이도 아니었습니다. 소관도 광릉왕은 결코 적합하지 않다고 생각합니다. 제가 지난번 조정 회의에서 광릉왕 유서를 천거하면서 한 말은 아주 부족한 생각에서 나온 것 같습니다."

곽광은 양창이 광릉왕 유서를 천거한 일에 대해서는 일부러 왈가왈부하지 않고, 또 캐물었다.

"그러면 대인께서는 종실 가운데 누가 계위하는 데 비교적 적합하다고 생각하시오?"

양창은 곽광이 꼬치꼬치 캐묻자 곽광의 구체적인 생각을 몰라 고생하다가 얼버무리면서 감히 다시는 경솔하게 말하지 못했다.

곽광은 그 모습을 보고는 곧 이렇게 말했다.

"선제께서는 아들이 없으셨으니, 본래는 응당 당신의 형제 가운데서 뽑아야 하오. 그러나 대신께서 말씀하신 대로 선제의 형제 가운데 유일하게 살아 있는 사람은 광릉왕 유서인데, 행실에 법도가 없어서 사직의 중임을 감당할 수 없소이다. 이 때문에 선제의 아래 세대에서 뽑을 수밖에 없는 것이오. 승상께서는 어찌 생각하시오?"

양창은 곽광의 말을 듣자 자신이 생겨 바로 대답했다.

"대장군께서 누구를 새로운 황제로 천거하실 생각이신지 모르겠습니다."

곽광은 잠깐 망설이다가 말했다.

"창읍애왕의 아들이자 현재의 창읍왕 유하는 공자의 고향에서 자라났는데, 올해 이미 열아홉 살이 되었습니다. 마침 한창 때이므로 사직의 중임을 맡을 만합니다만, 승상께서는 어찌 생각하실지 모르겠소이다."

양창은 곽광이 이미 속으로 인선을 마쳤다는 사실을 알게 되자 당장 그 의견을 따랐다.

"효무 황제께서 창읍애왕의 어머니인 이부인을 총애하신 것은 모두가 다 알고 있는 사실입니다. 원래는 창읍애왕을 태자로 세우려는 논쟁이 있기도 했으나, 안타깝게도 창읍애왕은 일찍 세상을 떠나버렸습니다. 창읍왕 유하의 촌수를 따져보면 바로 선제의 조카지만 오히려 선제의 양자가 될 수 있으니, 먼저 태자 자리를 잇고 다시 황제로 세우면 됩니다. 이렇게 하면 한나라 황실의 대통 계승 규정에 부합합니다. 소관은 대장군의 의견에 완전히 찬동합니다."

곽광은 양창이 찬동의 태도를 표명하자 한시름 놓았다. 그러나 다시 생각해 보니, 이런 일은 오래 끌면 문제가 생길 수 있으니 되도록 빨리 결정해야 좋다. 그래서 계속해서 말했다.

"승상과 이 늙은이의 의견이 기왕에 같은 만큼, 내일 다시 의논할 때 내 의견을 뭇 신하들에게 말하겠소. 만약 뭇 신하들이 아무런 이의도 제기하지 않는다면, 곧 사람을 보내 창읍왕 유하를 맞이하여 입경(入京)시키고, 장례를 주관하게 한 다음 계위하여 황제가 되면 어떻겠소이까?"

곽광의 의견에 양창은 여태껏 감히 어떠한 이의도 제기하지 못했으니, 다만 고개를 끄덕이며 동감을 표시할 수밖에 없었다.

그 다음에 곽광은 또 중신 몇 사람을 불러서 한 사람씩 단독으로 의견을 나누었다. 대신들은 조정의 대권을 장악하고 있는 곽광에게 이미 정해진 생각이 있음을 알게 되자 잇달아 부화뇌동했다. 설사 개인적으로 반대의견을 가진 사람이 있다고 해도 혼자 불려오면 감히 무슨 말을 더 할 수 있겠는가?

이튿날 오전, 뭇 신하들이 다시 모여 조정 회의에 임했다. 대전 안에는 지난 이틀 간의 회의에서 볼 수 있었던 떠들썩함이나 답답함은 이미 사라지고 없었다. 상관 황후를 비롯한 모든 사람의 시선은 곽광의 거동에 따라 움직이고 있었다. 이제 대사마대장군 곽광이 생각을 정할 시간이 되었음을 모르는 사람은 아무도 없었기 때문이다.

곽광은 엄숙한 눈길로 모든 대신의 얼굴을 하나하나 훑어보면서 한참을 망설였다. 문득 그의 두 눈이 번쩍 빛나는 모습을 보니 마치 최후의 결심을 내린 듯했다. 곽광은 힘껏 목청을 몇 번 가다듬고는 나지막하면서도 확고한 목소리로 말했다.

"지난 이틀 동안, 여러 대신들께서는 누구를 새로운 황제로 세우느냐 하는 문제를 놓고 아주 열렬한 토론을 벌였습니다. 광릉왕 유서를 세우자는 주장도 있었고, 광릉왕을 세우는 것에 반대하는 입장도 있었습니다. 찬성과 반대의 이유는 지난 이틀 동안 대신들이 이미 설명한 바 있으니, 오늘은 더 말하지 않겠습니다.

지난 이틀에 걸쳐 이 늙은이와 대인 몇 분이 교류를 하던 차에, 창읍왕 유하를 세우는 일을 고려해 볼 필요가 있다고 말씀하신 분이 계셨습니다. 이 늙은이는 의외이기는 하나 이것 역시 고려해 볼 만한 선택이라고 생각합니다. 모두가 알고 있듯이, 창읍애왕은 효무 황제께서 가장 총애하셨던 후궁 이부인의 소생이고, 현재의 창읍왕은 창읍애왕의 아들이자 효무 황제의 손자로서 일찍이 효무 황제의 아낌을 듬뿍 받았습니다. 게다가 창읍왕의 봉지는 공맹의 고향에 있으므로 창읍왕은 어려서부터 유가의 도리를 받아들이고 오경을 숙독했습니다.

들자 하니 창읍왕은 아주 용맹스럽기까지 해서 대담하게 일을 맡는다고 하니, 효무 황제의 기풍을 꽤 많이 닮은 듯합니다. 그해, 효무 황제께서 이 늙은이에게 부탁하시기를, 어린 군주를 보좌함과 동시에 당신께서 아끼는 손자 창읍왕을 잘 우대하라고 하셨습니다. 따라서 창읍왕을 새로운 황제로 세우는 일은 효무 황제께서 남긴 염원이라고도 할 수 있겠습니다."

곽광의 일장 연설을 듣고 뭇 신하들도 다 그의 뜻을 알아차리게 되었으니, 감히 앞으로 나서서 반대할 사람은 아무도 없었다. 곽광은 노하지 않아도 위엄이 서린 눈길로 다시 한 번 뭇 신하들의 얼굴을 훑어보다가 맨 마지막으로 승상 양창의 얼굴에서 멈췄다.

양창은 그의 의중을 알아차렸으니, 이제 자기가 말할 차례가 된 것이었다. 그는 즉시 앞으로 한 걸음 성큼 나오더니, 곽광의 말머리를 이어받았다.

"대장군의 결정은 아주 영명하십니다. 창읍왕은 효무 황제의 손자이자 선제의 조카입니다. 선제께서 대를 이을 아들을 남겨두지 않으신만큼, 유제(遺制)에 따라 창읍왕을 선제의 혈통을 잇는 양자로 삼을 수

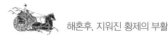

있습니다. 창읍왕이 경성에 들어오기를 기다렸다가 먼저 태자로 세우고 그 다음에 제위를 접수하면 됩니다. 이렇게 하면 한나라 황실의 대통 규정에 부합되는 것입니다."

조정의 모든 문무백관은 잇달아 찬성하고는, 어느새 입장을 바꿔 부화뇌동하면서 창읍왕 유하는 확실히 치국의 인재이며 대장군이 내린 결정은 실로 영명하고 위풍당당한 것이라고 떠들어댔다.

곧이어 곽광은 자기 외손녀인 상관 황후에게 조령(詔令)을 내리게 했다. 소부(少府)*사락성(史樂成)·종정 유덕·광록대부(光祿大夫)** 병길(丙吉)·중랑장(中郎將)*** 이한(利漢) 등을 특파해서 창읍왕 유하를 영접하여 경성에 들어오게 하고는 선제 유불릉의 장례의식을 주관하라는 것이었다.

대장군 곽광이 선택한 창읍왕 유하는 도대체 무슨 연유가 있었던 것일까? 놀랍게도 황제 자리가 하늘에서 그의 머리 위로 한방에 뚝 떨어진 셈이었다!

---

* **소부** : 중국 고대의 관원 명칭. 산·바다·땅·늪에서 나오는 수입과 황실의 수공예품 제조를 관장했다. 황제의 사적인 업무를 담당하는 부서로 구경(九卿–고위직)의 하나
** **광록대부** : 중국 고대의 관원 명칭. 황제의 근신(近臣)이자 고문
*** **중랑장** : 중국 고대의 관원 명칭. 서한시대에 중랑서(中朗署)를 오관(五官)·좌(左)·우(右) 셋으로 나누고, 각각 중랑장을 배치하여 황제의 시위(侍衛)들을 통솔하게 했다.

제2장

빛나는 삶

- 무제의 손자 유하 -

북방유가인(北方有佳人),

절세이독립(絶世而獨立)。

일고경인성(一顧傾人城),

재고경인국(再顧傾人國)。

영부지경성여경국(寧不知傾城與傾國)?

가인난재득(佳人難再得)。

이 노래는 한무제 시대의 궁정악사 이연년이 지은 명곡(名曲) 「북방
유가인」이다. 노래에서 찬미되고 있는, 나라와 성을 기울게 하는 저 여
인은 한무제가 살아생전에 가장 총애했던 여인, 즉 역사상 명성이 자
자했던 이부인이다. 그리고 창읍왕 유하는 바로 한무제와 이부인의 손
자다.

유하에게는 도대체 무슨 내력이 있었고 곽광은 왜 그를 선택해서
제위를 이어받게 했는지를 확실히 알고자 한다면, 먼저 두 사람 이야
기를 해야만 한다. 하나는 한무제이고 다른 하나는 이부인이다. 왜냐
하면 한무제와 이부인 사이에 애당초 나라와 성을 기울게 하는 사랑

해혼후, 지워진 황제의 부활

이 없었다면, 나중에 황제가 된 유하는 있으려야 있을 수 없었기 때문이다.

한무제 유철은 물론 일반 사람이 아니었다. 그는 서한의 제7대 황제로 열여섯 살에 제위에 올라 54년간 그 자리를 지켰다. 역사에서는 한대의 한무성세(漢武盛世)와 당태종(唐太宗)의 정관(貞觀)의 치(治) 그리고 청대(清代)의 강희제(康熙帝)에서 건륭제(乾隆帝)에 이르는 강건성세(康乾盛世)를 나란히 일러 '3대 성세'라고 한다.

실제로 한무제는 확실히 서한 왕조에서 가장 강성하고 번영했던 시대를 열었고, 발전의 각도에서 볼 때 중국 봉건왕조에서 첫 번째로 정점에 도달했다. 그의 통치 아래 중국은 서방의 로마제국과 견줄 만한 동방의 강국이 되었다. 한무제는 광할한 강역을 개척해서 그 뒤 2천여 년에 걸친 중국 판도의 기초를 닦았다. 역사에서는 진시황과 한무제를 곧잘 한데 섞어 논하곤 하는데, 마오쩌둥(毛澤東) 주석의 유명한 사작(詞作)인 「심원춘(沁園春)·설(雪)」 역시 '진황한무'를 서로 연계시키고 있다. 아마도 그 이유는 두말할 것도 없이 진시황과 한무제 둘 다 중국역사 발전과정에서 볼 때 창시적인 의미를 갖춘 위대한 인물이기 때문일 것이다.

한무제는 후세에 커다란 영향을 미친 최초의 것을 여러 개 만들어냈다. 예를 들면 다음과 같은 것들이 있다. 그는 연호를 최초로 사용한 황제다. 후세의 황제들은 모두 그를 본떠, 미처 연호를 반포하지 못한 이를 제외하고는, 자기의 연호를 갖게 되었다. 그는 정월(正月)을 한

해의 연초로 삼아 줄곧 지금에 이르기까지 사용되고 있는 태초력(太初曆)을 통일된 국가에서 제정·반포한 첫 번째 황제다. 한무제 시대에 중국 최초의 기전체(紀傳體) 사서인 『사기(史記)』가 출간되어 중국역사 연구에 가장 중요한 참고문헌이 되었다.

한무제가 오로지 유가(儒家)의 학설을 존중함으로써 유가사상은 국가의 통치사상으로 자리 잡은 뒤 2천 년의 세월이 넘도록 이어져 지금에 이르기까지 여전히 거대한 영향력을 미치고 있다. 그는 서역(西域)에 장건(張騫)을 사신으로 보내 '실크로드(Silk Road)'를 연결하여 중국과 서방의 경제와 문화 교류를 촉진시킴으로써 오늘날 국가전략으로 실행되고 있는 '실크로드 경제권'의 기초를 직접 다졌다.

그는 처음으로 '죄기조(罪己詔)'를 통해서 자아비판을 한 황제다. 한무제를 시작으로 후대의 황제들은 큰 잘못을 범하면 모두 '죄기조'의 방식을 통해 공개적으로 잘못을 인정함으로써 현명한 군주의 자세를 확연히 드러내 보였다. 이와 같이 그 사례가 다만 한둘에 그치는 것이 아니다. 그러므로 후세들이 한무제의 공훈과 업적을 평가하면서, 그가 차후 서한 왕조의 발전과 중국 역사의 진행 과정에 깊고 큰 영향을 미쳤다고 한 것은 과장된 말이 아니다.

한편 황제로서의 한무제는 중국 역사상의 다른 황제들과 마찬가지로 후궁과 미녀가 수천에 달할 정도로 많았다. 전하는 바에 따르면, 한무제는 만년에 신선술(神仙術)에 열중했고 또 여색을 좋아했다고 한다. 그는 방사(方士)*의 말을 곧이듣고는, 구궁(舊宮)이 작아서 신을 영접하기에 부족하다고 싫어한 데다가 더 많은 천하의 미녀들을 후궁에 들여놓고 싶다는 생각에 태초(太初) 원년(元年)에 '건장궁(建章宮)'을 지었다. 건장궁의 둘레는 12킬로미터 이고, 그 안에는 건물과 방이 수두룩했다. 내전에는 문이 12개 있었고, 계단은 모두 아름다운 옥으로 꾸몄으며, 또 황금으로 봉황 한 마리를 주조해서 내전의 지붕 꼭대기에 세워두었다.

그리고 금구슬과 옥구슬로 발을 만들고, 벽에는 야광주(夜光珠)를 박아 넣어 밤낮으로 환했다. 또 궁의 북쪽에는 태액지(太液池)를 팠는데, 그 연못 안에는 선산(仙山)을 상징하는 봉래산(蓬萊山)·방장산(方丈山)·영주산(瀛州山)을 만들어 두었다.

무제는 궁전이 성 바깥에 있어 오가기가 불편하다며 자기가 거주하는 미앙궁과 직접 통하는 비각(飛閣)을 만들고, 또 태후가 거주하는 장락궁(長樂宮) 북쪽에 명광궁(明光宮)을 세우고, 미앙궁 북쪽에 계궁(桂宮)을 세우고는 모두 복도(復道)로 연결했다.

연나라와 조나라 출신의 미녀 2천 명을 뽑아 그 안에서 살게 했는데, 뽑힌 이들은 양가의 여식으로 하나같이 아주 젊었고, 서른 살이 되면 출궁시켜 시집을 가도록 했다. 당시 각각의 궁에 있던 미녀는 모두 1만 8천여 명이었다. 운이 좋은 여자라면 몇 년 안에 무제의 잠자리 시중을 들 기회가 한 차례쯤 있었겠지만, 대다수의 여자는 평생토록 무제의 얼굴 한 번 보지 못했다.

＊**방사** : 방술(方術)을 행하는 선비. 옛날에 신선을 찾아 연단(煉丹)하여 장생불로(長生不老)할 수 있게 되었다고 스스로 일컫던 사람

무제가 아주 많은 여자를 상대했다고는 하나, 사료의 기록을 보면, 무제가 일생 동안 가장 중요시했던 여인은 단지 몇몇에 불과했다. 본처였던 진아교 황후, 그 뒤를 이은 위자부 황후, 위자부의 미모가 쇠한 뒤 총애한 왕부인 그리고 그 뒤 총애를 독점한 '경국경성(傾國傾城)'의 이부인과 만년에 총애한 구익부인 등이다.

무제의 일생을 쭉 살펴보면, 그가 가장 좋아했던 여인은 나라도 성도 무너뜨리는 미모를 지녔다고 하는 이부인이다. 그녀는 앞서 이연년의 「북방유가인」이라는 노래에서 묘사된 바로 그 여인이다. 이 경국경성의 이부인이 총애를 받게 된 까닭은 전적으로 이연년 덕분이었다.

이연년은 중산(中山; 지금의 하북성 정주(定州)시) 출신으로 한무제 시대의 궁정악사이자 중국 고대의 가장 유명한 음악가 가운데 한 사람이었다. 이연년은 노래를 잘 불렀을 뿐만 아니라 춤도 잘 추었으며 작곡 수준도 높아서 당시에 "곡을 바꿔 새로운 노래를 할 때마다 감동하지 않는 이가 없었다(每爲新聲變曲, 聞者莫不感動)"는 평가를 받을 정도였다.

그 당시 한무제는 하늘과 땅에 제사를 지내는 각각의 사당을 새로 짓고자 음악을 준비할 때 사마상여(司馬相如) 등의 문인들에게 시를 지어 찬미하게 했다. 이연년은 줄곧 한무제의 뜻을 받들어 사마상여 등의 문인들이 지은 시사(詩詞)에 곡을 붙이고 노래를 불렀다. 그는 구곡(舊曲)을 새로 편곡하는 일에 뛰어나 장건이 서역에서 가지고 돌아온 「마하두륵(摩訶兜勒)」*을 이용하여 28수의 "사기를 북돋는 새로운 노래(鼓吹新聲)"로 개편했는데, 그것은 악부(樂府)의 의장(儀仗) 음악이 되

해혼후, 지워진 황제의 부활

었다.

이연년은 중국 역사문헌상 처음으로 작자의 성명과 악곡의 곡명을 명확하게 표기하고 외래 음악을 가공해서 창작한 것으로 알려진 음악가이기도 하다. 그가 무제를 위해 지은「교사가(郊祀歌)」19수는 황실의 제사 악무(樂舞)가 되었다. 또한 그는 악부에서 수집한 수많은 민간 음악과 노래를 가공하고 새로운 곡으로 편성해서 널리 퍼지게 함으로써 당시 민간 악무의 발전을 촉진하는 데 커다란 기여를 했다. 한마디로 이연년은 한대의 음악 풍격의 형성과 차후 중국 음악의 발전에 탁월한 공헌을 한 것이다.

이연년의 초기 생애를 소개하고 있는 사료의 양은 매우 적다. 가족들이 전부 악무를 직업으로 삼은 연예인이었으며, 젊었을 때 이연년은 법을 어겨 부형(腐刑), 즉 궁형(宮刑)을 받았다는 것만 언급되고 있을 뿐이다. 가무에 뛰어났다는 점에서 추측해 보건대, 연예인이었던 이연년은 몸집과 용모가 당연히 괜찮은 편이었을 것이므로 나중에 한무제는 그를 매우 총애했다. 마침내 이연년은 "황제와 함께 생활하는(與上同起居)" 위치에 이르게 되었던 것이다.

그가 받은 궁형은 어쩌면 남녀 간의 정사(情事), 소위 음란한 짓과 연관된 것일지도 모른다. '궁형'은 맨 처음 바로 이 때문에 생긴 것이었는데(단, 이 혹형(酷刑)은 황실에 속하거나 높은 지위에 있는 사람에게 가해지는 경우는 없었다), 나중에는 통치자가 자기의 반대파를 공격해서 체제

---

* **마하두륵** : 마하와 두륵은 둘 다 범어(梵語)다. '마하'는 '크다(大)'는 뜻이고, '두륵'은 오래된 민족 또는 나라의 이름인데, 어느 학자의 연구에 따르면 '토카리아' 민족이라고 한다.

를 유지하기 위한 주요 형벌로 널리 사용되었다. 형벌을 받은 뒤 이연년은 일개 '환관'이 되어 궁궐에서 개를 기르는 일을 맡게 되었다.

궁형은 고대의 잔혹한 형벌이다. 궁형이라는 치욕을 받은 사람은 육신과 정신 모두에 걸쳐 커다란 충격을 받아서 목이 잘린 사람과 거의 아무런 구별이 없을 정도였다.

"집안에 있으면 정신이 흐리멍덩한 것이 마치 무엇인가 잃어버린 듯하고, 바깥에 나가면 어디로 갈지 모르며(居則忽忽若有所亡, 出則不知所往)"(사마천의 말), 겨우 남은 목숨만 부지한 채 평생을 처량하게 살아가는 수밖에 없었던 것이다. 오직 극소수의 사람들만이 이러한 굴욕을 겪고도 분발하여 강해지려고 노력한 끝에 성취하는 바를 이뤘다.

예를 들면 이연년과 같은 시대를 살아간 사마천(司馬遷)이 그런 사람이다. 사마천은 고립무원의 군대로 혈전을 벌이다가 화살이 다 떨어진 채 막다른 길에 몰리는 바람에 흉노에게 투항한 이릉(李陵) 장군을 위해서 바른말을 했다가 무제의 노여움을 사서 궁형을 받았다. 사마천은 형벌을 받은 뒤 오히려 "하늘과 사람의 관계를 깊이 연구하고, 옛날과 지금의 변화에 통달하여, 일가의 학설을 이루리라(究天人之際, 通古今之變, 成一家之言)"는 포부를 갖게 되었다. 그리하여 마침내 중국 최초의 기전체 통사(通史)로서 뛰어난 역사서 『사기(史記)』를 창작했던 것이다.

형벌을 받은 뒤 분발하여 강해지려고 노력했다는 점에서 이연년과 사마천은 서로 닮은 면이 있다. 이연년은 형벌을 받고 나서도 그 때문

해혼후, 지워진 황제의 부활

에 의기소침하게 지내지 않았다. 궁궐에서 개를 기르는 일을 하고 남는 시간에 이연년은 계속해서 음악을 창작하고 노래하고 춤을 추었다. 게다가 아마도 궁형을 받은 까닭 때문인지, 이연년의 목소리는 더욱더 감미로워졌으며, 남성적인 웅장함과 여성적인 부드러움과 아름다움이 한데 섞여 있었다. 형벌을 받고 난 뒤 이연년은 용모도 훨씬 더 준수해졌다.

한무제 유철은 음악에도 각별한 애정을 보였다. 그는 아악(雅樂)을 관장하는 태악관(太樂官) 이외에 별도로 악부라는 관청을 창립하여 속악(俗樂)을 전문적으로 관장하고 민간의 노랫말을 수집하게 했다. 이것으로 보아 한무제는 음악을 중시하고 좋아했다는 사실을 알 수 있다.

이연년은 음률에 정통하고 가무에 뛰어나 차츰 미앙궁에서 인기를 얻은 덕분에 곧 한무제의 눈에 띄었다. 한무제는 이연년이 창작한 음악을 듣고 노래하고 춤추는 모습을 한 번 보고 나더니, 이런 인재가 개를 기르는 일이나 하고 있다는 것은 참으로 안타까운 일이라 여겼다. 그래서 이연년의 직위를 바꾸어 궁정악사로 삼았다. 바로 이렇게 해서 궁정악사가 된 이연년은 기회가 있을 때마다 한무제와 대신들에게 노래와 춤을 선보인 덕분에 차츰 한무제의 총애를 얻었다. 그러나 이 시기의 이연년은 여전히 자기와 가족의 사회적 지위가 낮다는 사실을 뼈저리게 느끼고 있었기에 운명을 바꾸어야 한다는 생각을 늘 품고 있었다.

무슨 방법이 있을까? 이연년은 자기 누이가 생각났다.

이연년의 누이는 한창 꽃다운 나이의 소녀로 몸매가 호리호리하고 자태가 유연하고 아름다웠다. 물고기가 보고 물속으로 숨고 기러기가 보고 모래톱에 내려앉으며, 달이 숨고 꽃이 부끄러워할 정도의 미모를 지녔다. 어려서부터 오빠인 이연년에게 음악과 가무를 배웠기에 그녀 역시 가무에 뛰어났다. 예쁘게 생긴 데다가 음률과 가무에 정통했으니 그녀는 같은 나이 또래의 여자들보다 몹시 매혹적으로 보였다.

이연년은 마음속으로 생각해 보았다. 미모와 재주 모두 훌륭한 자기 누이를 무제에게 천거해서 그의 총애를 얻어야만, 자기 집안은 비로소 위자부 황후 집안처럼 이 나라의 강력한 외척이 될 수 있을 것이다. 외척이 되어야만 평민 가정이 작위를 받아 제후에 봉해질 수 있는 기회가 생기는 법이니, 이것이야말로 운명을 철저히 바꾸는 지름길이었다.

이연년이 이렇게 생각한 까닭은, 그 당시 위자부 황후의 동생인 위청과 생질인 곽거병 모두 무제에게 중용되어 위청은 관직이 대사마대장군에 이르렀고, 곽거병은 대사마표기장군이 되었기 때문이다. 두 사람 모두 흉노를 물리친 명장으로 천하의 병마(兵馬) 대권을 장악하고 있었기에 명성과 위엄이 자자했다. 당시 경성에는 다음고 같은 노래가 있었다.

"아들을 낳아도 기쁘지 않고, 딸을 낳아야 원망이 없나니, 위자부의 천하 제패를 홀로 보지 못한다네(生男無喜, 生女無怨, 獨不見衛子夫霸天下)."

말하자면, 위씨 가문의 높은 지위와 명성은 모두 위 황후 덕분이라

는 뜻이다. 이연년도 위 황후 집안처럼 자기 누이에 기대서 강력한 일족이 되는 상상을 하고 있었던 것이다.

하지만 누이는 한무제와 너무나 멀리 떨어져 있으니, 평생 얼굴 한 번 못 볼 것 같았다. 이연년은 곰곰이 생각해 보았다. 자신은 출신이 미천해서 본인 이야기조차 꺼내기 어려운데, 더군다나 설령 자기가 천거를 할 수 있다고 해도 무제의 주의를 끌기란 힘든 일이다. 어떡하지? 오랫동안 골똘히 생각에 잠겨 있던 이연년에게 영감이 탁 떠올랐다. 그는 자기의 음악적 재능을 십분 발휘하여 누이를 실제 모델로 삼아 「북방유가인」이라는 노래를 지었던 것이다.

이 노래의 가사를 오늘날의 말로 옮겨보면 다음과 같은 뜻이다.

북방에 아가씨가 하나 있는데, (北方有佳人)

아름답기가 세상에 비할 이가 없다네. (絶世而獨立)

그녀가 성곽을 한 번 바라보면,

장군과 병사가 갑옷을 버리고 투항하고, (一顧傾人城)

그녀가 제왕을 한 번 바라보면,

강산마저 바친다네. (再顧傾人國)

설마 멸망의 위기를 모를까? (寧不知傾城與傾國)

다만 비할 이 없는 아름다움 때문이라네. (佳人難再得)

이 노래를 짓고 나자, 이연년은 자기의 신분이 궁정악사임을 이용하여 황궁에서 매일같이 공연 연습을 했다. 한무제의 누님인 평양(平陽) 공주를 비롯하여 적지 않은 왕공대신 모두 이연년이 연출한 「북방유가인」 가무극을 보고는, 그의 누이가 바로 노래에서 말하고 있는 경국경성의 여자임을 알게 되었다. 이렇게 해서 얼마 지나지 않아 궁중에선 「북방유가인」이 널리 불려지기 시작했다. 그리고 노래 속 그 경국경성의 아가씨를 흠모하지 않는 이가 없게 되었다. 서서히 이 소문은 한무제의 귀에도 들어갔다.

어느 날, 무제는 대전에서 뭇 신하를 초대하여 주연을 베풀며 실컷 마시다가 이연년을 불렀다.

무제가 이연년에게 말했다.

"듣자 하니 네가 최근에 새로운 노래 한 곡을 지었다고 하던데, 지금 짐과 여러 대신 앞에서 한번 불러보아라."

이연년은 드디어 기회가 찾아왔음을 알아차렸기에 미칠 듯이 기쁜 마음을 금할 수 없었지만, 흥분을 가라앉히고 평생 닦아온 뛰어난 솜씨를 선보였다.

이연년의 춤사위는 떠다니는 구름처럼 흐르는 물처럼 걸림이 없었고, 노랫소리는 종달새가 우는 소리처럼 감미로워 무제와 여러 대신들은 온통 도취한 듯했다. 노래의 마지막 구절인 "가인재난득"을 다 불렀을 때, 얼핏 보니 그는 옷소매를 나부끼며 정처 없이 사방을 바라보다가 '가인'을 동경하는 몽롱한 눈길로 곧장 무제를 쳐다보았다. 무제와 여러 신하들은 아름답고 묘한 노랫소리가 여전히 귓가에 울리는 듯하고, 선녀처럼 아름다운 여인이 눈앞에 어른거리는 듯했다. 한무제는 참을 수 없다는 듯이 박수를 치며 큰 소리로 세 번 외쳤다.

"좋아! 좋구나! 대단해!"

계속해서 한무제는 감탄하며 말했다.

"설마 세상에 정말 그런 여자가 있는 것은 아니겠지?"

무제의 누님인 평양 공주는 그전에 이미 이연년의 공연을 본 적이 있었기에 그의 누이에 대해 조금 아는 바가 있었다. 그래서 무제가 이렇게 큰 흥미를 보이자 슬쩍 무제에게 말했다.

"내가 알기론 그런 여자가 분명 있어요. 바로 이연년의 누이랍니다."

그 말을 들은 무제는 몹시 기뻐하면서 당장 이연년의 누이를 불러오라는 명령을 내렸다. 만나 보니 과연 절세미인으로 예사롭지 않았다. 정말로 노래에서 묘사되고 있는 경국경성의 미녀처럼 아름답기 그지없었다.

이연년의 누이는 음악에 대한 조예가 오빠에게 조금도 뒤지지 않았다. 그녀는 음률에 정통했고 가무에 뛰어났는데, 목소리는 구성지고 간드러졌으며 춤추는 모습은 훨훨 날아오르는 듯했다. 명문가 규수 출신의 후궁 비빈들과 풍격과 언행 그리고 행동거지 등을 비교해 볼 때, 그녀는 한층 자유분방하고 열정적이며 적극적이었다. 그런 모습에 눈이 번쩍 뜨인 무제는 완전히 새로운 느낌이 들었다. 한무제는 당장 그녀를 입궐하게 해서 얼마 지나지 않아 부인에 봉했다.

이부인은 입궁하면서부터 한무제가 가장 사랑하는 사람이 되었다.

그 사랑은 어느 정도였을까? 이미지로 표현해 보자면 "두 손으로 떠받들고 있으면서 떨어져 깨질까 봐 두려워하고, 입에 넣고 있으면서 녹을까 봐 두려워할" 정도였다. 이부인을 얻은 뒤부터 무제는 마침내 후궁의 3천 미녀들은 거들떠보지도 않은 채 밤낮으로 이부인과 서로 붙어 지냈다.

어느 날, 한무제는 이부인과 궁궐에서 한가하게 앉아 아기자기하게 이야기를 나누고 있다가, 갑자기 머리가죽이 가렵자 손이 가는 대로 이부인의 머리에서 옥비녀를 뽑아 머리를 긁었다. 이 일이 후궁에 전해지자, 그곳의 모든 미녀들은 동시(東施)가 서시(西施)의 눈썹 찡그리는 모습을 흉내 내듯 이부인의 모습을 본떠 머리칼을 빗질하여 '옥비녀 스타일'로 만들고는 머리에 옥비녀를 꽂은 채 행여나 하고 무제의 손길을 기다렸다. 나중에는 이런 헤어스타일이 궁중에서 민간에 전해져 삽시간에 장안성의 옥값이 갑절로 뛰었다. 이것이 "옥비녀" 고사의 유래다. 이로써 이부인에 대한 한무제의 총애가 얼마나 대단했는지를 엿볼 수 있다.

사랑을 독차지하며 일 년을 보낸 뒤 이부인은 한무제에게 아들 하나를 낳아주었는데, 그 아들이 바로 유박이었다.

자고로 미인은 박명(薄命)한다는 속담이 있다. 뜻밖에도 이부인은 유박을 낳고 얼마 못 가서 병이 나더니 그만 자리에서 일어나지 못했다. 마음이 불타는 듯 초조해진 무제는 천하의 명의를 두루 불러모아 이부인을 치료하도록 했다. 그러나 이렇게 해본들 이부인의 병세는 호

 해혼후, 지워진 황제의 부활

전되지 않고, 피골이 상접하고 안색이 파리해지기 시작했다.

이 무렵 한무제도 몹시 슬퍼하며, 늘 이부인의 침궁에 병문안 삼아 그녀를 보러 왔다. 한무제가 찾아올 때마다 이부인은 이불로 얼굴을 가린 채 울면서 무제에게 말했다.

"신첩은 병이 심하여 얼굴이 엉망입니다. 병에 찌든 몰골로 어찌 폐하를 뵐 수 있겠습니까?"

한무제는 이 모습을 보고 비통해 마지 않았다. 이부인도 울먹이기 시작했다.

"신첩은 이렇게 중한 병에 걸릴 줄은 생각도 못 했습니다. 황상께서는 수많은 명의를 청하여 제 병을 치료하도록 하셨으나, 호전되지 않고 있어요. 신첩은 남아 있는 날이 많지 않을까 봐 두렵답니다. 그런데 신첩은 정말로 근심이 너무 많아 차마 내려놓을 수가 없습니다. 하나는 어린 아들 때문이고, 또 하나는 제 형제들 때문이니, 폐하께서는 부디 그들을 반드시 잘 대하여 주세요."

여기까지 말하자 이부인은 이미 목이 메었다.

그 말을 듣자 한무제는 한층 슬픈 생각이 들었다.

"정말로 짐의 애비(愛妃)인 당신 말대로 병이 나을 수 없다면, 더욱 더 그대의 얼굴을 한번 짐에게 보여주도록 해야 하오."

하지만 그때 이부인은 몹시 단호한 태도로 계속 거절하면서 말했다.

"아녀자는 얼굴을 꾸미지 않고는 지아비를 보아서는 안 된다고 합니다. 신첩은 정말로 감히 이러한 불손하고 게으른 모습으로는 폐하를 뵐 수 없으니, 부디 제가 예절을 저버리지 말게 하시옵소서."

황제인 그의 요구를 이렇게까지 거절했던 사람이 일찍이 있었단 말인가? 한무제도 이때는 좀 답답한 생각이 들었던지, 살짝 화를 내며 말했다.

"당신이 지금 짐에게 얼굴을 한번 보여주면, 짐은 당장 당신에게 황금 천근을 상으로 내리고, 당신 아들과 형제에게 높은 관직을 내려 당신이 바라는 바를 모두 이루어주려 하는데, 어떻소?"

무제가 이 정도까지 통사정을 했음에도 불구하고, 이부인은 나지막이 흐느낄 따름이었다.

"관직을 내리는 것은 신첩의 부탁을 들어주거나 말거나 하시는 것이지, 이것은 폐하께서 신첩의 얼굴을 보고 말고 하시는 것과는 관계가 없는 일입니다. 신첩이 폐하를 뵙지 않으려는 것은 폐하께서 신첩의 이런 몰골을 보시고 상심하시고 실망하실 것이 두렵기 때문입니다. 폐하께서는 용서해 주시옵소서."

한무제는 이 말을 듣고도 기어이 그녀의 얼굴을 한번 보려고 했다. 그러나 이부인은 이미 침상에서 등을 돌려버리고는, 무제가 아무리 불러도 한숨 지으며 눈물만 흘릴 뿐 더 이상 말을 하지 않았다. 군왕임에도 불구하고 자기 애비의 얼굴 한번 보고자 하는 것도 안 된다니…. 한무제는 벌컥 화를 내고는 옷소매를 뿌리치고 나가버렸다.

한무제는 당연히 얼굴 가득 유쾌하지 못한 표정을 지은 채 가버렸다. 마침 이부인의 자매들이 병문안을 하러 입궁했다가 이 광경을 보자 몹시 의아해하며 심히 불안을 느꼈다. 그래서 무제가 나가기를 기다렸다가 곧 이부인의 침상으로 다가가 물어보았다.

 해혼후, 지워진 황제의 부활

"폐하께서 너를 그렇게 총애하셔서 네가 하는 말이라면 모두 믿으시니, 아이와 형제들을 부탁하고자 한다면 당연히 얼굴 한번 보여드려야지. 하나도 어렵지 않은 일인데, 왜 폐하의 바람을 거슬러 이 지경에 이르게 했니?"

이부인은 한숨 짓고는 가냘픈 목소리로 자매들에게 말했다.

"너희는 몰라. 내가 폐하께 얼굴을 보여드리지 않은 이유는 다름 아닌 바로 아이들과 형제를 부탁하고자 하기 때문이야. 미천한 출신인 나를 폐하께서 총애하시고 그리워하시는 것은 다 나의 미모 때문이야. 예로부터 미모로 남을 모시는 이는 미모가 쇠하면 사랑도 식고, 사랑이 식으면 은혜도 끊어지는 법이지. 미모로 얻은 총애는 결국은 오래 갈 수 없어. 일단 미모가 쇠하고 젊음이 다하면 총애도 당연히 엷어지는 거야. 폐하께서 더 이상 총애하시지 않으면 더 이상 베풀 은혜도 없지. 지금 나는 이미 병이 중해서 얼굴도 경국경성이라는 말을 듣던 그때와는 다르니, 폐하께서 만약 나의 이런 몰골을 보시게 된다면 나를 싫어하는 마음이 생길 것이 틀림없어. 내가 죽은 뒤 아이와 형제들을 돌봐달라는 나의 부탁을 어찌 들어주실 수 있을까?"

이부인의 말을 들어보면 그녀가 결코 얼굴만 예쁘고 머리는 텅 빈 여자가 아니라 담력과 식견을 갖춘 여인이었음을 알 수 있다. 삶이 막 끝나가는 시기에도 여전히 그녀는 자기 아이와 형제들에게 광명으로 활짝 통하는 길을 터주기 위해서 지혜롭게 행동하고 있었던 것이다.

얼마 뒤, 이부인이 세상을 떠났다. 젊고 아름다웠던 한 시대의 미인이 마침내 죽고 만 것이다. 그리고 그 이후의 일은 과연 이부인의 예상을 벗어나지 않았다. 그녀가 와병 중에 한무제에게 얼굴을 보여주지 않았던 행동 때문에 오히려 한무제는 그녀를 애절히 그리워하는 마음을 품게 되었던 것이다. 한무제는 이부인을 황후의 예로 안장하고, 화공(畫工)에게 그녀의 생전 모습을 그리게 한 다음에 자기가 자주 가서 지내던 감천궁에 걸어두고는 애도의 마음을 표했다.

역대 황제들은 대개 취미 삼아 산 좋고 물 맑은 곳에 행궁(行宮)을 지어두고는 휴가를 보냈다. 한무제도 예외가 아니었는데, 그가 휴가를 위해 자주 가던 명승지는 곤명지(昆明池)였다. 곤명지는 상림원(上林苑) 가운데 있었는데, 그 연못 속에는 예장대(豫章臺)와 영파전(靈波殿) 그리고 석각으로 된 고래가 있었다. 석각 고래는 길이가 9미터로 비가 내리면 머리와 꼬리가 움직였다. 곤명지의 동서쪽에는 석인(石人)이 하나씩 서 있었는데, 하나는 견우(牽牛)이고 다른 하나는 직녀(織女)로 은하수 모양을 이루고 있었다.

이부인이 죽고 나서 얼마 지나지 않은 어느 날, 한무제는 또 곤명지를 찾았다. 그때는 가을이었다. 한무제는 배 안에 앉아 석양이 서쪽으로 기울고 시원한 바람이 물결을 일게 하는 모습을 보고 있자니, 말로 표현할 수 없는 비애가 솟구쳐 올랐다. 그리고 그전에 이부인과 함께 상림원을 마음껏 돌아다니던 정경이 떠오르자 그녀 생전의 아름다웠던 갖가지 모습이 눈앞에 선했다. 한무제는 감정이 북받쳐 올라 「낙엽애선곡(落葉哀蟬曲)」이라는 사(詞) 한 수를 새로 지어 읊었다.

해혼후, 지워진 황제의 부활

옷소매를 나부껴도 소리가 나지 않으니, (羅袂兮無聲)

옥마루도 먼지가 쌓이고, (玉墀兮塵生)

텅 빈 방은 차갑고도 쓸쓸하니, (虛房冷而寂寞)

낙엽이 내문에 수북이 쌓여 있구나, (落葉依於重扃)

저 아름다운 여인을 바라보고 있노라면, (望彼美之女兮)

내 마음이 어찌 불편하리요? (安得感余心之未寧)

한무제는 사속에서 이부인이 세상을 떠난 뒤의 자기의 적막한 심정과 다시 만날 수 없는 그녀에 대한 그리움을 묘사했다. 이처럼 이부인에 대한 끝없는 애도를 표하고 있으니, 듣고 나면 훌쩍거리지 않는 사람이 없었다.

한무제는 새로 지은 사를 다 읊은 뒤, 더할 나위 없이 슬퍼하면서 근시(近侍)에게 말했다.

"누가 이부인을 다시 만날 수 있게 해준다면 정말 좋겠다."

근시 동방삭(東方朔)은 그날 밤 풀잎을 한무제에게 바치면서 말하기를, 이 풀의 이름은 '몽초(夢草)'로 낮에 땅속에 심어두면 밤에 땅을 뚫고 피어난다고 했다. 이 '몽초'를 품고 꿈을 꾸기만 하면, 보고 싶어 하는 이를 꿈속에서 만날 수 있다는 것이다.

한무제는 동방삭의 말대로 밤에 몽초를 품고 잠자리에 들었다. 잠결에 한무제는 한 여인이 휘장 속으로 사뿐사뿐 걸어 들어오는 느낌이 들었다. 눈처럼 새하얀 옷을 몸에 걸치고 면사포로 얼굴을 반쯤 가린 여인은 눈물을 가득 머금은 눈으로 다정하게 무제를 바라보고 있었다.

찬바람이 휙 불어와서 여인의 면사포를 벗기자 과연 이부인이었다. 이부인은 손에 들고 있던 물건을 무제에게 주면서 말했다.

"이것은 형무향(蘅蕪香)이랍니다. 폐하께 드리니, 이것을 보기를 신첩을 보듯 하시기 바랍니다."

말을 마치자마자 여인은 사라져버렸다. 꿈속에서 소리치는 무제를 뒤로 남긴 채 말이다.

"애비여! 가지 마오. 애비여! 가지 마오."

이 소리에 놀라서 깨어보니 역시 꿈이었다.

하지만 한무제가 돌이켜 생각해 보니, 꿈속의 광경이 사실이었던 것처럼 방안에는 아직도 향기가 남아 오랫동안 사라지지 않고 있었다. 그는 이부인이 꿈속에서 준 향을 기억해 내고는 곳곳에 알아보았으나 찾을 수 없었다. 그러나 잠자리와 옷자락에 어떻게 향기가 배어들었는지 알 길이 없었다. 그후로 한무제는 자기의 침실을 '유방몽실(遺芳夢室)'이라 이름 짓고, 그 풀은 '회몽초(懷夢草)'라고 고쳐 불렀다. 이부인에 대한 한무제의 깊은 정을 엿볼 수 있는 대목이다.

이 꿈을 꾸고 난 뒤 한무제는 이부인을 그리워하는 마음이 더욱 강렬해졌다. 그는 죽은 사람을 되살릴 수 있는 방사가 있다는 소리를 듣고는 곧 조서를 내려 천하에서 가장 뛰어난 방사를 불러 모았다. 이소옹(李少翁)이라고 하는 방사가 한무제에게 스스로 자기를 추천하며 보증하기를 이부인의 혼백을 불러올 수 있다고 했다. 한무제는 몹시 기뻐하며 서둘러 그에게 궁궐에 제단을 세우고 혼을 불러오게 했다. 그날 밤, 이소옹은 한무제의 침전에 등불과 촛불을 밝히고 휘장을 설치한 다음, 한무제에게 별도의 장막 안에서 지켜보게 했다. 초저녁부터 제단을 마련하는 일 등등을 지켜보느라 한무제는 이미 견디기 힘들 정도로 피곤했다.

한무제가 피곤함과 졸음에 시달리고 있는 바로 그때, 흔들거리는 촛불 그림자 속에서 희미한 사람 그림자가 재빨리 다가왔다가 금방 다시 서서히 멀어져 가는 것이었다. 흐리멍덩한 상태로 이부인처럼 보이는 사람 그림자를 지켜보고 있자니, 그리움과 서글픔이 가슴에 더욱 사무쳐 처량하게도 "그녀인가? 아닌가? 곧추서서 바라보고 있는데, 도대체 왜 어물거리며 오는 것이 더디단 말인가?(是邪非邪, 立而望之, 偏何姍姍來遲)"라는 시구를 지었다. 이부인을 오매불망 그리워하는 한무제의 애틋한 마음은 온 세상을 감동시킬 만하다고 하리라!

사실, 방사가 불러낸 희미한 사람 그림자는 결코 이부인의 혼백이 아니라 방사가 불빛을 이용해서 만든 그림자극에 불과한 것이었다. 이미 흐리멍덩하고 반쯤 정신착란 상태에 있던 한무제를 속인 것이었다. 그러나 이부인을 깊이 사랑하는 한무제는 곧이곧대로 믿었다. 나중에 한무제는 또 유명한 「도이부인부(悼李夫人賦)」를 지어서 이부인을 그리워했다. 그 내용은 아래와 같다.

"아름답고 예쁘게 꾸민 소녀여, 목숨이 끊어져 길지 못하구나. 새로운 궁전을 단장해서 기다리고 있으나, 죽어서 고향에 돌아오지 못하는구나. 참담하기 그지없어라, 그 거칠고 더러워짐이여, 숨은 곳이 어두우니 애가 타는구나. 산꼭대기에 말을 풀어주니, 밤의 양기 없음을 가려서 고치는구나. 가을의 기운이 예리하니 처량해서 눈물이 나는데, 계수나무 껍질도 떨어져 없어지는구나.

정신이 외롭고 우울하니 생각이 흔들리고, 마음은 공중에 떠서 강역을 벗어나는구나. 비가 내리라고 부탁한 것이 오래되었는데, 아직은 번성하고 화려하지 못함이 안타깝구나. 궁극에 이르러도 돌아오지 않음을 염두에 두고, 어린이와 애꾸눈이 서로 상서로움을 생각하는구나. 고수풀을 품고 널리 펴서 깔고 바람을 기다리니, 향기가 마구 섞여 두루 퍼지는구나.

부드럽고 화려한 고운 얼굴, 옷소매 휘날리며 예쁘게 우는 모습 더욱 단정하구나. 성대한 연회에서 기둥을 짚고, 추파를 던지니 아름다워 보이는구나. 이미 격하게 느낌이 통해서 마음으로 뒤쫓는데, 홍안을 감싸고 있으니 분명해 보이지 않는구나. 기쁘게 만나서 헤어지니, 밤에 꿈을 꿔도 잘 보이지 않는구나.

갑자기 떠나버려 돌아오지 않고, 넋은 제멋대로 흩날리는구나. 어찌 영혼이 분분하리요, 슬프게 서성이며 머뭇거리고 있구나. 권세의 길은 날로 멀어지는데, 마침내 희미한 모습으로 작별하고 떠나버리는구나. 멀구나, 서쪽으로 정벌을 가버리니, 밤에도 볼 수 없구나. 점차 번져 어슴푸레하니, 고요해라, 아무 소리 없구나. 그리움은 흐르는 물결 같고, 슬픔은 마음속에 있구나.

요지를 말한다. 미인은 빛을 머금고, 죽은 주목은 윤기가 흐르네. 질투는 천하고 어리석은 일이니, 장차 어찌 본받겠는가! 바야흐로 기세가 성한데, 나이가 젊어서 죽는구나. 형제와 아들이 더욱 흐느끼니, 눈물이 떨어져 웅덩이를 이룰 정도로 슬퍼하네. 나라에 슬픈 근심이 가득하니, 울음 소리 그치지 않네.

메아리는 헛되이 응하지 않으나, 역시 나만 그런 것이네. 근심으로 수척해지니 한숨지으며 어린 아들의 신세를 한탄하네. 슬프고 비통해도 말하지 않고, 평소 입은 은혜에 의지하네. 어진 이는 맹세하지 않으니, 어찌 아내라고 약속하겠는가? 이미 가서 오지 않으나, 거듭해서 믿는다네. 그 밝은 곳을 떠나니 곧 어두운 곳이네. 이미 새 궁전을 지었으니 옛 궁전에 돌아가지 마오. 아, 슬프도다, 혼령이 그립구나."

美連娟以修嫭兮, 命樔絶而不長。飾新宮以延貯兮, 泯不歸乎故鄉。
慘鬱鬱其蕪穢兮, 隱處幽而懷傷。釋輿馬於山椒兮, 奄修夜之不陽。
秋氣憯以凄淚兮, 桂枝落而銷亡。神煢煢以遙思兮, 精浮游而出畺。
託沈陰以壙久兮, 惜蕃華之未央。念窮極之不還兮, 惟幼眇之相羊。
函菱茇以俟風兮, 芳雜襲以彌章。的容與以猗靡兮, 縹飄姚虖愈莊。
燕淫衍而撫楹兮, 連流視而娥揚。旣激感而心逐兮, 包紅顏而弗明。
驊接狎以離別兮, 宵悟夢之芒芒。忽遷化而不反兮, 魄放逸以飛揚。
何靈魄之紛紛兮, 哀裴回以躊躇。勢路日以遠兮, 遂荒忽而辭去。
超兮西征, 屑兮不見。寢淫敞怳, 寂兮無音。思若流波, 怛兮在心。
亂曰。佳俠函光, 隕朱榮兮。嫉妒闟茸, 將安程兮! 方時隆盛,
年夭傷兮。弟子增欷, 洿沫悵兮。悲愁於邑, 喧不可止兮。嚮不虛應,

亦云己兮。嫶妍太息,歎稚子兮。懰慄不言,倚所恃兮。仁者不誓,
豈約親兮? 既往不來,申以信兮。去彼昭昭, 就冥冥兮。既下新宮,
不復故庭兮。嗚呼哀哉,想魂靈兮!

한무제의 「도이부인부」는 섬세하게 묘사하는 기교로 이부인에 대
한 무제의 그리움을 다층적으로 표현하고 있다. 부(賦)는 정문(正文)
과 난사(亂辭)로 나뉜다. 정문에서는 주로 환상과 추억을 통해 망비
(亡妃) 이부인에 대한 상심을 토로하고 있다. 부의 서두는 다음의 네
구절이다.

"아름답고 예쁘게 꾸민 소녀여, 목숨이 끊어져 길지 못하구나. 새로
운 궁전을 단장해서 기다리고 있으나, 죽어서 고향에 돌아오지 못하는
구나."

새 궁전은 이미 지어졌으나, 아름다운 생명은 죽으면 다시는 돌아오
지 못한다. 이 구절들은 이부인에 대한 무제의 애도를 표명함과 동시
에 생명의 짧음을 진중하게 살피고 있다.

계속되는 두 구절, "참담하기 그지없어라, 그 거칠고 더러워짐이여,
숨은 곳이 어두우니 애가 타는구나"는 이부인의 시신이 묘 속에 있는
처참한 상황을 상상하는 것이다. 여기에서 무제는 이부인의 요절을 자
기가 어떻게 슬퍼하고 있는가는 쓰지 않고, 이부인의 망혼이 묘 속에
서 자기를 그리워하면서 마음 아파하고 있다고 쓰고 있다. 이러한 상
상력은 대담하고 기발한 것으로 무제의 끝없는 슬픔을 훨씬 잘 토로
하고 있다.

해혼후, 지워진 황제의 부활

그리고 "가을의 기운은 비통하고 싸늘해서, 계수나무 껍질도 떨어져 사라지는구나"는 눈앞에 펼쳐진 가을 풍경으로 마음속의 슬픔을 드러내고, 애비의 요절로 인한 아픔을 다시 표현하고 있다. 이러한 애도에서 비롯된 무제의 상상 속에서 그의 영혼은 육체를 벗어나 이부인의 종적을 찾아 나서더니 "꽃술을 품고 바람을 기다리니, 짙은 향기가 두루 퍼지는구나. 부드럽고 화려한 고운 얼굴, 바람에 나부껴도 더욱 단정한" 이부인을 만난다. 이렇게 꿈을 꾸는 듯한 신비한 환상은 이부인에 대한 한무제의 그리움이 각골난망의 단계에 이르렀음을 보여준다.

이어지는 구절, "성대한 연회에서 기둥을 짚고, 추파를 던지며 아름다운 눈썹을 치켜드는구나. 이미 격하게 느낌이 통해서 마음으로 뒤쫓는데, 홍안을 숨기고 있으니 분명히 보이지 않는구나. 기쁘게 만났다가 헤어지니, 밤에 꿈을 깬 듯 막연하구나"는 어두운 상상에서 옛날의 즐거운 생활에 대한 추억으로 돌아갔다가 다시 현재의 비몽사몽한 상태로 되돌아온 것을 표현하고 있다. 이러한 상태에서 이부인의 그림자는 "갑자기 떠나버려 돌아오지 않고" 혹은 "슬프게 서성이며 머뭇거리고 있다." 이부인의 영혼이 차마 떠나지 못하는 모습은 부인의 영혼이 돌아오기를 강력하게 바라는 무제의 마음을 표현하고 있는 것이다.

그러나 사람은 죽으면 다시 살아날 수 없으므로, 무제는 결국 이부인의 영혼이 "희미한 모습으로 작별하고 떠나버리는구나", "빠르구나, 보이지 않는구나"와 같은 몽환적인 상태에서 다시 음양(陰陽)은 서로 떨어져 있어야 하는 잔혹한 현실로 돌아와 "그리움은 흐르는 물결 같고, 슬픔은 마음속에 있는" 상태로 지내야 하니, 끝없는 아픔은 끊임없이 흐르는 물과도 같았다.

난사 속에서는 이부인의 형제와 어린 아들이 이부인을 애도하는 비통한 장면이 묘사되고 있는데 몹시 감동적이다.

"형제와 아들이 더욱 흐느끼니, 눈물이 떨어져 웅덩이를 이룰 정도로 슬퍼하네. 나라에 슬픈 근심이 가득하니, 울음소리 그치지 않네. 메아리는 헛되이 응하지 않으나, 역시 나만 그런 것이네. 근심으로 수척해지니 한숨지으며 어린 아들의 신세를 한탄하네. 슬프고 비통해도 말하지 않고, 평소 입은 은혜에 의지하네."

한무제가 묘사한, 이부인의 형제와 어린 아들이 이부인을 애도하며 애통해하는 장면은 인간미가 지극히 풍부해 보인다. 그 가운데서 한무제가 한 시대의 영웅적인 군주이기는 하지만, 보통사람처럼 마음에서 우러나오는 감정도 가지고 있었던 일면을 발견하기란 어렵지 않다. 특히 난사에서는 이부인의 요절에 대한 끝없이 비통한 심정이 재차 묘사되고, 그녀가 죽음에 이르러 부탁한 바를 장차 저버리지 않겠다는 뜻을 드러냄으로써 이부인을 향한 한무제의 깊은 정이 구체적으로 표현되어 있다.

한무제의 「도이부인부」는 중국 문학사상 최초의 도망부(悼亡賦)로서 부체(賦體)문학의 소재 방면에서 개척적인 의미를 지니고 있다. 이 작품은 이부인에 대한 한무제의 끝없는 그리움을 남김없이 그리고 눈에 보이듯 생생하게 표현하고 있다. 나중에 한무제는 곽광에게 자기

해혼후, 지워진 황제의 부활

가 죽고 난 뒤의 일을 말하면서 그에게 특별히 부탁하기를, 이부인의 묘를 자기 묘 곁으로 옮겨 계속해서 신변에서 자기를 모시게 해달라고 했다.

한무제와 이부인 사이의 사랑은 나라와 도시를 기울게 하는 한나라 판본의 '사랑과 영혼'이라고 할 만한 것이었다.

이부인이 죽은 뒤, 한무제는 과연 약속을 저버리지 않고 그녀의 아들과 형제를 우대해 주었다. 이부인의 아들 유박은 나중에 창읍왕에 봉해졌고, 이부인의 오빠 이연년은 조정의 음악 창작을 관장하는 협률도위(協律都尉)에 봉해졌다. 이부인의 또 다른 오빠 이광리는 무예가 뛰어나 처음에는 '이사장군'에 봉해져 군대를 이끌고 대완국(大宛國) 이사성(貳師城)의 한혈보마(汗血寶馬)를 빼앗았고, 뒤에는 다시 해서후(海西侯)에 봉해졌다. 나중에 여태자 유거가 무고의 화로 자살해 버리고 난 뒤, 이광리가 사돈인 승상 유굴리와 연합해서 유박을 태자로 세우려고 모의했다가 실패하자, 유굴리는 무제에게 허리를 잘렸고 이광리는 흉노에게 투항한 뒤 오래지 않아서 피살되었으며, 이씨 가문의 일족 역시 주살되었다.

비록 이광리 가족이 주살되었기는 했지만, 이부인의 아들 창읍왕 유박은 목숨을 건졌을 뿐만 아니라 여전히 창읍왕의 자리를 유지했다. 나중에 유박이 아들 하나를 낳았으니 그가 바로 유하다. 서기전 88년, 유박이 죽자, 무제는 다섯 살의 유하로 하여금 아버지의 작위를 이어 제2대 창읍왕이 되도록 했다. 그런데 유하의 차후 운명 역시 한무제가 이부인에게 한 약속 때문에 여러 차례 우여곡절을 겪게 된다.

이제야 유하의 내력이 비교적 분명해졌다. 한마디로 말해서 그는 한무제와 특수한 관계에 있었던 사람이다. 곽광은 한소제가 붕어한 뒤 유하를 선택해서 황제의 지위를 이어받게 했는데, 이것과 한무제가 이부인에게 한 약속과는 중대한 관련이 있다. 또한 한무제가 탁고할 때 곽광에게 주문했던 자기가 죽고 난 뒤의 일과도 직접적인 관련이 있다.

그런데 유하가 27일짜리 황제가 되고 난 뒤, 곽광이 또 그를 폐위하기로 결정하고 유하를 고향인 창읍으로 급히 돌려보낸 것은 아무도 생각하지 못한 일이었다.

곽광이 유하의 운명, 즉 옹립과 폐위를 결정할 수 있었던 까닭은 무엇일까?

해혼후, 지워진 황제의 부활

제3장

이룬 것도 곽광이고
망친 것도 곽광이다

- 유하의 운명 -

창읍왕 유하는 한무제와 이부인의 손자이기는 하나, 처음에는 사람들의 관심을 그다지 받지 못했다. 그런 그가 갑작스레 대사마대장군 곽광의 강력한 추천 아래 황위 계승인이 되자 깜짝 놀라지 않는 이가 하나도 없었다. 창읍왕의 자리에 앉아 빈둥거리며 지내고 있던 유하 본인 역시 꿈조차 꾸지 못할 일이었지만, 이미 그의 운명은 순식간에 경천동지라고 할 만한 변화를 맞게 된 것이다.

본래 뭇 신하들 대부분은 한무제의 아들로 유일하게 살아남아 있는 광릉왕 유서의 황위 계승을 지지하고 있었지만, 대사마대장군 곽광의 뜻이 분명해지자 앞서거니 뒤서거니 입장을 바꿔 창읍왕 유하를 지지했다. 당시 조정에 미치는 곽광의 영향력은 그야말로 절대적인 것이었음을 알 수 있는 대목이다. 소제 유불릉이라 해도 살아생전에 곽광의 안색을 보고 말을 꺼내야 하는 경우가 많았을 정도였다.

곽광은 13년에 걸쳐 소제를 보좌하면서 사실상 한나라 황실의 최고 권력을 장악하고 있었기에 명의상 황제가 아니었을 뿐이지, 권력 자체를 따져보면 황제와 거의 차이가 없었고 심지어는 황제의 일에 간섭하기까지 했다.

곽광이 이렇게 큰 권력을 가지고 황위 계승 후보를 좌지우지할 수 있었던 까닭은 무엇일까? 그것을 알려면 다시 한무제가 곽광을 탁고 대신으로 선택한 일부터 이야기를 시작해 볼 필요가 있다.

앞서 말했듯이, '무고의 화'로 태자 유거는 결국 스스로 목을 매고 죽었다. 한무제는 이 사건의 진상을 알고 나서 통곡하기를 그치지 않았다. 그때 무제는 이미 연로했지만, 태자가 없었다. 당시 살아 있던 황자들 가운데 연왕 유단과 광릉왕 유서는 덕망을 잃은 탓에 무제에게 중시를 받지 못했고, 창읍왕 유박은 이광리와 유굴리가 그를 태자로 세우려고 모의한 사건에 연루되는 바람에 역시 태자의 자리와 인연이 없었다. 결국 한무제가 태자로 세워 황위를 계승하도록 할 수 있었던 이는 가장 어린 아들로 총희 구익부인 조씨가 낳은 유불릉밖에 없었던 것이다.

유불릉에 관해 전해 내려오는 이야기에는 전기적인 색채가 다분하다. 한무제는 늘그막에 자주 밖으로 순시를 나갔다. 한번은 하간국(河間國)*을 지나가고 있는데, 어떤 이가 한무제에게 이렇게 말하는 것이었다.

"이곳에는 이상한 여자가 있습니다. 두 주먹을 꽉 움켜쥐고 태어났는데, 나이가 이미 10여 살이 되었지만 두 주먹을 펴본 적이 없는 데다가 그 용모는 세상에 보기 드물게, 마치 꽃처럼 아름답습니다."

---

* **하간국** : 옛날 지명으로 왕작(王爵)에 속하는 번국으로, 지금의 하남성 중남부에 있었다.

그 소리를 들은 무제는 호기심이 발동하여 당장 사람을 보내 찾아오라는 명을 내렸다. 얼마 되지 않아 수행하던 관리가 여자를 찾아서 데리고 왔다. 한무제가 여자를 보니 용모는 아름다운데 과연 두 주먹을 움켜쥐고 있기에, 호기심을 참지 못하고 그 두 주먹을 천천히 떼어 내 펴보자 여자의 손이 펴지더니 그 속에서 작은 옥 갈고리 하나가 나왔다. 이 여자의 주먹은 몇 년 동안이나 펴진 적이 없는데, 무제가 그 것을 한 번에 펴자 수행인은 연거푸 기이한 일이라고 말했다. 한무제도 이 여자와 연분이 크다고 여겨 곧 그녀를 데리고 황궁으로 돌아왔다. 이로부터 이 여자는 한무제의 총애를 받게 되었고, 머지않아 부인에 봉해졌다. 그녀는 옥 갈고리를 지닌 채 태어났기에 구익부인이라고 불렸다.

후세의 어떤 이는 조씨가 주먹을 쥐고 갈고리를 숨긴 것은 그곳의 관원과 수행인이 한무제의 비위를 맞추기 위해 꾸민 일종의 연극이라고 여겼다. 조씨의 미모가 남자의 마음을 자극할 정도임을 알게 된 관리들이 이 기회를 빌려 그녀를 한무제에게 선사함으로써 환심을 사고자 했다는 것이다.

만년의 한무제는 구익부인을 아주 총애했다. 서기전 94년, 구익부인은 63세의 한무제에게 아들을 하나 낳아주었는데, 그가 바로 한소제 유불릉이다. 유불릉은 어머니와 마찬가지로, 미처 '탄생'하기 전에도 한층 신비한 베일에 싸여 있었다. 듣자 하니, 구익부인은 임신하고 14개월이 지나서야 아들을 낳았는데, 이 점은 상고시대의 요임금과 같은 것으로 전설에 따르면 요임금도 그 당시 임신 14개월이 지나서야

해혼후, 지워진 황제의 부활

태어났다고 한다. 늘그막에 본 아들은 본래 하늘이 은혜를 베푼 것인데, 게다가 이 아들은 또 보통사람들과 다른 점까지 있었던 것이다. 한무제는 기대 이상의 큰 기쁨에, 구익부인이 살고 있는 궁궐의 대문에 요모문(堯母門)이라는 이름을 지어주고는 이 아들에게 더 많은 관심과 총애를 기울였다.

비록 이 요모문에는 특별한 정치적 의미가 전혀 없었던 것 같지만, 나라의 군주인 만큼 한무제의 행동은 무엇이든 사람들은 이리저리 곰곰이 따져보기 마련이었다. 한무제 주변의 사람들 일부는 이로부터 그의 심사를 짐작해 보고는, 무제가 막내아들 유불릉을 편애하니 태자로 세울 생각이 있는 모양이라고 여겼다. 그래서 강충 등의 혹리가 위 황후와 태자 유거를 모해하려는 동기가 마련되었고, 마침내 무고의 화가 일어나게끔 재촉했던 것이다.

한무제는 연로했지만 생각은 또렷했다. 어쨌거나 자기가 태자를 세워야만 강산사직이 어지러워질 일이 없을 것이었다. 한무제는 대여섯 살 먹은 막내아들 유불릉이 신체가 건강할 뿐만 아니라 대단히 총명한 것이 어릴 적 자기를 닮았다고 여겨서 특별히 총애했다. 차츰 한무제는 막내아들 유불릉을 태자로 세우려는 마음을 먹게 되었다.

이런 마음을 먹고 난 지 얼마 되지 않았을 때, 한무제가 감천궁에서 요양하고 있는데, 구익부인도 곁에서 시중을 들고 있었다. 무제는 평소와는 전혀 달리 일부로 구익부인을 큰소리로 꾸짖었다. 구익부인은 놀랍고 두렵고 불안해서 즉시 비녀와 귀고리를 뽑아버리고는 머리를 조아린 채 용서를 빌었다. 그러나 무제는 일말의 연민의 정도 없이 구익부인을 궁궐 안에 있는 감옥으로 끌고 가라는 명령을 내렸다. 구익부인은 영문을 알 수 없었다. 입궁한 뒤로 이런 굴욕을 당해본 적이 없었기에 갑자기 눈물을 글썽이며 고개를 돌려 무제를 바라보고는 옛정을 생각해서 용서해 주기를 간청했다. 그러나 무제는 애석하게 여기는 표정은 추호도 보이지 않은 채 이렇게 말할 따름이었다.

"빨리 끌고 나가라. 짐은 다시는 저 년을 보고 싶지 않다!"

얼마 뒤, 구익부인은 사약을 받게 되었다.

한 시대의 미인이 실없이 죽임을 당했으니 조정의 신하들도 도무지 이해가 되지 않았다. 어느 날, 한무제는 한가로울 때 곁에 있던 사람에게 구익부인이 사약을 받은 일을 두고 모두 깜짝 놀라지 않았느냐고 물었다. 곁에 있던 사람이 대답했다.

"확실히 그렇습니다. 이왕에 구익부인의 아들을 태자로 세우시려고 한 바에야 왜 그 어머니를 죽이신단 말입니까?"

한무제는 길게 한숨지으며 말했다.

"너희처럼 우둔한 범부들은 이해할 수 없는 일이다. 예로부터 지금에 이르기까지 나라에 내란이 일어나는 까닭은 대개 황제는 어린데 어머니가 거만을 떨고 횡포를 일삼았기 때문이다. 아들은 어린데 어머니가 기세등등하면, 다시 말해 암탉이 새벽에 울어대면 마침내 강산이 어지러워지고 마는 법이다."

알고 보니, 한무제는 이미 생각해 둔 바가 있었던 것이다. 막내아들인 유불릉이 아직 어리므로, 만약 즉위한 뒤 구익부인이 모친의 명의로 수렴청정을 해서 조정의 대권을 농단한다면, 한나라의 강산은 장차

해혼후, 지워진 황제의 부활

또 어지러워질 것이고 심지어는 남에게 빼앗기는 일이 벌어질지도 모른다. 그래서 한무제는 결연히 아들을 세우고 그 어미를 죽여 사고를 미연에 방지하기로 한 것이었다.

비록 유불릉을 계승자로 선정하기는 했지만, 한무제는 유불릉의 나이가 어린 것을 걱정했기에 자기가 마음 놓고 믿을 수 있는 대신을 한 사람 뽑아서 그를 보좌하도록 결정했다. 한무제가 사람을 알아보는 예리한 안목으로 여러 대신들을 면밀히 점검해 보니, 중책을 맡을 수 있는 사람은 곽광밖에 없었다. 곽광은 수십 년에 걸쳐 자기를 따르고, 성격이 침착하고, 지금껏 잘못된 짓을 저지른 적이 없으니, 어린 아들과 나라를 맡길 만한 사람이었다. 그래서 한무제는 궁궐의 화공에게 명하여 주공(周公)이 성왕(成王)을 업고 제후의 조현(朝見)을 받는 그림을 그리게 하고는 곽광에게 하사했다. 그 의미는 곽광에게 장래에 어린 군주를 보좌할 준비를 잘 하고 있으라는 것이었다.

주공은 서주(西周) 초기의 저명한 국정 보좌 대신으로 어린 나이에 즉위한 주성왕을 일말의 사심도 없이 보조해서 서주 백 년의 사업을 위한 기초를 다졌다. 한무제는 그 그림을 곽광에게 하사했으니, 그 속에 깃든 깊은 뜻은 두말할 나위가 없는 것이었다.

곽광은 유명한 표기장군 곽거병의 배다른 아우였다. 젊었을 때 형님인 곽거병의 천거로 입궐하여 먼저 낭관(郎官)에 임명되었다가 뒤이어 조관(曹官)*과 시중 등을 맡았다. 곽거병이 세상을 뜨자 곽광은 봉거도

---

* **조관** : 옛날에 관아에 속한 관리의 통칭

위(奉車都尉)*와 광록대부 등을 역임했다.

곽광은 침착하고 신중하며, 일처리가 주도면밀한 데다가 피부가 희고 깨끗하며 용모가 수려해서 한눈에 단정하고 조심스러운 군자답게 보였다. 그는 봉거도위로 황궁을 20여 년 동안 출입했으나 일찍이 실수를 한 적이 없었다. 그는 대궐문을 드나들 때마다 발걸음마저 똑같은 곳을 내딛었다. 곁에 있던 사람이 몰래 자세히 살펴보니, 조금이나마 차이가 나는 적이 정말로 한 번도 없었다. 곽광은 20여 년을 하루같이 조심스럽고 신중하게 행동해서 한무제의 신임을 얻었기에, 두 사람 사이에는 심지어 일반적인 군주와 신하 사이를 뛰어넘는 두터운 정이 있었다.

한무제 후기에 대사마대장군 위청을 비롯한 명신들이 연이어 세상을 떴고, 무고의 화에 연루되어 조정의 능력 있는 수많은 신하들이 죽임을 당했다. 그런데 곽광은 비록 관직이 낮고 공훈과 업적이 그다지 많지는 않았지만, 아주 노련한 데다가 성격이 느긋하고 부드러우며 듬직하고 조심스러웠기에 만년의 한무제 마음에 딱 들었던 것이다. 마침내 한무제는 곽광을 탁고대신으로 선택했다.

서기전 87년, 이미 고희의 나이를 맞은 한무제는 병세가 더욱 나빠졌다. 어느 날, 한무제는 곽광과 김일제(金日磾)**를 비롯한 조정의 신하들을 불러들였다. 곽광은 무제의 병세가 이렇게 위중한 모습을 보자

---

* **봉거도위** : 중국 고대 관리의 이름. 황제가 타는 수레를 관리했다.
** **김일제** : 서기전 134년~기원전 86년. 전한 중기의 관료이며, 자는 옹숙이다. 본래 흉노 출신으로 전투에서 패해 전한에 포로로 끌려왔다. 이후 무제의 신임을 받아 전한의 관료로 일하면서 김씨 성을 받았다.

마음이 떨려 눈물이 자기도 모르게 줄줄 흘러내렸다.

곽광은 목메어 울면서 말했다.

"폐하! 옥체를 지켜내셔야 합니다! 강대한 한나라에 폐하께서 잠시라도 안 계셔서는 안 됩니다."

아직은 비교적 정신이 맑은 한무제는 이때 아주 분명하게 곽광에게 말했다.

"예전에 짐이 그대에게 주공께서 성왕을 등에 업고 제후의 조현을 받는 모습을 그린 그림 한 폭을 주었는데, 설마 짐의 뜻을 알아차리지 못한 것은 아니겠지? 짐은 태자에게 황위를 물려주고자 하니, 그대는 주공께서 어린 군주를 보좌하신 것처럼 태자를 보좌하도록 하시오."

곽광은 그 소리를 듣자마자 몹시 놀라며 황급히 무릎을 꿇고 머리를 조아리며 말했다.

"신은 그 중책을 감당할 수 없으니, 부디 폐하께서는 명령을 거두어들이시고, 김일제 대인을 선택하시는 편이 좋겠습니다."

김일제는 바로 사양하며 말했다.

"신은 흉노 사람입니다. 만약 그렇게 하신다면 흉노가 한나라를 얕잡아볼 수도 있습니다. 아무래도 곽 대인이 가장 적합합니다."

마침내 한무제는 곽광을 대사마대장군에, 김일제를 거기(車騎)장군에, 태복(太僕)* 상관걸은 좌장군에, 치속도위(治粟都尉)** 상홍양(桑弘

---

* **태복**: 중국 고대 관리의 이름. 황제의 수레와 마필(馬匹)에 관한 일을 주관함과 동시에 관청의 목축업을 관리했다.
** **치속도위**: 중국 고대 관리의 이름. 군량미 등을 생산하는 일을 관장했다.

羊)을 어사대부(御史大夫)에 임명했다. 그들은 모두 한무제 침상 앞에서 절을 올리며 책봉을 받고, 어린 군주 유불릉을 보좌하라는 유조를 받들었다.

곧이어 한무제는 다시 단독으로 곽광에게 몇 가지 일을 주문하고는 이튿날 세상을 떠났다. 한무제의 유조에 따라 겨우 여덟 살인 태자 유불릉이 등극하여 황제가 되었으니, 곧 한소제다. 국가대사는 모두 곽광이 대신해서 결정을 내렸다.

탁고대신이 된 곽광은 한무제의 유조를 받들어 어린 군주를 보좌해서 나라를 다스리는 중책을 맡았다. 그는 마음속으로 한나라 황실의 강산과 사직을 염려하고, 늘 조정의 안위를 중시하며, 성실하고 신중하게 일했다. 감히 조금도 게으름을 피우지 않음으로써 나라의 기둥과 주춧돌 역할을 하는 신하가 되었다.

있는 병력을 다 동원해서 자주 전쟁을 벌여 백성을 혹사시키고 물자를 낭비했던 한무제 시대를 겪어본 뒤라, 곽광은 "나라를 바로잡고, 사직을 안정시키는(匡國家, 安社稷)"일을 자기의 소임으로 삼고는, 백성을 위로하는 일련의 조치를 취했다. 첫째는 각 군현으로 하여금 어질고 재능이 뛰어난 사람을 천거하게 하는 것이었고, 둘째는 직책을 다하지 못한 관리를 조사하여 처벌하는 것이었으며, 셋째는 무함을 받은 사람의 억울함을 풀어주는 것이었고, 넷째는 고통 받고 있는 가난한 백성을 위로하는 것이었다.

농업의 생산력을 발전시키기 위해서 봄갈이 때마다 곽광은 각지에

사람을 보내 생산력 상황을 살펴보게 했다. 또한 지방정부가 식량과 종자가 부족한 가난한 백성들에게 종자와 양식을 빌려주도록 했다. 추수할 무렵이 되면 그는 다시 다음과 같은 조서를 내렸다.

"봄에 가난한 백성들에게 빌려준 종자와 양식은 다시 회수하지 말고, 올해의 소작세도 전부 면제한다."

빈곤한 백성들은 조정의 조령(詔令)을 듣고는 기뻐서 어쩔 줄 모르며 뛰어다니면서 서로 알려주었다.

"또 한 분의 한문제(漢文帝)가 오셨다!"

나중에 백성들은 이 모든 것이 대사마대장군 곽광이 국정을 보좌한 데서 비롯된 좋은 일임을 알고는 극찬했기에 곽광의 명성과 인망은 날로 높아졌다. 그러나 곽광이 정권을 장악함에 따라 권력을 다투고자 하는 조정의 다른 대신들의 증오심 역시 불거졌다. 첫 번째 정적은 좌장군 상관걸로 그 역시 한무제의 탁고대신이었다.

상관걸과 곽광은 본래 사돈으로 그의 아들인 상관안(上官安)은 곽광의 딸을 아내로 맞아들였다. 상관걸의 손녀(즉 곽광의 외손녀)와 소제 유불릉은 나이가 서로 엇비슷했다. 외척이 되어 더 큰 권력을 얻고자 상관걸은 손녀를 소제에게 시집보내고자 했다. 그렇게 되면 손녀가 장차 황후가 될 가능성이 있으니, 자기도 한나라 황실의 가장 쟁쟁한 외척이 될 것이었다. 상관걸 부자는 이 일로 곽광과 의논을 했는데, 의외로 곽광은 이렇게 말하는 것이었다.

"당신의 손녀는 곧 나의 외손녀로 지금 겨우 여섯 살이오. 이렇게 어린아이를 입궐시키는 것은 아주 당찮은 일이란 말이오. 조정의 다른 관료들이 비난할 수도 있소이다."

비록 나라를 위하는 것은 말할 것도 없고, 외손녀를 위해서라도 곽광의 입장은 모두 선의에서 나온 것이었다. 하지만 상관걸과 그 아들 상관안은 이 일로 곽광에게 원한을 품고 사사건건 그를 귀찮게 했다.

상관걸 부자는 곽광에게 면박을 받고 나서도 결코 단념하지 않고 방법을 강구하여 달리 연줄을 찾아 어떻게 해서든지 여섯 살 된 아이를 입궐시키려고 했다. 그 당시 한소제의 어머니는 이미 죽은 뒤라 그의 생활은 누나인 악읍장(鄂邑長) 공주*가 보살펴주고 있었기에 소제는 악읍장 공주의 말을 아주 잘 들었다. 그래서 상관걸은 악읍장 공주의 정부(情夫)인 정외인(丁外人)에게 공주의 곁에서 소제의 혼례 문제를 자꾸 제기해 달라고 부탁했다. 정외인의 말을 들은 악읍장 공주는 당연히 동의했다. 소제는 그때 어린아이에 불과했으므로 누나인 악읍장 공주가 동의한 것을 보고는 역시나 반대하는 일이 없었다. 이에 상관걸의 손녀는 순조롭게 입궁해서 단 몇 달 만에 황후로 책립되었다.

이렇게 해서 상관걸 부자는 황제의 인척이 되었고, 조정에서의 지위와 세력이 더욱 높아지고 강성해졌다. 상관안은 딸이 귀한 황후가 되었기에 거기장군으로 승진하여 상락후(桑樂侯)에 봉해졌다. 상관걸 부자는 악읍장 공주와 정외인의 협조에 몹시 감격해서 보답할 생각을 잊지 않고 있었기에 정외인을 제후에 봉할 것을 요청하고자 했다. 그들이 곽광과 이 일을 놓고 상의하는데, 곽광은 오히려 전대(前代)에 정

---

* **악읍장 공주** : 한무제 유철의 딸. 무제 때 악읍 공주에 봉해졌고, 소제 때 장 공주에 봉해졌다. 한소제 유불릉의 배다른 누나.

해혼후, 지워진 황제의 부활

한, "공이 없으면 제후에 봉할 수 없다(無功不得封侯)"는 규정을 들어 거절해 버렸다.

곽광은 상관걸에게 툭 털어놓고 말했다.

"태조(太祖) 고황제(高皇帝)께서 재위 시에 '공이 없으면 제후에 봉할 수 없다'는 규정을 세우셨소. 지금 정외인은 조정을 위해 아무런 공도 세운 바가 없는데, 당신들은 그를 제후에 봉할 것을 요청하면서도 그 근거를 제시하지 못하고 있으니, 어떻게 일이 되겠소이까?"

상관걸 부자가 아무리 뭐라고 말해도 곽광은 동의하지 않았다. 상관걸은 어찌해 볼 도리가 없자, 부득이 요구의 수준을 낮추어 말했다.

"그러면 정외인을 광록대부에 봉하는 것으로 합시다!"

곽광은 체면을 고려하지 않고 단호히 거절하며 말했다.

"그것도 안 되오. 정외인은 조정에서 평판이 대단히 나빠 어느 관작도 봉할 수 없으니, 부디 그 이야기는 앞으로 다시 꺼내지도 마시오."

상관걸 부자는 곽광 때문에 여러 차례 일이 풀리지 않게 되자 화가 나기도 하고 부끄럽기도 한 나머지 악읍장 공주와 정외인이 있는 곳으로 달려가 꼬드기며 말했다.

"곽광 저자는 정외인에게 불만이 많은가 봅니다. 결코 관직에 봉할 수 없다고 하니 말입니다."

이 일로 인해 악읍장 공주와 정외인도 곽광이라고 하면 이를 부득부득 갈 정도로 증오하게 되었다. 눈엣가시를 뽑는 차원에서 그들은 곽광을 배척할 방법을 강구했다. 상관걸 부자와 악읍장 공주 등은 조정에서 곽광에게 반대하는 유력자들과 암암리에 연락을 취하기 시작했다.

그 당시 또 하나의 탁고대신으로 어사대부를 맡고 있는 상홍양이라는 사람이 있었다. 한무제 시대에 그는 일찍이 관에서 소금과 철의 생산을 관리하고 주류를 전매하는 등의 제도를 만들 것을 건의하여 조정을 부유하게 만들었다. 게다가 그는 이재에 밝아 나라를 위해 여러 차례 재원(財源)을 개발했다. 조정을 위해 커다란 공을 세웠기에 상홍양은 그것을 밑천 삼아 자손을 위해 조정의 말단 벼슬아치 자리라도 마련해 주고자 했다. 그러나 곽광은 상홍양의 요청도 받아들이지 않으면서 이렇게 말했다.

"당신에게는 공로가 있으니 조정이 당신에게 상을 내리는 것은 당연한 일이오. 하지만 자손이 당신의 공로에 기대어 관리가 되는 것은 있을 수 없는 일이니, 그들은 반드시 자기의 재능에 의지해야 될 것이오."

늘그막의 상홍양은 스스로 공로가 있다고 여겨 교만을 떨었기에 곽광과 정견(政見)이 심각하게 갈렸다. 이제 사사로운 이익 때문에 도리에 맞지 않는 요구를 했다가 곽광에게 거절당하고 나자, 곽광이 일부러 괴롭힌다고 여기고는 분개했다.

이렇게 해서 조정에는 곽광의 정적이 갈수록 늘어났다. 그들은 하나같이 곽광을 무너뜨리고 정권을 손아귀에 꽉 틀어쥐고자 대책을 궁리하고 있었다. 하지만 그 당시 곽광의 권력은 너무 큰 데 비해서 그들의 역량은 너무 박약했기에 곽광에 대적하기 어려웠다. 이때, 그들은 연왕 유단과의 연합을 생각해 냈다.

해혼후, 지워진 황제의 부활

유단은 한무제의 아들로, 일찍이 스스로를 태자의 자리에 천거했다가 오히려 한무제에게 호되게 벌을 받은 적이 있었다. 태자 그리고 황제의 자리에 오르지 못하자, 유단은 줄곧 증오심이 멈추지 않았으니, 유불릉을 황위에서 쫓아내고 자기가 황제가 되고 싶어하는 것은 당연한 일이었다.

그래서 곽광에 반대하는 세력은 연왕 유단과 서로 결탁해서 몰래 일을 꾸며 먼저 곽광을 무너뜨리고 다시 소제를 폐위시키고 난 뒤 연왕을 황제로 옹립하기로 했다. 그 계획을 들은 연왕 유단은 대단히 기뻐하며 당장 황제가 되고자 안달복달했다. 이에 상관걸 등의 사람들을 모아 방법을 생각해 내서 손을 쓰자고 재촉했다.

어느 날, 곽광은 어림군(御林軍)의 훈련을 사열하기 위해 장안성을 나가면서 교위(校尉)* 한 사람을 대장군부(大將軍府)에 파견하여 일을 보게 했다. 상관걸 등의 사람들은 이것이 곽광을 무너뜨릴 수 있는 좋은 기회라고 여겼기에, 그 기회를 놓치지 않고 연왕 유단의 명의를 사칭하여 소제에게 상소하여 곽광을 고발했다. 곽광이 성을 나가 어림군을 모아 훈련을 하면서 황제가 순시를 나갈 때 사용하는 것과 같은 수레를 탄 채 줄곧 무용을 뽐내고 위엄을 과시했으니, 이는 예의와 규정을 위반한 것으로 신하다운 모습은 조금도 찾아볼 수 없었다고 말했다. 그리고 곽광은 제멋대로 교위를 사사로이 전용하여 모반을 획책했다고 고발하기까지 했다.

---

* **교위** : 한나라 때의 무관으로 장군에 버금가는 관직

상관걸 등은 곽광이 궁궐을 나가 쉬고 있을 때, 이 상소문을 소제에게 바쳤다. 상관걸은 소제가 그것을 읽고 지시를 내리기를 기다렸다가 기회를 틈타 이 일을 하부 주관 부문에 넘겨 처리하게 할 작정이었다. 그러면 상홍양은 다른 대신들과 함께 곽광을 핍박해서 관직에서 물러나게 한다는 것이었다.

소제는 상소문을 보고 오래 생각해 보더니 이윽고 그것을 곁에 놓아두고는 아무런 지시도 내리지 않았다. 상관걸 등은 한나절을 기다려도 의외로 황제가 아무런 반응을 보이지 않자 곧 입궐하여 상황을 탐문했다. 그러나 소제는 그저 미소만 지을 뿐 결코 아무런 대답도 하지 않았다.

이튿날 곽광은 조정에 나와서야 연왕 유단이 자기를 고발한 사실을 알게 되었다. 비록 그가 평소 침착한 사람이기는 했지만, 그때는 걱정스러운 마음을 피할 수 없어 곧 대전의 서쪽에 있는 화실(畵室)로 가서 자리를 잡고 소식을 기다렸다. 화실에는 바로 주공이 성왕을 보좌하는 그림이 걸려 있었으니, 곽광이 여기에 앉아 있는 데에는 깊은 뜻이 깃들어 있었다. 소제는 조정에 나왔다가 곽광이 보이지 않자 당장 물었다.

"대장군은 어찌 조정에 나오지 않은 거요?"

상관걸이 즉시 대답했다.

"대장군은 연왕에게 고발을 당한 탓에 켕기는 바가 있어 감히 들어오지 못하고 있는 것입니다."

이에 소제는 사람을 보내 곽광을 불러서 들어오게 했다.

곽광은 불안한 심정으로 입조해서 모자를 벗고 머리를 조아리더니 용서를 빌면서 말했다.

"노신의 죄는 천만 번 죽어도 마땅합니다! 폐하께서는 부디 처벌하여 주시옵소서."

소제는 조정의 모든 문무백관의 면전에서 곽광에게 말했다.

"대장군은 모자를 쓰고 일어나세요. 짐은 이 고발장이 가짜이고 그대에겐 잘못이 없음을 알고 있습니다."

곽광은 어린 황제의 말을 듣고 나니, 놀랍기도 하고 기쁘기도 해서 곧 소제에게 물었다.

"폐하께서는 그것이 가짜임을 어찌 아셨습니까?"

소제가 말했다.

"그대가 열병을 위해 경성(京城)을 나선 것은 최근 며칠 간의 일일 따름이고, 교위를 전용한 것도 열흘쯤에 불과한데, 저 멀리 북방에 있는 연왕이 어찌 안다는 말입니까? 설령 알았다고 치고 바로 고발장을 써서 보냈다 하더라도, 아직 도착하지 못했을 것입니다. 만일 대장군이 정말로 반란을 일으키고자 했다면, 교위 한 사람을 파견하는 것으로는 아무런 소용도 없는 일입니다. 이 사건은 분명히 누가 그대를 모해하고자 하는 것입니다."

그 당시 한소제 유불릉은 겨우 열네 살이었으니, 그가 이 사건을 분석하고 처리하는 모습을 보고는 곽광과 조정의 신하들 모두 몹시 놀랐다.

뒤이어, 그 상소문을 올렸던 자가 과연 달아나버렸다. 이에 소제는 명령을 내려 도주범을 긴급히 뒤쫓아가서 잡아오라고 했다. 상관걸 등의 사람들은 초조하고 불안해하다가, 조사를 하게 내버려두었다가는 자기들의 음모가 드러날까 봐 두려워 곧 소제를 설득했다.

"이것은 사소한 일일 따름이니, 더 이상 추적하여 조사할 필요가 없습니다!"

그러나 소제는 고집을 꺾지 않았을 뿐만 아니라, 오히려 상관걸 등의 사람들을 더욱 멀리했다. 상관걸 등의 사람들은 곽광을 해치려는 목적을 이루지 못했지만, 그렇다고 해서 포기한 것도 아니었다. 여전히 그들은 소제의 면전에서 늘 곽광의 험담을 늘어놓았는데, 소제는 듣지 않았을 뿐만 아니라 오히려 크게 화를 내며 그들에게 경고했다.

"대장군은 충신이라서 선제께서 임종 전에 그에게 부탁하시기를 짐을 도와 나라를 다스리라고 한 것입니다. 그가 좋은 일을 많이 했다는 사실은 눈 달린 사람이면 모르는 이가 없습니다. 앞으로 또 그를 비방하는 사람이 있다면 짐은 반드시 엄벌에 처할 것입니다."

이렇게 해서 상관걸 등의 사람들이 소제의 손을 빌려 곽광을 제거하려는 음모는 실패로 끝나고 말았다. 상관걸 등은 음모가 폭로된 뒤, 무장정변을 일으킬 계획을 세웠다. 그들의 계획은 악읍장 공주가 연회를 베풀어 곽광을 초대하면 매복한 병사들에게 명을 내려 곽광을 없애버리고 한소제를 폐위한다는 것이었다.

악읍장 공주 밑에서 소작세를 관리하던 도전사자(稻田使者) 연창(燕倉)이 그들의 음모를 알아차리고 대신 양창에게 고발하자 양창은 간대부(諫大夫) 두연년(杜延年)에게 비밀리에 알려주었다. 그래서 소제와 곽광은 상관걸 등의 무장정변 계획을 파악하게 되었던 것이다. 정변이 아직 일어나기 전에 소제와 곽광은 선제적인 조치를 취해 상관걸과 상홍양 등 정변을 주모한 대신들을 모두 붙잡아들이고, 그들의 가족을 모조리 죽여버렸다. 악읍장 공주와 연왕 유단은 사면 받을 수 없음을 스스로 알고 있었기에 차례대로 사약을 받거나 자결했다. 아홉 살의 상관 황후는 나이가 어린 데다가 곽광의 외손녀이기도 하므로 폐위되지 않았다.

정변을 평정한 뒤 곽광은 한소제 유불릉의 절대적인 신임을 얻었다. 곽광은 그 권력이 조정과 재야를 압도하고, "위세를 천하에 떨쳤을(威震海內)" 정도였다. 뿐만 아니라, 그의 아들 곽우(霍禹)와 질손 곽운(霍雲)도 궁위낭관(宮衛郎官)을 통솔하는 중랑장이었고, 곽운의 동생인 곽산(霍山)은 봉거도위시중(奉車都尉侍中)을 맡았고, 두 사위는 동궁(東宮)과 서궁(西宮)을 각각 담당하는 위위(衛尉)로 황궁 전체의 경비를 관장했다. 또한 사촌 형제와 친척들도 다 조정의 중요 직책을 맡아 서한 조정에 깊고도 넓게 뿌리를 내린 방대한 세력망을 형성하고 있었다. 상황이 여기에 이르렀으니, 곽광은 이미 당시의 실질적인 최고통치자가 된 셈이었다.

곽광의 국정 보좌를 통해 정권이 한층 더 공고해진, 13년에 걸친 소제의 재위 기간은 후세 사회의 안정과 발전을 위한 튼튼한 기반이 되었다. 곽광은 백성들에게 "쉬면서 경제력을 회복시키는(休養生息)" 조치를 취하고, 여러 차례에 걸쳐 천하에 대사면을 실시하고, 농업을 장려함으로써 한나라가 국력을 상당히 회복하게 만들었다. 예를 들면, 덕과 재능을 겸비한 사람은 조정으로 불러 벼슬을 맡김으로써 부족한 관리를 보충했다. 또한 법을 어기고 범죄를 저지른 사람은 엄벌에 처하되, 백성들은 오히려 최대한 너그럽게 대함으로써 백성들이 안정된 생활을 통하여 경제력을 회복할 수 있도록 했다. 밖으로도 흉노와의 관계를 완화하여 화친정책을 재개했다.

이 시대와 그 뒤를 이은 선제(宣帝)의 시대를 합쳐 역사에서는 '소선중흥(昭宣中興)'이라고 부른다. 역사가들은 이렇게 보고 있다. 서한은 문경(文景)의 치(治) 이후, 무제가 다 소진해 버린 국력을 이 시기에 비교적 잘 회복했기에, 한 차례 국력이 쇠퇴했던 서한 왕조가 다시 흥성하게 되었다고 말이다.

한무제가 몸소 선정한 국정 보좌 대신으로서 소제 유불릉을 도왔던 곽광이 한무제에 충성하고 한나라 황실에 충성했던 충신이자, 사직을 보위하는 중책을 맡을 수 있었던 능신(能臣)이었음은 조금도 의심할 바 없다. 하지만 권모술수에 능한 권신(權臣)이었던 것 역시 사실이다. 그가 소제를 보좌한 기간 동안, 그의 권력은 실로 조정과 재야를 압도했다. 유불릉을 13년 동안 보좌하면서, 곽광은 소제 유불릉의 신임을 깊이 받기는 하지만, 소제와의 사이에는 모순 역시 많았다.

소제가 아홉 살이었으니 아직 어린아이 때의 일이다. 그때 그는 막 등극하여 얼마 지나지 않아서 사람을 보내 '임지(淋池)'를 팠다. 둘레가 수백 미터로 '저광하(低光荷)'라고 부르는 아름다운 연꽃이 아주 많

해혼후, 지워진 황제의 부활

이 심어져 있었다. 그 이파리는 넓적해서 아름다웠고, 꽃향기가 사방에 진동해서 십여 킬로미터 바깥까지 풍길 정도였다. 또한 연못 속에는 '도생릉(倒生菱)'이 있었는데, 연못 바닥의 진흙이 자주색이었기 때문에 '자니릉(紫泥菱)'이라고도 불렸다. 소제는 이 '임지'를 몹시 좋아해서 자주 궁녀들과 함께 배에 탄 채, 밤을 꼬박 새우며 궁녀의 노래를 들으면서 놀았다. 놀기 좋아하는 것은 어린아이의 천성인데, 소제는 어려서부터 궁궐에서 자라다가 갑자기 이렇게 통쾌하게 놀 수 있게 되었으니, 몹시 기쁜 것은 당연한 일이었다. 그러나 얼마 지나지 않아 수많은 대신들이 잇따라 간언을 올렸다.

"폐하께서는 안락함에 빠져서는 안 됩니다."

소제는 어쩔 수 없이 여기에서 그만두어야 했다. 그 뒤 '임지'는 오랫동안 내버려둔 바람에 연꽃도 모두 시들어버려 결국 매립되어 없어졌다. 그런데 그렇게 많은 대신들이 잇따라 간언을 올리게 하여 황제의 흥을 깨버릴 수 있는 이는 당연히 대권을 장악하고 있는 곽광밖에 없었다.

소제가 곽광의 통제를 받는 것은 노는 일에만 그치는 것이 아니라, 후궁의 일도 곽광의 간섭을 받아야 했다. 상관 황후는 여섯 살에 입궁했는데, 상관걸의 반란이 실패한 뒤에 비록 폐위되지는 않았지만, 소제에게 냉대를 받았다. 그러나 곽광은 자기의 외손녀인 상관 황후가 소제의 사랑을 독차지하여 자기 가족으로 이루어진 외척세력이 공고해지기를 바랐다. 그는 소제의 비빈들이 황제의 방에 들어가는 것을 제한하는 데 그치지 않고, 각종 방법을 써서 소제가 우연히 궁녀와 정을 통하는 일이 일어나는 것도 막았다. 이것이 결국 소제가 대를 이을 자식이 없는 직접적인 이유이기도 했다.

이밖에도, 두 사람의 의견이 어긋날 때면 곽광은 조금도 사정을 두지 않고 소제를 반박했다. 김일제도 한무제의 탁고대신으로 나이 어린 소제를 보좌하는 중책을 맡았다. 김일제는 평생을 국정과 국가를 위해 많은 공헌을 했고, 사람됨도 돈후하고 신중했다. 그러나 애석하게도 소제가 즉위하고 일 년이 좀 지난 뒤, 김일제는 중병에 걸려 세상을 뜨고 말았다. 김일제에게는 김상(金賞)과 김건(金建) 두 아들이 있었는데, 소제와 나이가 비슷해 좋은 친구로 늘 함께 놀고 어떤 때는 함께 살기도 했다. 소제는 그들의 아버지가 죽자, 사적인 교분에 따라 그들을 돌봐주고자 했다. 소제는 곽광과 의논했다.

"김일제는 나라에 공을 세웠으니, 그 집안의 두 아들을 제후에 봉해도 무방하겠습니다!"

곽광이 주저없이 말했다.

"나이가 많은 김상은 이미 자기 아버지의 작위를 계승해서 제후에 봉해졌으니, 이것은 제도대로 일을 처리한 것입니다. 그러나 김건은 제후에 봉할 수 없습니다."

나이 어린 소제는 곽광의 말을 진지하게 여기지 않고 그를 보고 웃으면서 말했다.

"짐은 황제로 그들을 제후에 봉하고자 하는데, 꼭 짐의 말이 아니더라도 이것은 무슨 대단히 큰일도 아닙니다."

곽광은 즉시 정색을 하며 말했다.

해혼후, 지워진 황제의 부활

"'공이 없으면 제후에 봉할 수 없다'는 것은 태조 고황제께서 세우신 규정인데, 폐하께서 어찌 함부로 고치실 수 있겠습니까?"

이번에도 소제의 체면을 조금도 봐주지 않은 것이다. 결국 그 일도 소제의 뜻대로 이루어지지 못했다.

한무제는 애당초 곽광에게 부탁할 때, "주공이 성왕을 업은" 그림을 주었는데, 그 뜻은 곽광으로 하여금 유불릉을 보좌하되 유불릉이 다 크고 나면 국정의 대권을 돌려주라는 것이었다. 그런데 유불릉이 성년이 되어 관례(冠禮)를 행하고 응당 친정을 해야 할 때가 되었음에도 불구하고, 국가의 정사는 예전과 마찬가지로 곽광이 결정했다.

곽광은 소제의 몸이 허약해서 친정의 피로를 감당할 수 없으므로, 자기가 그렇게 하는 것이 소제를 위해 좋은 일이라고 여기고 있었다. 하지만 곽광이 망설이며 정권을 돌려주지 않아 대신들의 비난을 샀다. 소제는 13년 동안 재위했는데, 대부분의 시간을 꼭두각시 황제로 지내야 했던 것이다.

늘그막의 무제는 이부인이 임종 때 한 당부를 마음에 간직한 채 한시도 잊지 않고 있다가, 자기의 임종에 이르러 다시 그 당부를 곽광에게 인계했다. 곽광은 소제가 즉위한 뒤에, 무제 생전의 염원에 따라 일찍 죽은 총비 이부인을 종묘에 배향하고는 '효무 황후(孝武皇后)'라는 존칭을 추증하고, 이부인의 묘를 무제의 능묘인 '무릉(茂陵)'으로 옮겨 배장묘(陪葬墓)로 삼았다.

무제가 임종시에 한 당부에 따라 곽광은 몸과 마음을 다해 어린 군주 유불릉을 보좌했을 뿐만 아니라 한무제의 염원을 받들어 이부인의 후대 핏줄인 유하를 우대해 주었다. 소제 유불릉이 갑자기 붕어한 뒤, 곽광은 더군다나 유하를 제위에 천거하기까지 했다. 이 점에서 한무제에 대한 곽광의 충심은 해와 달이 비추고 사람을 감동시킬 만한 것이었다고 할 수 있다.

그러나 미처 생각할 수 없었던 것은 곽광이 유하를 제위에 앉혀놓은 뒤, 유하는 겨우 27일 동안만 황제 노릇을 했다는 사실이다. 애당초 유하를 제위에 앉힌 곽광은 다시 그를 제위에서 쫓아냄으로써, 유하로 하여금 더할 나위 없는 기쁨에서 더할 나위 없는 슬픔으로, 경천동지라고 할 만한 격변을 겪게 만들었던 것이다.

유하는 왜 더할 나위 없는 기쁨에서 더할 나위 없는 슬픔으로, 경천동지라고 할 만한 격변을 겪게 된 것이고, 곽광은 왜 유하를 선택해서 황제로 세우고 나서는 다시 그를 단호히 폐위시켜 버린 것일까?

제4장

나이가 어려
쉽사리 방정을 떨다

― 창읍왕 유하 ―

소제 유불릉이 갑자기 붕어한 뒤, 곽광은 다수의 의견을 강하게 물리치고 창읍왕 유하를 황제로 옹립했지만, 한 달도 채 못 채우고 다시 그를 폐위시켜 버렸다. 곽광은 유하에게 천당에서 지옥으로 떨어지는 인생의 대격변을 겪게 만들었다. 도대체 왜 이런 일이 벌어진 것일까? 그것을 알려면 유하가 창읍국에 있었을 때부터 이야기를 시작해 볼 필요가 있다.

서기전 88년, 한무제 유철과 이부인 사이에서 태어난 아들이자 이사장군 이광리의 생질이었던 창읍왕 유박이 세상을 떠났다. 유박은 서기전 97년에 창읍왕에 봉해지고 서기전 88년에 세상을 떠났는데, 시호는 애(哀)였다. 유박이 세상을 떠난 뒤, 그의 외아들 유하가 창읍왕의 자리를 이어받았는데, 그때 나이는 다섯 살이었다.

유박은 무제의 다섯째 아들이었다. 그 당시 무제가 맏아들인 유거를 이미 태자로 세운 지 오래되었기 때문에, 황위를 계승하는 것은 당연히 유박의 차례가 될 리 없었다. 유박도 편안하고 한가롭게 사는 것을 그럭저럭 즐기며, 창읍왕으로 있으면서 매일같이 독서와 유람을 하

해혼후, 지워진 황제의 부활

면서 호사스러운 생활을 누리고 있었다. 그런데 별안간 궁중에서 벌어진 일련의 변고를 겪으며, 무제의 몇몇 아들 가운데 죽을 이는 죽고 벌을 받을 이는 벌을 받아 결국에는 뜻밖에도 유박이 유력한 황위 계승자가 되었다.

이에 유박의 외삼촌인 이사장군 이광리와 승상의 자리에 있던 사돈인 유굴리는 계략을 짜서 그를 태자의 자리에 천거하려는 시도를 했다. 이 사실이 무제에게 알려지자, 태자를 잃은 아픔에서 벗어나지 못하고 있던 한무제는 저잣거리에서 승상 유굴리의 허리를 두 동강 내버렸을 뿐만 아니라 홧김에 이광리의 가족을 전부 참살해 버렸다.

반면에 유박은 오히려 비교적 분수를 잘 지키는 편이었다. 그는 비록 아주 일찍 왕에 봉해지기는 했지만, 공맹의 고향인 제나라와 노나라의 땅에서 오랫동안 살면서 유가 충군(忠君)사상의 교화를 깊이 받았다. 덕분에 조정에 대한 충성심이 대단했고 행실이 겸손해서 감히 반역을 꾀하려는 마음은 추호도 없었다. 비록 이광리가 유굴리와 연합하여 그를 태자로 세우려고 했던 사건이 실패로 끝나고 말았지만, 유박 본인은 그 일에 연루되어 어떤 불이익을 받은 것이 전혀 없었다.

그러나 이번 일을 겪으면서, 자기가 의지할 수 있던 외삼촌 이광리가 멸족의 화를 당하는 모습을 두 눈으로 직접 본 유박은 온종일 기분이 답답하고 즐겁지 않았다. 결국 서기전 88년에 세상을 떠났으니, 자기 아버지 한무제보다 일 년 일찍 죽은 것이었다. 유박이 세상을 떠난 뒤, 그 아들 유하가 창읍왕의 자리를 계승했다.

유하는 유박의 독자였다. 전하는 말에 따르면 유하는 태어나면서부터 울음을 그치지 않았다고 한다. 유박이 유하를 안자 참 이상하게도 아이는 아버지 품속에서 울음을 뚝 그치고 발버둥 치는 일도 없이 기쁜 표정을 지은 채 눈을 크게 뜨고 아버지를 뚫어지게 쳐다보았다고 한다. 유박이 신기하다는 듯이 자세히 살펴보자, 아이는 참으로 늠름하고 씩씩하게 생겼으며, 두 눈동자는 까맣게 빛나고 생기가 넘쳤다.

유박이 한결 더 기뻐하며 위안으로 삼은 일은 아이의 모습이 한무제와 이부인의 장점을 이어받았다는 것이다. 튼실해 보이는 체격과 넓고도 옹골져 보이는 이마 그리고 윤곽이 뚜렷한 얼굴은 한무제에게서 물려받은 것이었고, 짙은 눈썹과 그 아래의 영민하게 보이는 눈동자는 바로 이부인을 쏙 빼닮은 것이었다. 유박은 아들을 꼭 끌어안은 채, 하늘이 이런 선물을 주신 것에 고마워한다는 의미에서 사랑스러운 아들의 이름을 '하(賀: 경축한다는 뜻)'라고 짓고는, 더욱 총애함과 동시에 큰 기대를 했다.

유하가 아주 어렸을 때부터 유박은 그에게 공맹의 도를 알려주었고, 줄곧 준엄하게 단속하고 가르쳤다. 그러나 유하의 어머니는 유박과는 정반대로 무엇이든 다해주며 지나치게 귀여워했다.

무제 시대에는 "제자백가의 학설을 배척하고 오로지 유가의 학설만을 받들었으므로", 산동성 거야(巨野)에 위치한 창읍국에서는 유가의 기풍이 성행했다. 유하는 이러한 곳에서 태어나 자랐기에, 어려서부터 황족이 배워야 하는 공맹의 학문을 이수하여 오경을 숙독하고, 공맹의 도를 숭상하여 사람들을 너그럽게 대했다.

　장래에 창읍왕의 자리를 계승할 신분이었으므로, 유하의 공부에 대한 기대가 높았던 유박은 그를 위해 학식이 높은 스승을 초빙하여 가르쳤다. 늘 '어진 이는 사람을 아낀다(仁者愛人)"등의 대동(大同)사상을 주입하고, 인(仁)·의(義)·예(禮)·지(智)·신(信) 등의 성정과 덕행을 기르게 했다. 비록 아버지의 눈길을 벗어날 때마다 유하는 오냐오냐하는 어머니 밑에서 마음껏 놀곤 했지만, 다섯 살 전에 유하는 아버지의 단속 아래 비교적 영리하게 분수를 지키는 편이었다.

　태자나 황제 같은 것은 어린 유하의 입장에서 볼 때 아득히 멀리 있어 매력 있는 자리가 아니었다. 그러던 어느 날, 그는 아버지를 따라 한무제의 태산(泰山) 봉선(封禪)* 대전에 참가하게 되었다. 위무당당하고 웅장한 봉선의식을 보면서 어린 유하는 제왕의 위의(威儀)에 대해 직관적으로 느끼는 바가 있었고, 또한 처음으로 한무제와 곽광의 시야에 들어가게 되었다.

　중국 고대의 봉선대전은 모두 마치 성대한 국경절과 같아 각 제후왕과 조정의 대신들이 황제의 가마를 따라 참가하므로 만백성이 서로 앞다투어 의식을 참관했다. 사학가 사마천의 아버지 사마담(司馬談)은 병 때문에 한무제를 따라 봉선대전에 참가할 수 없었기에, 태사관(太史

---

*　**봉선** : 봉은 "하늘에 제사를 지내는 것이고", 선은 "땅에 제사를 지내는 것이다." 이것은 중국 고대의 제왕이 태평성세나 하늘이 길조(吉兆)를 보일 때 지내는 제사의식이었다. 비교적 유명한 봉선대전으로는 진시황의 태산봉선과 한무제의 태산봉선이 있었다. 그 가운데 한무제의 봉선 횟수가 가장 많아 모두 합쳐 태산에서 여섯 차례 봉선을 행했다.

官)이었던 그는 이를 평생 유감스럽게 여겼다. 사마담은 임종 전에 "사마천의 손을 잡고 울면서(執遷手泣)" 슬퍼했다. "이제 천자께서 천년의 대통을 이어 태산에서 봉선을 행하시는데, 나는 따라가지 못했으니, 운명이로구나! 운명이야!(今天子接千歲之統, 封泰山, 而余不得從行, 是命也夫! 命也夫!)" 이 말을 사마천은 마음 깊이 간직했다.

나중에 사마천은 봉선 사료를 한데 모아서 『사기‧봉선서』의 첫머리에 쓰기를 봉선대전은 "저 멀리는 천여 년, 가깝다고 해도 수백 년이 되어, 그 의식이 이와 같이 사라져 없어진 바람에 그 상세한 내용은 얻을 수 없으니 들은 바를 기록한다(厥曠遠者千有餘載, 近者數百載, 故其儀厥然堙滅, 其詳不可得而記聞云)"고 했다. 이로써 봉선대전이 당시 사회에 거대한 영향력을 미치고 있었음을 알 수 있다. 그러니까 봉선대전에 참가할 수 있었던 것을 가문의 영광으로 여기는 사람이 많았던 것이다.

창읍국은 바로 산동에 있었기 때문에 유하는 유년 시절에 운 좋게도 한무제의 생전 마지막 봉선대전에 참가할 수 있었다.

서기전 89년, 산동의 태산은 때마침 가을이라 하늘은 희미하게 밝고 가을바람이 살살 불어오는데, 쓰르라미 소리가 구슬펐다. 태산으로 가는 길은 일찌감치 위풍당당한 시위들이 빼곡히 들어서 있었기에 경비가 삼엄했다. 태산 아래에는 이미 다섯 가지 색깔의 흙으로 제단이 잘 만들어져 있었는데, 제단의 넓이는 360센티미터이며, 높이는 27센티미터다. 제단 위에는 제물로 바칠 보기 드문 길짐승과 날짐승 그리고 흰색 꿩이 놓여 있었고, 제단 아래에는 옥간(玉簡)이 놓여 있었다.

제단 앞쪽으로는 붉은 양탄자가 길게 잘 깔려 있었고, 향 연기가 빙빙 돌며 피어오르고 있는 가운데, 감미롭고도 품위 있는 악무 소리가 태산 전체에 울려 퍼지고 있었다. 성대하고도 웅장한 태산 봉선의식이 곧 시작될 참이었다.

멀지 않은 곳에서 의장대가 호종(扈從)* 하고, 앞뒤로 수많은 사람들이 에워싸고 각종 깃발을 나부끼며 수레와 마차가 줄을 잇는 행렬이 드높은 기세로 행군해 오고 있었다. 그 한가운데 있는 옥로(玉輅)**가 바로 무제가 탄 어가였다. 선소관(宣召官)이 "물렀거라!"하고 한 번 외치자, 공신과 열후 그리고 장군들은 일시에 엄숙하고도 공손한 태도를 취했다. 무제가 어가 밖으로 나와 제천의식을 행하자 제후왕 이하 봉급으로 육백 석을 받는 관리들까지 차례대로 예를 올렸다.

어린 유하는 아버지와 함께 제후왕 사이에 서 있으면서 눈앞에 펼쳐지는 모든 광경을 몹시 신기한 듯 지켜보고 있었다. 평소의 어린 유하는 장난이 심한 편이었지만, 이렇게 성대하고 장중하며 위엄 있는 정경 속에서는 유달리 정중했다. 그는 아버지를 따라 제후왕들과 함께 예를 올렸는데, 허리를 굽혀 절하고 음송(吟誦)하는 등의 각종 의식예절을 행함에 남에게 조금도 결례를 범하는 바가 없었다. 어림에도 불구하고 점잖고도 적절한 유하의 행동거지를 본 사람들은 속으로 칭찬을 했다.

---

* **호종** : 모시고 따라가다.
** **옥로** : 고대에 제왕이 타던 수레로, 옥으로 장식했다.

태산의 봉선대전이 끝난 뒤, 규정에 따라 저녁 연회가 열렸다. 제후 왕들과 조정의 대신들은 지위의 높고 낮음에 따라 차례대로 무제에게 축하를 드렸다. 어린 유하도 빠지지 않고 작은 술잔을 들고 자리에서 일어나 무제 근처로 다가가서는 앳된 목소리로 말했다.

"손자 유하가 황제 할아버님께 천추만복(千秋萬福)을 기원드립니다."

한무제는 앞서 제사의식을 행할 때 어린 유하의 존재를 이미 눈여겨보고 있었다. 봉선대전이 진행되는 가운데 그가 보여준 매우 침착한 태도에 자못 깊은 인상을 받았기 때문이었다. 이제 문무백관이 모두 모인 저녁 연회에서 유하를 보니 흡사 체구가 작은 어른을 보는 것 같아 무제는 자기도 모르게 크게 기뻐하면서 칭찬했다.

"과연 공맹(孔孟)의 고향에서 자라나 예절을 잘 알고 있구나!"

그리고 몸을 돌려 곁에서 시봉하고 있던 곽광에게 말했다.

"그렇지 않소이까?"

곽광은 재빨리 비위를 맞추며 말했다.

"전하는 나이가 어림에도 불구하고 이 성대한 의식에 참여하면서 이렇게 태연할 수 있다니 정말 경탄할 만한 일입니다!"

그리고는 유하에게 큰절을 올렸다.

그 당시 유하는 황제 할아버지를 그림자처럼 따라다니던 이 과묵한 사람이 나중에 뜻밖에도 자기 운명을 좌지우지할 몹시 중요한 인물이 될 것임을 결코 짐작조차 못 했다. 곽광으로서도 처음으로 유하를 정식으로 본 것이었기에 그것이 일단 첫인상이 되었다.

이번의 봉선대전은 어린 유하의 마음속에 아주 깊은 인상을 남겼다. 처음으로 위대한 한나라 황제의 위엄을 통절히 느꼈기에 어린 마음에도 황제 할아버지 무제처럼 천하를 다스릴 수 있는 자리를 처음으로 동경하기에 이르렀다.

태산에서 봉선대전을 치른 뒤 오래지 않아 유하의 아버지 유박이 세상을 떠났다. 다섯 살의 유하가 창읍왕위를 이어받았고, 얼마 후 어린 유하는 다시 한무제의 주의를 끌게 되었다.

이듬해 함박눈이 거위털처럼 가볍게 하늘 가득 흩날리고 있었으니, 때는 바로 새해 첫날이었다. 각지의 제후왕이 관례대로 입궁하여 연로한 무제에게 새해 축하인사를 올렸다. 창읍왕위를 막 이어받은 어린 창읍왕 유하도 자기 신하들을 거느리고 입궁했다.

하늘 가득 눈발이 흩날리는 가운데, 무제 알현을 기다리고 있던 제후왕들은 모두 두 손을 모으고 화로 주위를 둘러싼 채 한 발자국도 떨어지지 않으려 했다. 그러나 다섯 살의 유하는 흩날리는 눈발을 보고는 환호하며 깡충깡충 뛰었다. 눈이 좀 그치기를 기다렸다가 유하는 시중들던 신하들을 데리고 눈밭으로 가서 '장군' 만들기 시합을 했다. 눈사람을 가장 장군처럼 만든 사람이 황제 역할을 맡는 놀이였다. 다른 사람들은 손이 시린 것을 참지 못해 빨리 끝내려고 대충대충 만들었지만, 유하는 갈수록 힘이 났다. 결국 유하가 만든 눈사람 '장군'이 수염도 나 있고 칼도 차고 있어 가장 그럴듯하다고 모두가 인정했기에 그는 부끄러울 것이 하나도 없는 1등을 차지했다.

"나는 황제 할아버지 같은 황제가 될래! 나는 황제 할아버지 같은 황제가 될래!”

어린 유하는 우쭐거리고 뽐내면서 기쁜 듯이 외쳐댔다.

“여봐라, 너희들 모두 무릎 꿇고 황제의 성지를 받들어라.”

그는 한무제의 말투를 흉내 내며 황제의 태도를 보이면서 심지어는 획하고 보검을 뽑아들고는 모두를 가리키며 말했다.

“나는 황제 할아버지 같은 위풍당당한 대황제가 되어서 위대한 한나라 영원불멸의 대업을 이룩하겠노라!”

이미 거의 고희에 가까운 한무제는 어린 유하가 눈사람을 만들고 황제 노릇을 하는 놀이를 우연히 보게 되었다. 무제는 유하의 장난기가 좀 심하면서도 천연덕스러운 행동을 보자 마치 자기 어린 시절의 모습을 보는 것 같아 곧 유하를 불러오게 했다. 유하는 진짜 황제를 보자 감히 수선을 피우지 않고 황급히 무릎을 꿇었다.

유하를 자세히 살펴보던 무제는 봉선대전 때의 그 어린 손자임을 알아보았다.

“하하, 유하로구나. 키가 많이 컸구나.”

유하는 그런대로 대범한 편이었기에 서둘러 절을 올리며 말했다.

“손자가 황제 할아버님을 뵙습니다. 황제 할아버님! 만세, 만세, 만만세!”

한무제는 가까이서 유하를 뚫어지게 바라보았는데, 어린애 티가 나는 흰 얼굴에 살이 포동포동 올라 아주 귀엽게 보였다. 맑고 깨끗한 눈동자는 반짝반짝 빛났다. 그리고 입꼬리가 살짝 치켜 올라간 것이 거만한 태도를 타고난 듯했다. 그 얼굴을 보고 있자니, 이미 작고한 애비

이부인의 모습을 보는 것 같아 다정한 목소리로 유하에게 물었다.

"이렇게 노는데, 춥지는 않은 게냐?"

유하는 재빨리 대답했다.

"춥지 않아요. 저는 사내 대장부라 추위가 두렵지 않아요."

무제는 그 대답을 몹시 좋아했다.

"암, 사내라면 마땅히 그래야지. 너는 평소에 공부를 하느냐?"

어린 유하는 계속해서 대답했다.

"해요. 부왕은 그전에 늘 저를 데리고 공묘(孔廟)에 가서는 긴 수염이 난 할아버지에게 머리를 조아리곤 했는데, 그 할아버지는 바로 공자님이셨죠. 부왕은 공자님 앞에 무릎을 꿇는 것이 바로 공부를 하는 것이라 말했고, 공자님의 책을 외우게 했답니다."

"그러면 외울 수 있는 게 있느냐?"

"어진 이는 산을 좋아하고, 슬기로운 이는 물을 좋아한다(仁者樂山, 智者樂水). 저는 물장난을 좋아하니까 저도 슬기로운 이라고 할 수 있지 않을까요?" 이 말을 듣고 연로한 한무제는 박장대소했다.

그후, 무제는 이 장난기 심하면서도 천연덕스러운 어린 손자를 총애하는 마음을 금할 수 없었다. 유하가 장안의 황궁에 있을 때 무제는 늘 그를 곁에 두었고, 순시나 사냥을 나갈 때도 따라오게 했다. 이렇게 해서 유하는 얼마간의 시간을 한무제와 함께 보낼 수 있었고, 무제 신변의 곽광 역시 어린 유하를 직접 보고 아는 바가 있었던 것이다.

그리고 보니, 어린 유하가 만일 무제의 곁에 머문 나날이 좀더 길었더라면, 그는 치국의 도리를 약간이나마 배울 수 있었을 것이다. 그러나 불행하게도 그의 황제 할아버지는 얼마 뒤 세상을 떠나고 말았다. 서기전 87년 2월, 한무제가 오작궁(伍柞宮)에서 붕어하니, 향년 71세였으며 3월에 무릉에 묻혔다.

창읍왕의 후임자인 유하는 무제의 성대한 국상의례를 겪고 나자 어린 마음에 다시 강렬한 감동을 받았다. 황제 할아버지가 세상을 떠나자 하늘이 무너지는 것 같은 느낌이 들었기에 여섯 살이 채 안 된 유하는 얼마간 몹시 슬퍼했다.

유하는 다섯 살에 아버지를 여의었고, 여섯 살이 채 안 되어 자기가 가장 숭상하는 황제 할아버지 무제도 세상을 등져버리고 말았다. 어린 창읍왕 유하는 짧디짧은 한 해 남짓한 시간 동안 인생사의 커다란 변고를 두 번이나 겪었던 것이다. 유박은 다른 제후왕처럼 성대한 장례를 치르지 못하고 다만 일천 여 건의 청동기와 옥벽 등 비교적 일반적인 부장품과 더불어 매장되었을 뿐이었다. 조정에서 하사한 마제금(馬蹄金)과 외삼촌 이광리가 그 당시 자기에게 선물로 준 마제금을 포함해서 약간의 귀중한 재산 전부는 유하에게 물려주었던 것이다. 부모가 하는 일은 모두 다 자식을 위한 것이로다!

유하의 어머니는 유하가 어린 나이에 아버지를 잃은 것을 가엾게 여겨 그의 말이라면 들어주지 않는 것이 없고 지나치게 애지중지했다. 그가 조금이라도 기가 죽을까 봐 몹시 염려했기 때문이다. 그리고 유하는 공부를 좋아하지 않고 놀기를 좋아하는 성정이 갈수록 뚜렷해졌지만, 오히려 대개는 그대로 놔두는 편이었고 어쩌다 몇 마디 잔소리를 해도 아무런 소용이 없었다.

유하가 열 살이 되었을 때 어머니도 병으로 세상을 떠났다. 어머니 생전에는 어린 유하가 철없이 굴어도 되었을 뿐만 아니라 대부분의 일도 어머니가 나서서 생각을 하고 결정을 내렸기 때문에 따로 마음을 쓸 일이 없었다. 그러나 이제 혈혈단신이 된 유하는 부모의 보살핌과 가르침을 받을 수 없었기에 되는 대로 성장해 나가는 수밖에 없었다. 하지만 그가 이제 열 살에 불과하다고 할지라도 그 당시 아버지 유박을 보좌하던 적지 않은 책사들이 여전히 곁에 남아 일을 보고 있었기 때문에 어린 유하는 창읍국의 크고 작은 일을 처리할 수 있었다.

서기전 81년 여름이 끝나갈 무렵 어느 날, 하루 종일 유하를 곁에서 모시고 있던 스승 왕식(王式)이 여쭈었다.

"대왕이시여! 이제 8월이 되면 고조묘(高祖廟)에 제사 지내는 의식이 곧 시작될 것입니다. 이번엔 누구를 경성으로 보내 폐하께 주금(酎金)을 진상하도록 할까요?"

어린 유하가 어쩔 줄 모르는 낯빛으로 말했다.

"주금이라는 것이 무엇입니까? 과인은 지금껏 전혀 들어본 적이 없는 말이군요."

왕식이 천천히 설명해 주었다.

"대왕이시여! '주(酎)'는 황제께서 제사를 지내실 때 마시는 술의 일종입니다. 효문제(孝文帝) 당시, 매년 가을 8월이면 경성에서 고조의 제사를 지내며 황제께선 주주(酎酒)를 올리고 마시셨습니다. 그때 제후왕들은 모두 금을 바쳐서 제사를 돕는데, 이때 바치는 금을 주금이라고 합니다. 그 당시 효무제께서 '주금률(酎金律)'을 제정하셨으니, 제후왕과 열후는 모두 자기 봉지 내의 인구 숫자에 맞추어, 일천 명마다 4량의 주금을 진상해야 합니다. 진상한 주금은 황제께서 직접 받으시지만, 검사를 하고 건네주는 것은 소부(少府)의 책임입니다."

유하는 경성의 황제에게 금을 진상해야 한다는 말을 듣자 좀 이해가 되지 않아 얼른 왕식에게 물었다.

"폐하께서는 광활한 영토를 다스리고 계시니 지극히 진귀한 보물도 모두 호주머니 속에 있는 물건이나 다름없습니다. 궁중에 금은재보가 셀 수 없을 정도로 많을 텐데, 어찌 우리 왕후(王侯)들이 해마다 그렇게 많은 금을 진상해야 한단 말입니까?"

왕식은 유하의 천진난만한 질문이 우습기도 하고 걱정스럽기도 했다. 그는 어떻게 해야 세상 물정을 모르는 이 작은 대왕이 그 핵심을 알게 할 수 있을까를 생각하며 머뭇거리고 있었다.

왕식은 생각을 가다듬다 보니 옛날의 일 하나가 떠오르자 웃으면서 유하에게 말했다.

"대왕이시여! 먼저 제가 이야기 하나 들려드리는 것을 허락해 주십시오. 효무제 원정(元鼎) 5년, 제후왕과 열후가 경성에 가서 '주금'을 진상했습니다. 그런데 일부 왕후가 원료를 규정보다 적게 사용하여 '주금'의 무게가 부족하고 순도가 좋지 않았습니다. 때문에 대왕의 황제 할아버지께서 크게 노하셔서 열후 106인의 지위를 박탈해 버리셨답니다…."

유하는 '황제 할아버지'라는 말이 나오자마자 즉시 정신을 차리고

해혼후, 지워진 황제의 부활

는 왕식의 이야기가 아직 끝나지 않았음에도 말허리를 잘랐다.

"기왕에 황제 할아버지께서 그렇게 중시한 일이라면 우리는 반드시 잘 해내야죠."

그러고 나서 유하는 손가락을 꼽으면서 아주 진지하게 무슨 계산을 하는 것이었다. 잠시 후 유하가 왕식에게 말했다.

"경성에 가서 황금을 진상하려면 아직 40여 일이 남았는데, 금병(金餠)과 금괴는 잘 준비되어 있겠죠?"

왕식이 금방 대답했다.

"대왕께서는 안심하십시오. 모든 일이 이미 잘 처리되었고, 대왕께서는 사신을 뽑는 일만 남아 있습니다."

어린 유하의 머릿속에는 아직도 왕식이 들려준 이야기가 맴돌고 있었다. "무게가 부족하고 순도가 좋지 않아서"라는 두 마디가 일종의 경종처럼 귓가에서 땡땡 울리고 있었다. "우리가 준비한 주금의 수량은 얼마나 되나요? 순도는 어떻나요? 그전에 진상할 때 폐하께서 만족하지 못하셨나요?" 착착착 연달아 질문을 던지던 유하는 왕식의 대답을 기다리지도 않은 채 혼잣말을 했다.

"아무래도 직접 가서 주금을 한 번 보는 것이 좋겠어!"

왕식은 유하를 모시고 전고(錢庫)에 가서 진상할 주금을 검사했다. 유하는 금괴를 손에 들고 어림짐작으로 무게를 재보고 눈을 동그랗게 뜬 채 이리저리 살펴보다가 금병의 한 귀퉁이를 입에 집어넣고는 아직 완전히 다 갈지 않은 젖니로 물어보곤 했다. 전문가 같은 감정을 한 번 하고 나더니 유하는 이렇게 결론을 내렸다.

"안 돼요, 안 돼! 여기 주금은 순도가 아직 충분히 좋지 않아요. 이 창읍왕이 진상할 것은 반드시 순도가 가장 좋은 주금이어야 합니다."

이번에는 왕식이 답답해졌다.

"대왕이시여! 이 주금은 창읍국의 가장 뛰어난 기술로 제련해서 만든 것이라 순도가 이미 가장 높답니다…."

왕식은 계속해서 설명하려 했지만, 유하는 아주 단호하게 왕식의 말을 잘라버렸다.

"아닙니다. 스승께서는 여러 말씀하지 마세요. 이 순도로는 과인의 검사도 통과 못 하는데, 황궁 소부의 검사관은 말할 것도 없습니다. 우리는 더욱 완벽을 기해 최상의 황금을 진상해서 선황열조열종(先皇列祖列宗)을 숭상하고 기리는 마음을 보여야 해요. 창읍국에서 야금기술이 정교한 사람을 따로 구해서 빨리 처리하고 게으름을 피워서는 안 돼요."

유하가 명을 내리자 수많은 연금 장인들이 스스로를 천거해 왔기에 유하는 적임자를 빨리 찾을 수 있었다. 이에 주금을 만드는 일은 왕성하고도 쉴 새 없는 기세로 시작되었다. 시간이 촉박하기는 했지만, 유하의 감독 아래 마침내 규정된 시간 내에 어렵고도 힘든 과업이 달성되었다. 유하는 새로 만든 금병과 금판(金板)을 보니 순도가 높아 광채가 눈부시자 아주 만족해서 속으로 몹시 득의양양했다.

경성에 가야 할 날이 하루하루 다가오고 있음에도 불구하고 유하는 아직 사신으로 보낼 사람을 뽑지 않았다. 왕식이 여러 차례 여쭈어보아도 유하는 줄곧 얄밉게 웃을 뿐 대답을 하지 않았다. 드디어 경성으로 출발하기 전날 밤, 유하는 여러 신하에게 선포했다.

"이번에 경성에 가서 진상하는 일은 과인이 직접 하기로 결정했어요."

대신들은 한바탕 술렁거렸지만, 속으로는 유하가 대단하다고 생각했다. 8월 추석 날 이른 아침, 유하는 주금을 가지고 고조묘 앞에 나타났다. 이제 막 만 열 살이 되었을 뿐이지만, 기품이 서리고 위풍당당한 기세는 그보다 나이가 많은 어느 왕공대신과 견주어도 뒤질 것이 없었다. 그가 성큼성큼 걸어나가자 수행원이 주금을 담은 정교하고도 아름다운 옻칠 상자를 받쳐들고 뒤를 따랐는데, 그 상자 표면에는 금박 장식이 반짝반짝 빛났다. 날이 이제 막 밝아오기 시작했다. 하지만 그에 앞서 옻칠 상자 속에 있는 순도 높은 황금이 내뿜는 광채가 제사의식에 참가한 모든 왕공대신의 눈앞에서 번쩍이자 창읍왕이 진상한 주금을 두고 칭찬하지 않는 이가 없었다.

주금을 진상한 창읍왕 유하는 또 한 차례 곽광의 눈에 들었다. 물론 곽광은 이 어린 유하가 바로 5년 전 한무제가 태산에서 봉선의식을 치를 때 무제의 칭찬을 받았던 그 아이임을 기억하고 있었다. 그때와 다른 점은 목전의 유하는 행동거지가 예절에 맞고 침착해서 왕자의 기개를 적잖게 풍기고 있다는 것이었다.

유하는 주금을 진상하는 것과 같은 큰일에는 무척 신경을 쓰는 편이었지만, 작은 일에는 전혀 신경 쓰지 않았다. 유하는 시사(詩詞)와 가부(歌賦)를 좋아하고 무술을 연마하고 놀기를 무척 즐겼으며, 똑같은 취미를 가진 일단의 문인이나 무사들과 친분을 쌓고 길렀다. 그리고 그들과 더불어 술을 마시며 부를 짓고 말을 타고 사냥을 하고 검술을 겨루고 활쏘기를 했다. 그는 말타기를 좋아해서 혼자서 자주 한나절 동안 40km 이상 말을 달리며 사람들에게 멋진 기마술을 자랑하곤 했다.

그는 닭싸움을 좋아해서 호위병들에게 싸움을 잘하는 수탉을 사오게 해서 궁중에서 길렀다. 흥이 나면 취미가 같은 부잣집이나 관리의 자제들과 궁전 안에서 닭싸움 시합을 했다. 그는 또 음악과 부를 좋아해서 늘 왕부(王府) 안에서 악사 그리고 무희와 더불어 밤새 거문고를 뜯고 피리를 불며 부를 지었다. 그러나 사람들의 예상과는 달리, 타고난 자질이 영민한 유하가 나이를 먹으면서 의외로 각종 놀이에 푹 빠져 어떤 때는 일상적인 수업마저 참석하지 않는 경우도 있었다. 이 때문에 그의 스승들은 늘 골치가 아팠다.

그는 말을 타고 마음껏 질주하는 것을 좋아해서 창읍국의 그 끝이 한눈에 들어오지 않는 벌판에서 미친 듯이 말을 달렸다. 그러다가 한번은 금산(金山) 기슭에 다다랐다. 이 금산은 평원에서 간혹 볼 수 있는 다른 구릉과는 아주 달리 완만하게 솟아오른 것이 아니라 우뚝 솟아 있었고, 기묘한 바위가 빼곡히 들어찬 모양이 깎아지른 듯 가팔라 보였다.

그가 산꼭대기에 올라 대지를 굽어보니 주변 수십 리 내의 도시와 읍 그리고 왕국과 광활한 영토가 한눈에 다 들어왔다. 고개를 들고 올려다보니 푸른 하늘이 가없이 넓게 펼쳐져 있었고, 고개를 숙여 내려다보니 드넓은 벌판이 끝없이 펼쳐져 있었다. 금산의 꼭대기에 선 유하는 한 줄기 호기가 용솟음쳐서 천하가 모두 마음속에 있고 천지가 다 자기에게 속하는 것이나 다름없다는 느낌이 들었다.

산 아래를 바라보고 있자니 이곳이라면 멀리 창읍성이 보이는 데다가 자기 아버지 유박의 묘 역시 저 멀리 눈에 들어온다는 생각이 일어 탄성이 절로 나왔다.

"정말로 얻기 어려운 길지(吉地)로구나!"

그래서 산을 능으로 삼아 여기에 자기의 능묘를 세우기로 결정했다. 이에 무수한 장인들이 금산에 모여 산을 파서 길을 내고 산을 깎아 방을 만들고 바위를 뚫어 묘를 만들고 돌을 쌓아 올렸다. 산 자체에서 무수한 석재를 파내고, 매끄럽지 못한 본래의 산석(山石)을 정교하게 다듬었다. 마지막으로 힘을 쏟아부어 금산에 석묘도(石墓道)와 동실(洞室)을 팠다. 묘도 양쪽으로는 다만 천길 절벽이 가파르게 높이 솟아 있었을 뿐이었고, 벽돌을 깔아놓은 복도 · 전실(前室) · 후실(後室) · 이실(耳室)이 질서정연하게 배치되어 있었다. 주묘실은 길이 20여 미터, 넓이 10여 미터 그리고 높이도 2미터가 좀 넘었다. 동실은 서늘하되 음습하지는 않았다. 완성된 모습을 보고 난 유하는 몹시 좋아하며, 장인들에게 후한 상을 내리라고 명했다.

다른 황족 자제와 마찬가지로 창읍왕 유하도 치국의 도와 유가경전을 전문적으로 가르쳐주는 스승이 여럿 있었고, 왕식은 바로 그 가운데 하나였다. 창읍애왕 유박이 세상을 떠난 뒤, 왕식은 창읍애왕의 유언에 따라 계속해서 유하의 공부를 이끌어주었다. 그는 유하가 놀기만 좋아하고 학업을 소홀히 하는 모습을 보고 창읍애왕의 당부를 생각하고 있자니 도저히 눈 뜨고 볼 수가 없어 마음이 다급해졌다.

왕식은 유하가 노는 데만 열중하고 있지만 재능과 지혜가 적지 않아 우둔하지 않음을 잘 알고 있었다. 그래서 있는 힘을 다해 유하를 가르쳐 책을 읽게 하고, 그와 더불어 유가경전을 이야기하고 옛날 여러 나라의 흥망성쇠를 토론하고, 고대의 지사와 성현의 이야기와 나라를 잘 다스려 안정시키는 도리를 들려주었다. 그리고 또 유하가 『시경』 3백 편을 숙독하게 하여 교화하면서 역사와 문화 속에 깃든 의미를 깨닫고, 백성의 희로애락을 느끼기를 바랐다. 유하는 왕식의 지도 아래 의외로 그러한 책들을 다 읽고 심지어는 외우기까지 했다. 이에 왕식이 물었다.

"이러한 이야기들을 듣고 보니, 대왕께서는 무슨 좋은 생각이라도 드셨습니까?"

유하는 웃어넘길 뿐 아무런 대답도 하지 않았다. 왕식이 거듭해서 캐묻자 유하는 성가시다는 듯이 말했다.

"읽으면 읽은 거지, 무슨 좋은 생각이 떠오른 게 없네요. 부왕께서 가르치시기를 성실하게 자기의 본분을 지키는 제후왕이 되어야 한다고 하셨는데, 좋은 생각이 든들 무슨 소용이 있겠습니까?"

독서와 비교해 볼 때, 유하는 악무(樂舞)와 음주를 더 좋아했다. 특히 각종 용구를 가지고 노는 것을 좋아해서 정교한 악기와 각종 양식의 술그릇을 도처에서 수집했다. 유하 신변의 신료는 대부분 아첨꾼들이라서 공부를 싫어하고 멋대로 노는 유하를 일깨워줄 리가 만무했고

해혼후, 지워진 황제의 부활

더군다나 그만두게 말리는 소리는 입에 담지도 않았다. 다만 극소수의 몇몇 신하들만이 지극한 충성심에 늘 유하에게 간언을 올렸다.

유하의 신변에 왕길(王吉)이라고 하는 대신이 있었는데, 그는 창읍국 중위(中尉)로 창읍왕궁의 안전을 관장하고 있었다. 왕길은 청렴하고 강직해서 아부를 하지 않았다. 왕길은 산동성 낭야(琅琊) 출신으로 정말 대단한 사람이었다. 『이십사사(二十四史)』의 기록에 따르면, 왕길은 낭야 왕씨 가문에 "말은 마땅히 천천히 하고, 마음은 마땅히 착해야 한다(言宜慢, 心宜善)"는 여섯 글자 가훈을 남겼다고 한다. 덕분에 산동의 왕씨 가문은 수많은 화를 면하고 각종 시련을 견뎌냈다. 동한(東漢)에서 명청(明淸)에 이르는 1700여 년 동안 모두 합쳐 36명의 황후와 36명의 부마 그리고 35명의 재상을 배출하여 중국 역사상 가장 혁혁한 가문으로 '중화 제일 명문가'라는 호칭을 얻게 되었다.

유하의 신변에는 왕길과 같이 지모가 뛰어난 신하가 있었기에 창읍국의 크고 작은 일이 모두 질서정연하게 처리되었던 것이다. 왕길 등등이 온 마음을 다해 보좌한 덕분에 유하가 다스린 창읍국은 확실히 왕성하게 번영을 누렸다.

왕길은 유하가 정무 처리에 전념하지 않고 온종일 놀이와 사냥에 푹 빠져 있는 모습을 보고는 곧 유하에게 진언을 올렸다.

"대왕께서는 경서를 읽으며 깊이 연구하는 일은 좋아하시지 않으면서 유람하며 마음껏 놀고 즐기는 것을 좋아하셔서 매일같이 마차를 몰고 줄곧 질주하시니, 입은 크게 소리를 지르시느라 피곤하고 손은 말고삐를 움켜쥐고 채찍을 휘두르시느라 아프며 몸은 마차가 위아래로 흔들리는 바람에 고생스러울 수밖에 없습니다.

이른 아침에는 이슬을 맞고 안개를 헤치고 나아가야 하고 대낮에는 모래흙과 먼지를 뒤집어써야 하며, 여름에는 작열하는 태양의 햇빛을 참아내야 하고 겨울에는 살을 에는 듯한 찬바람이 얼굴을 들 수 없을 정도로 불어댑니다. 그런데 대왕께서는 늘 연약한 옥체로 피곤하고 고생스러운 일을 계속해서 견뎌내고 계시나, 이것은 소중한 수명을 늘려주지도 못하고 고상한 인의(仁義)의 품성을 길러주지도 못하는 일입니다.

널찍한 전당에서 부드러운 방석을 깔고 앉아 유명한 스승들의 지도 아래 경서를 읽으며 깊이 연구하고 외우며, 위로는 요임금과 순임금의 시대 그리고 아래로는 상(商)나라와 주(周)나라의 태평성세를 토론하고 어질고 의로운 성현의 풍모를 고찰해 보며, 나라를 잘 다스려 안정시키는 도리를 공부하셔야지요? 그런 공부하는 것이 몹시 기뻐서 끼니조차 잊고 분발하고 노력하여 자기의 품성을 매일같이 새롭게 향상시키는 즐거움이 말을 타고 사냥을 다닌다고 해서 누릴 수 있는 것은 아니겠지요?

쉬는 시간에는 아래를 굽어보고 위를 쳐다보며 몸을 굽혔다 폈다 하는 동작을 해서 신체를 이롭게 하고, 산보나 가볍게 뛰는 등의 운동으로 다리를 충실하게 하며, 신선한 공기를 들여마시고 뱃속의 탁한 기운을 뱉어냄으로써 오장(伍臟)을 단련하며, 전심전력해서 정력을 축적함으로써 정신과 조화를 이루셔야 합니다. 이런 방식으로 양생을 하

해혼후, 지워진 황제의 부활

신다면 어찌 장수하지 않을 수 있겠습니까?

대왕께서 이 도리에 관심을 가지신다면 마음속에 요임금과 순임금 같은 포부가 생길 것이며, 신체도 백교(伯喬)와 적송자(赤松子)처럼 장수를 누릴 것입니다. 아름다운 이름이 널리 퍼져 조정이 듣게 된다면, 대왕께서는 곧 복록을 함께 얻으실 것이고 봉국은 안정을 누리게 될 것입니다. 지금의 황제(한소제)께서는 어질고 효성스럽고 성명(聖明)하시어 여태껏 선황제를 그리워하고 계시며 별궁(別宮)이나 정원 또는 연못을 만들거나 순시와 사냥 등의 일은 하나도 하지 않으니, 대왕께서는 마땅히 밤낮으로 이 점을 염두에 두시고 황제의 뜻에 부합하셔야 합니다.

제후왕 가운데 대왕과 황제의 혈연관계가 가장 가까우니 친족관계를 논해 보자면 대왕께서는 황제의 아드님이나 다름없고, 지위를 논해 보자면 대왕께서는 황제의 신료이시니 한 사람이 두 가지 신분의 책임을 져야 합니다. 따라서 대왕께서 은혜를 베풀고 의를 행할 때 조금이라도 빈틈이 있음을 황제께서 알게 되신다면, 장차 그것은 창읍국의 복이 아닐 것입니다.”

이 간언은 말하자면 정곡을 찌르는 것이었기에 유하도 크게 감동했다. 유하는 자기가 저지른 일들을 반성하기 시작했다. 골똘히 생각해 보니 자기도 이제 열 몇 살인데, 평소에 정무를 돌보기를 게을리 하고 모두 대신들에게 떠넘기고 있는 것은 참으로 해서는 안 될 일이었다. 이에 유하는 미안한 마음에 이렇게 말했다.

"그러고 보면 과인은 확실히 해서는 안 될 일을 했군요. 창읍국왕으로서 정사를 게을리 하고 제후왕이 마땅히 해야 할 일을 하지 않았네요. 대인은 과인에 대한 충성심에 불타 올곧고 아첨하는 일 없이 과인의 잘못을 줄곧 지적하여 과인의 과실을 보완하고 과인의 행동에 충고를 아끼지 않았으니, 실로 경탄할 만한 일이라 마땅히 상을 받으셔야 합니다."

그러고 나서 유하는 빈객 사무를 맡고 있는 시종에게 명하여 중위 왕길에게 쇠고기 5백 근과 술 5석(石) 그리고 말린 고기 다섯 다발을 상으로 내렸다.

유하는 이번에는 어쨌거나 마음을 모질게 먹었던 모양인지, 며칠씩 연속해서 스승에게 공부를 청하고 정무 처리 역시 의외로 조금의 빈틈도 보이지 않았으며 자발적으로 곤궁한 백성들을 위문하러 나서기까지 했다. 한때나마 유하 신변의 대신과 시종 그리고 책사들은 하나같이 유하가 '개과천선(改過遷善)'하여 성실하게 정무에 임하는 제후왕이 되려 한다고 생각했다. 그러나 며칠 못 가서 유하는 또 그런 결심을 견지해 나가지 못하고 다시 말을 타고 사냥을 가고 술을 마시며 즐겁게 노는 생활로 돌아가고 말았다.

창읍국의 낭중령(郎中令) 공수(龔遂)는 충직하고 온후하며 원칙에 철저한 사람이었다. 한편으로 그는 유하에게 끊임없이 간언을 올렸고, 다른 한편으로 봉국의 승상과 태부(太傅)를 비롯하여 책임을 다하지 않는 기타 신하들을 책망했다. 유하의 과실을 언급할 때마다 그는 경전에 근거해서 이해관계를 진술하며 줄곧 눈물을 흘리며 하소연했다.

그럴 때마다 유하는 웃어넘겼지만, 그래도 일찍이 그를 원망한 적은 없었다.

한번은 조정에서 성지(聖旨)와 하사품이 도착했다. 그때 마침 유하는 한 무리의 문인들과 더불어 시부 짓기 시합을 하고 있었기에 다른 대신에게 성지를 받도록 했다. 공수는 이렇게도 예절을 모르는 유하의 모습을 보고는 화가 나서 여러 사람의 면전에서 유하를 질책했지만, 유하는 성을 내지 않고 다만 귀를 막고 일어나 자리를 피하며 웃으면서 말했다.

"낭중령의 케케묵은 말이라면 신물이 나도록 들었으니, 이제 새로운 것으로 바꿀 수 없겠어요?"

유하는 평소에 행동이 아주 거만해서 조금도 절제하지 못하는 경우도 있었지만, 성격이 솔직하고 시원시원하며 의협심이 뼛속에 사무쳐 있는 산동 사나이였다. 게다가 유하는 어려서부터 시와 책을 많이 읽고 공맹의 도를 익혔기에 어질고 아끼는 마음으로 신하와 관리들을 대했고 관용을 베풀며 거드름을 피우지 않았다. 유하는 자주 마부 그리고 수행원과 함께 술을 마시고 즐겼으며, 신이 난 나머지 그들에게 재물을 아낌없이 하사하곤 했다. 유하의 이러한 행동은 여러 사람의 눈에는 당연히 '부주의'한 것이었다. 제후왕으로서 어찌 위엄이 조금도 없단 말인가? 하지만 유하는 바로 이런 사람으로서 오랫동안 그렇게 하고 살았기에 창읍국의 신민들도 이러한 그의 태도에 익숙해지고 말았다.

충성스러운 공수는 유하의 이런 행동이 나이가 어려서 경망스러운 탓이지, 뼛속에는 여전히 인애(仁愛)의 마음이 사무쳐 있으며 유가의 도리를 엄수하는 사람임을 아주 깊이 이해하고 있었다. 어린 유하가 간언을 듣지 않는 바람에 공수는 몹시 골치가 아프기는 했지만, 그래도 그를 설득할 방법을 끊임없이 생각하고 있었다.

어느 날 조회를 하는데, 공수가 궁 안으로 들어서자마자 눈물과 콧물을 흘리며 가슴 아프게 울면서 무릎을 꿇은 채 유하 앞으로 다가섰다.

유하가 대경실색하면서 물었다.

"낭중령은 왜 무릎을 꿇고 우는 게요?"

공수는 무릎을 꿇고 절을 하면서 말했다.

"대왕이시여! 신은 사직이 처한 생사존망의 위기 때문에 몹시 가슴이 아픕니다! 독대의 기회를 주신다면 자세히 말씀드리겠습니다."

유하는 서둘러 명을 내려 주변의 사람들을 물러가게 하고는 공수에게 자세히 말해보라고 했다. 공수는 마음을 가라앉히고 나서 말했다.

"대왕께서는 교서왕(膠西王) 유단(劉端)이 도대체 왜 대역무도죄로 죽임을 당했는지 알고 계십니까?"

유하가 말했다.

"모르겠는데요."

이에 공수가 말했다.

"신이 듣자 하니, 교서왕에게는 후득(侯得)이라는 신하가 있었는데, 아첨을 잘했다고 합니다. 교서왕이 저지른 짓은 그야말로 하나라의 걸(桀)임금 그리고 상나라의 주(紂)임금과 마찬가지로 잔인하고 흉포했지만, 후득은 오히려 요임금과 순임금처럼 현명하다고 말했답니다. 교서왕은 후득이 몹시 마음에 들어 늘 곁에 두었습니다. 바로 교서왕은 후득의 간사한 말만 곧이들었기 때문에 악명을 떨치게 된 것입니다. 그러다 마지막에는 대역무도죄로 죽임을 당했답니다.

그런데 지금 대왕께서는 간사하고 아첨을 잘하는 사람들을 가까이 하신 까닭에 이미 악습에 물들고 말았으니, 이는 신중하게 대처하지 않을 수 없는 일입니다! 바라옵건대, 경서에 통달하고 품행이 단정한 낭관을 뽑아 대왕과 함께 생활하도록 해서 앉으면 『시경』과 『상서(尚書)』를 소리 내어 읽고, 일어서면 예절과 의식을 연습하셔야 합니다. 그리하면 대왕에게 반드시 커다란 도움이 될 것입니다.”

유하는 공수의 태도가 단호한 것을 보고는 허락하지 않을 수 없었다. 이에 공수는 낭중 장안(張安)을 비롯한 열 사람을 뽑아서 유하의 시봉을 들고 함께 기거하면서 예절과 의식을 가르치도록 했다. 그러나 유하는 일찌감치 제멋대로 하는 습관이 들어 있었기에 번거로운 예절을 잠자코 배울 생각이 전혀 없었다. 며칠 못 가서 장안 등등은 모두 쫓겨나고 말았다.

왕길과 공수 등등이 전처럼 기회만 있으면 유하에게 간언을 올리기는 했지만, 유하는 듣지 않거나 아니면 뉘우쳐 고치겠다고 해놓고선 며칠 못 가서 그만두고 말았다. 이렇게 하루하루 세월이 가면서 대신들도 유하가 성격대로 하도록 맡겨둘 수밖에 없었다.

그러던 어느 날, 유하는 궁중에서 커다란 센개 한 마리를 보았는데, 목 아래로는 마치 사람처럼 생겼고 머리에는 춤을 추는 사람이 쓰는 ‘방산관(方山冠)’을 썼으며 꼬리가 없었기에 놀라지 않을 수 없었다. 이게 무슨 동물일까? 그는 수없이 사냥을 해보았지만 어떻게 된 일인지 여태껏 본 적이 없었다. 그는 재빨리 신하와 시종에게 물어보았다.

"이제 막 궁중에서 큰개 한 마리를 보았는데, 사람처럼 생긴 데다가 모자를 쓴 듯하고 꼬리가 없으니 어찌된 일인가?"

신하와 시종들이 입을 모아 말했다.

"대왕이시여, 저희는 그렇게 생긴 것을 결코 본 적이 없습니다."

유하는 공수가 박학다식함을 알고 있었기에 서둘러 그를 불러와 물어보았다. 공수는 듣고 나서 잠시 생각을 하더니 대답했다.

"이것은 하늘이 대왕께 경고를 하는 것입니다. 말하자면 대왕의 주변에 있는 심복들은 모두 모자를 쓴 개이므로 무슨 일이 있어도 가까이 해서는 안 되며, 그렇지 않으면 반드시 재앙을 만나게 된다는 뜻입니다."

유하는 그 말을 듣고 반신반의했다.

얼마 뒤 유하는 또 궁중에서 큰곰 한 마리를 보았다. 그런데 물어보자 주변의 시종들은 한결같이 보지 못했다고 했다. 이에 유하는 또 공수를 불러서 물어보았다.

"내가 궁중에서 큰곰을 보았는데 다른 사람들은 못 보았다고 하니, 이것은 또 어찌된 일인가요?"

공수가 대경실색하며 말했다.

"곰은 사람을 잡아먹을 수도 있는 산속의 야수인데 궁중에 들어와 대왕께 발견되었다고 하는 것은 대왕께서 생사존망의 위험에 처해 있다는 뜻입니다. 하늘이 보여주는 경고의 조짐이 이미 너무나 뚜렷하오

해혼후, 지워진 황제의 부활

니, 부디 대왕께서는 반드시 수양에 힘쓰시고 정사에 부지런히 임하셔야 합니다."

유하는 여전히 도무지 이해가 되지 않았다.

"저번에는 센개가 그리고 이번에는 큰곰이라니, 왜 상서롭지 못한 징조가 이렇게 많이 나타나는 것일까요?"

공수는 땅바닥에 양 무릎을 꿇고 끊임없이 머리를 조아렸다.

"대왕께서는 이미 『시』 3백 편을 외우셨습니다. 그 속에는 사람됨과 위정(爲政) 그리고 칭왕(稱王)과 용인(用人)을 이야기하는 편장이 여럿 있습니다. 대왕께서는 잘 생각해 보십시오. 평소 자기의 행동 가운데 어느 것이 『시경』에서 선양하고 있는 미덕과 선행에 부합하는지 말입니다. 대왕께서는 열후왕이심에도 행실이 경망스럽기가 몹시 심했습니다. 그 때문에 대왕께서 재앙을 당할까 봐 걱정되오니, 부디 몸가짐을 조심하십시오."

공수의 말에 유하는 당황해 마지않다가 즉시 오늘부터 반드시 자신의 덕행에 주의를 기울이겠다고 했다.

그런데 그런 일이 있고 난 뒤 오래지 않아서 한소제 유불릉이 갑자기 세상을 떠났다. 유불릉이 세상을 떠났음에도 불구하고 유하는 이일과 자기는 아무런 관계도 없다고 생각하고는 여전히 자기 고집대로 유람과 사냥에 나서고 변함없이 제멋대로 굴면서 지냈다. 유하가 마음껏 즐기고 있는 동안, 저 멀리 장안성의 미앙궁에서 대사마대장군 곽광이 이미 여러 신하들과 상의해서 그를 황제로 옹립하기로 최종 결정했다는 사실을 알 리 없었다. 그때 소부 사락성이 사절 일행을 이끌고 밤낮으로 길을 재촉해서 창읍국으로 오고 있었다.

사락성이 창읍국에 도착했을 때는 이미 한밤중이었다. 중대한 사안이라 늦출 수 없었기에 성문을 열게 하고는 곧장 왕궁으로 들어갔다. 궁중의 근신은 서둘러 내실로 들어가 유하를 깨웠다. 근신 때문에 놀라서 잠에서 깬 유하는 자기도 모르게 크게 성질을 내며 말했다.

"대담하구나! 과인이 한창 곤히 자고 있는데, 네가 감히 이렇게 소란을 피우다니, 썩 나가거라!"

근신은 즉시 무릎을 꿇으며 말했다.

"경성에서 온 사신이 급한 일로 대왕께 알려야 한다고 해서 감히 거절할 수가 없었습니다."

유하는 몹시 의아해했다. 한밤중에 경성에 무슨 일이라도 났단 말인가? 유하는 옷을 잘 갖추어 입고 근신을 따라 대전 앞으로 나갔다. 사락성 등등은 유하를 보자마자 대장군 곽광의 명을 받들어 당장 입궁하여 황제의 장례를 주관하라고 했다. 유하는 놀라서 허둥대며 조서를 받아들고 자세히 읽어보았는데, 조서는 상관 황후가 직접 내린 것으로 과연 입궁하여 장례를 주관하라고 쓰여 있었다.

유하는 갑자기 희색이 만면한 채 기뻐서 덩실덩실 춤을 추었다. 이것이야말로 하늘이 내게 주시는 큰 선물이로구나. 조서에 따르면 장례를 주관하라고 하니, 그것은 사실 자기가 황위를 이어받는다는 소리 아닌가? 유하는 공수가 소심하고 고지식해서 기(杞)나라 사람이 하늘이 무너질까 봐 두려워하는 격이라고 남몰래 비웃었다. 이제 보니 공수의 경고는 농담이나 다름없는 것이었다.

그날 밤에 유하가 황제가 된다는 소식이 창읍성에 두루 퍼졌다. 유하의 심복과 놀이 동무들이 잇달아 축하를 올리며 그를 따라 경성으로 가서 대업을 함께하고자 했다. 유하가 잠시 생각해 보니, 장안에 가면 외톨이 신세라 일처리가 불편할 것 같았다. 다시 말해 이런 친구들이 없다면 재미가 훨씬 덜할 것 같았다. 그래서 유하가 말했다.

"너희는 오랫동안 나를 따랐으니 이번에 결코 너희를 버리지 않을 것이야. 나와 함께 장안으로 가도록 하자."

이렇게 좋은 일이 있는데, 날개가 돋아 장안성으로 날아갈 수 없는 것이 유하는 한스러웠다. 한바탕 준비를 마친 뒤, 정오 무렵 유하는 애지중지하는 천리마 위에 올라타더니 큰 소리를 한 번 지르고 장안을 향해 내달렸다.

유하가 천리마를 타고 앞장서고 수백 명으로 이루어진 수레 행렬이 급히 행군하는 듯이 뒤를 따랐다. 한나절에 약 53킬로미터 길을 가자 시종들이 탄 적지 않은 말들이 지쳐 길 위에 쓰러져 죽었다.

낭중령 공수는 이 모습을 보고 다급히 유하를 설득했다.

"대왕이시여, 왜 이렇게 조급하게 길을 재촉하시는 것입니까? 길 위에 지쳐 쓰러져 죽은 말이 이렇게나 많습니다. 대왕께서 만약 정말로 절박하게 장안에 가셔야 한다면, 긴급하게 따라갈 필요가 전혀 없는 사람은 돌려보내는 것이 낫습니다. 이렇게 하시면 속도를 더 낼 수 있을 것입니다."

유하가 생각해 보니 그런 사람들 때문에 자기가 황제의 자리에 오르는 일이 지체된다면 정말 큰일이었다. 그래서 당장 동의하고는 이렇게 말했다.

"경성으로 가는 길이 아득히 머니 생각이 바뀌어 가고 싶지 않은 사람이 있으면 돌아가도 좋다."

그러나 동행하던 이들 가운데 아무도 중도에 돌아가고자 하지 않았기에 서로 옥신각신 다투었다. 공수도 난감해서 유하에게 결정을 내리기를 청할 수밖에 없었다. 마침내 유하는 50여 명의 종복들을 창읍으로 돌려보내고, 책사와 근시만 남겨두었다.

창읍국 중위 왕길은 유하가 이렇게나 흥분하고 저렇게나 떠벌이는 모습을 보고는 남몰래 걱정을 했다. 그가 생각해 보니, 지금 조정은 대사마대장군 곽광이 대권을 틀어쥐고 있는데 유하가 이렇게 행동하는 것은 너무 자만하여 모든 것을 잊어버리게 된 것 같았다. 만약 장안에 도착해서도 여전히 자기의 봉지에서와 마찬가지로 제멋대로 군다면, 재앙을 초래할지도 모를 일이었다. 그런데도 유하는 간언을 듣지 않으니 왕길은 거듭해서 심사숙고하다가 긴 편지 한 통을 써서 유하에게 주었다. 그는 편지에 이렇게 써놓았다.

"듣자 하니 상나라 고종 무정(武丁)은 장례를 치르고 계위한 뒤 삼 년 동안 말을 하지 않았다고 합니다. 현재 대왕께서도 장례 때문에 경성으로 불려가시는 것이니, 마땅히 밤낮으로 비통해하면서 흐느껴 우는 모습을 보이셔야 하며, 다른 행동을 해서는 절대로 안 됩니다. 게다가 다만 장례에 그치는 것이 아니라 황제로서 대부분의 상황에서도

해혼후, 지워진 황제의 부활

마땅히 그렇게 하셔야 합니다. 지나치게 말씀을 많이 하거나 방종한 행실을 보여서는 안 됩니다.

한 번 보십시오. 푸른 하늘은 말이 없어도 사계절은 여전히 시간에 맞추어 바뀌고 세상의 만물도 변함없이 번식하는 법이니, 부디 대왕께서는 여러 번 생각해 보신 뒤에 실행에 옮기시기 바랍니다. 대장군 곽광이 갖춘 지혜롭고 용감하며 충성스럽고 성실한 인품은 천하에 모르는 사람이 없으니, 그가 효무 황제를 20여 년간 시봉하되 일찍이 아무런 과실도 없었습니다. 효무 황제께서 세상을 떠나시면서 천하와 어리고 외로운 후계자를 그에게 부탁하시자 대장군은 어린 군주를 도와 정령을 반포하고 교화를 베풀며 국가의 안정을 유지했으니, 이것은 설사 주공과 이윤(伊尹)이라도 이보다 더하지는 못할 것입니다.

이제 선황제께서 붕어하심에 후계자가 없자 대장군은 한나라 황실의 종묘 계승을 염려하여 대왕을 황제로 천거했으니 그 어질고 너그러운 마음은 비할 바가 없습니다! 신은 부디 대왕께서 그를 신임하고 공경해서 국가의 정사는 모두 그의 안배를 따르시기를 바랍니다. 대왕께서는 다만 무위이치(無爲而治)하시면서 황제의 자리에 앉아 계시기만 하면 됩니다. 부디 대왕께서는 저의 건의를 고려하여 늘 염두에 두시기 바랍니다.”

왕길이 이 편지에서 거듭 표명하고 있는 핵심적인 의미는 다만 하나로, 그것은 유하에게 언행은 진중하게 하고 매사에 조심스럽고 신중하게 대처하며 정사는 모두 곽광에게 의지하라고 권하는 것이었다. 이것은 조정과 재야애 걸쳐 막강한 권력을 행사하고 있는 곽광과 공생하는 좋은 방법이라고 할 수 있다. 편지를 다 읽고 난 유하는 깨달은 바가 있는 듯 계속해서 혼자 고개를 끄덕이며 동감을 표시했을 뿐만 아니라 경성에 들어가면 매사에 조심스럽고 신중하게 대처하기로 결심을 했다. 그러나 얼마 지나지 않아서 이런 결심을 다 잊어버리고 말았다. 그런데 이 모든 일을 곽광이 보낸 사신은 당연히 눈여겨보고 있었다.

일행이 제양(濟陽)에 이르자 근신 하나가 유하에게 말했다.

"이곳에는 장명계(長鳴鷄)라고 하는 것이 있는데, 듣자 하니 우는 소리가 맑고 깨끗하다고 합니다. 대왕께서는 수탉을 좋아하시니 몇 마리 사두시지 않겠습니까?"

그 말을 들은 유하는 갑자기 자기는 늘 제멋대로 굴면서 부지런한 적이 없었다는 점에 생각이 미쳤다. 만약 장명계가 날이 밝았음을 알려줘서 새벽 일찍 일어나 부지런히 정무에 임하도록 재촉한다면, 어찌 훌륭한 일이라고 하지 않을 수 있겠는가? 이에 좌우에 명하여 수레 행렬을 멈추게 하고는 근처의 마을에 가서 장명계를 사오도록 했다. 이제 곧 황제가 되려는 창읍왕이 장명계를 사고자 한다는 소리를 들은 백성들이 놀랍게도 금방 잇달아 수십 마리를 갖다 바쳤다. 유하는 아주 우람하고 힘차 보이는 수탉 몇 마리를 골라 장안으로 데리고 갔다.

그곳에는 또 대나무를 모아서 만든 까닭에 적죽장(積竹杖)이라고 부르는 지팡이가 있었는데 튼튼해서 쉽게 망가지지 않았다. 유하도 2개를 샀다. 곁에 있던 자들은 그 뜻을 알지 못해 그가 황당하게도 노는 것에만 정신이 팔려 황제의 자리에 오르기 위해 경성으로 가는 길에서마저 한가로운 기분에 빠져 있다고 여겼다. 그러나 사실 그가 적죽장을 사들인 것은 자기가 황제의 자리에 오른 뒤 어느 날 할아버지인 효무 황제처럼 태산에 올라 봉선의식을 거행하려는 것이었다. 그때가 되어 스스로 적죽장을 짚고 태산에 올라 천하가 작다고 여기면 분명히 한바탕 특별한 재미가 있을 것이었다. 장차 자기도 태산에서 봉선의식을 치를 수 있으리라는 생각이 들자 유하의 마음속에는 호기가 넘쳐흘렀다.

경성으로 가는 길은 과거에 급제해서 득의양양하게 빨리 말을 달리는 격이었으니, 나이 어린 창읍왕 유하는 뜻을 이루자 기쁜 나머지 자신을 잊는 상태가 된 것이었다!

수레 행렬이 홍농(弘農)을 지나갈 때, 따뜻한 봄볕 아래 모두가 복숭아꽃처럼 아름다운 얼굴을 가진 부녀자들이 나들이를 나갔다 돌아오는 모습이 눈에 쏙 들어왔다. 그녀들은 커다란 말을 탄 훤하게 생긴 소년 유하를 보고는 호기심을 참지 못하고 여러 차례 고개를 돌리는 가운데 저도 모르게 몹시 흠모하는 마음을 내비쳤다. 그러자 유하의 무르익은 춘정(春情)이 발동했는데, 그 청춘의 욕망이란 더 이상 억제할 수 없는 것이었다. 듣자 하니, 황제 할아버지와 위자부가 우연히 만났던 그 당시에 바로 수레 위에서 아름다운 이야기를 써내려 갔다고 했다. 종복 가운데 두목인 선(善)은 유하의 춘정이 넘실거려 취한 듯 홀린 듯한 기미를 눈치채자 금방 주인의 뜻을 알아차리고는 자색이 출중한 여자를 쫓아가서 데리고 와 수레에 태웠다.

이 일은 은밀하게 이루어졌지만, 조정에서 보낸 사신 사락성이 알아차리고 말았다. 그는 당장 유하의 재상인 안락(安樂)에게 가서 몹시 분개하며 따졌다.

"황제께서 붕어하신 바람에 조정은 창읍왕이 경성으로 와서 장례를 주관하고 계위하여 정사를 처리하기를 절박하게 기다리고 있습니다. 그런데 창읍왕은 상중임에도 불구하고 여염집 부녀자를 강탈해서 쾌락을 좇아 즐기는군요. 당신은 재상이면서 어떻게 보좌를 하고 계시는 것이오? 설마 이런 것도 모르셨단 말이오?"

그 말을 들은 안락은 놀라서 온몸에 식은땀을 흘리며 즉시 공수를 찾아가 의논을 했다. 공수도 대경실색하고는 당장 유하를 찾아갔다. 유하는 공수를 보자마자 그가 자기를 타이르려고 온 것임을 알아차렸다. 과연 공수는 지체없이 쏘아붙였다.

"지금 이 일대에서는 대왕께서 여염집 부녀자를 강탈했다는 말이 나돌고 있는데, 정말로 그런 일이 있었습니까?"

유하는 할 말이 없었다.

"과인은 모르는 일입니다."

공수가 한숨을 내쉬며 말했다.

"조정의 사신이 이 일을 이미 알게 되었으니, 만약 조정에 알려진다면 대왕께 정말로 몹시 불리한 일입니다."

유하는 줄곧 허둥대고 얼버무리며 누가 한 짓인 줄 모른다고 했다.

공수는 그를 똑바로 쳐다보면서 말했다.

"대왕께서 상황을 알지 못하고 계시는데 종복인 선이 그런 일을 한

해혼후, 지워진 황제의 부활

이상, 그놈은 대왕의 명의를 사칭하여 대왕의 명예를 훼손한 것이 분명합니다. 그놈에게 벌을 내리시지 않는다면 백성들의 원망이 잠잠해질 리가 없으니, 대왕의 명망은 한층 더 해를 입고 맙니다."

공수는 말을 마치자 종복인 선을 속죄양 삼아 직접 바깥으로 끌고 나가서 한칼에 베어버렸다. 유하도 이 일로 두려움을 느꼈다.

그후, 공수는 유하를 그림자처럼 따라다니며 그의 일거수일투족을 하나도 빠짐없이 지켜보았다. 그러고 나자 경성으로 가는 길에는 아무런 일도 없었다.

며칠 되지 않아 유하 일행은 경성인 장안의 패수(灞水) 근처에 이르렀다. 의전사무를 맡고 있는 대홍려(大鴻臚)가 직접 교외에 나와 영접하고, 거마를 주관하는 추관(騶官)이 황제가 타는 수레를 바쳤다. 이에 유하가 황제가 타는 수레, 즉 난여(鑾輿)에 타자 태복(太僕)인 수성(壽成)이 가운데서 수레를 몰고 낭중령인 공수가 참승(參乘)이 되어 곁에서 시중을 들었다. 수레 행렬이 광명동도문(廣明東都門)에 이르자 문을 지키는 병사들이 엄숙하고 정중한 표정으로 여러 겹으로 줄지어 늘어서 있었다.

이 광경을 본 공수가 유하에게 말했다.

"대왕께서는 분상(奔喪)으로 장안에 오신 것이기 때문에 반드시 몹시 슬퍼하는 모습을 보이셔야 합니다. 이것이 장안으로 들어가는 첫 번째 문이니 예법에 따라 분상길에 국도(國都)를 바라보며 반드시 흐느껴 우셔야 합니다. 대왕께서 흐느껴 우시는 것으로 군신 사이의 예와 숙질(叔姪) 사이의 가까움을 표명하게 되는 것입니다."

지금 유하의 머릿속을 가득 채우고 있는 생각은 황제의 자리에 오른 뒤 무슨 일을 할까 하는 것이었으니, 몹시 슬퍼하는 표정을 지을 마음이 어디에 있었겠는가? 그래서 공수에게 이렇게 말했다.

"목구멍이 아파서 몹시 불편하니 곡소리가 나오지 않네요."

장안성에 들어와 두 번째 문인 곽성(郭城)에 이르렀을 때 공수가 다시 말했다.

"대왕이시여, 여기에 이르면 반드시 구슬피 우셔야 합니다."

유하가 말했다.

"첫 번째 문과 두 번째 문이 다 똑 같은 것 아니겠습니까만, 여전히 곡소리가 나오지 않으니 좀 이따가 다시 소리내어 울어보렵니다."

공수는 애간장이 탔지만, 억지로 시킬 수는 없는 노릇이었다. 그는 몸을 기울여 유하의 귀에 대고 작은 목소리로 말했다.

"길가의 사람들이 모두 대왕을 보고 있으니, 대왕께서는 반드시 몹시 괴로운 표정을 지으셔야지 웃는 모습을 보여서는 절대로 안 됩니다. 창읍국의 조문 장막은 이 문 안의 대로 북쪽에 있습니다. 조문 장막이 있는 곳에 이르기 전에 남북방향으로 난 보도가 있는데, 거기서 몇 걸음밖에 떨어져 있지 않습니다. 대왕께서는 마땅히 수레에서 내리셔서 궁문을 향해 얼굴은 서쪽을 바라본 채 기어가면서 한껏 슬퍼하면서 소리내어 울었다가 그치셔야 합니다."

유하가 오히려 이렇게 물었다.

"하지만 조금도 슬프지 않아서 소리내어 울어도 눈물이 나지 않으

해혼후, 지워진 황제의 부활

니 어떡하죠?"

공수가 잠시 깊이 생각해 보더니 말했다.

"정말로 눈물이 나오지 않는다면 옛날에 슬펐던 일을 많이 떠올려 보십시오! 반드시 소리내어 우셔야 합니다. 만일 또 소리내어 울지 않으신다면 황제가 되는 일에 좋지 않은 영향을 미칠 수 있습니다."

공수의 마지막 말이 효과가 있었던 것 같다. 유하가 말했다.

"그렇게 하죠."

목적지에 이르자 유하는 수레에서 내렸다. 위풍당당하게 우뚝 솟은 미앙궁을 마주보고 있자니, 특히 비첨 위의 황금색 비늘을 가진 두 마리 용은 마치 정말로 살아 있어서 하늘로 날아오를 것만 같았다. 궁전 중간의 보정(寶頂)에는 거대한 명월주(明月珠)가 매달린 채 번쩍번쩍 빛을 발하고 있었다. 그는 궁전 안의 용을 새겨넣은 보좌(寶座) 위에 천하를 다스리는 제왕이 앉아 있는 모습을 보았으니, 바로 그의 할아버지 한무제였다.

그러자 갑자기 당황스럽고 무섭고 비통한 상념이 그의 머릿속을 가득 메워버리는 것이었다. 그는 자기도 모르게 엎드려 무릎을 꿇고 머리를 조아리고는 통곡하기 시작했다. 일단 소리내어 울기 시작하자 우울하게 돌아가신 아버지와 그를 몹시 사랑해 주었던 어머니가 생각나서 경천동지하고 수습할 수 없을 정도로 더욱더 소리내어 울었다. 옆에 있던 사람들은 모두 유하가 이렇게 하는 것은 선황제에 대한 정이 깊고 친밀하기 때문이라고 여겼고, 이전에 그를 부정적으로 보던 조정 대신들마저 고개를 끄덕일 수밖에 없었다.

유하는 이렇게 해서 황궁에 머무르면서 소제의 장례를 주관하는 일과 본인의 등극제전을 기다리고 있었다.

제5장

제멋대로 보낸 27일

- 한폐제 유하 -

서기전 74년 6월, 황위를 계승할 제군(儲君)으로 이미 세워진 창읍왕 유하는 장안성 서북쪽 70리 지점의 평릉(平陵)에서 서한의 제8대 황제 유불릉의 장례를 주관하여 장중하고도 경건하게 치렀다. 한 달 뒤, 한소제의 뒤를 잇는 서한의 제9대 황제 등극제전이 미앙궁의 전전(前殿)에서 성대하게 거행되었다.

7월 18일 당일, 불볕 같은 햇빛이 밝게 비추고 있는 미앙궁은 유달리 눈부시게 아름다웠다. 궁전의 처마는 두공(斗拱)이 받치고 있었고, 액방(額枋) 그리고 들보와 기둥은 청색소(靑色素)를 넣은 점금(點金)과 금박으로 된 채색화로 장식되어 웅장하면서 진기하고도 아름다웠다. 궁전 바깥의 흰돌로 된 단 위아래로는 문무백관이 무릎을 꿇은 채 빈틈없이 자리를 차지하고 있었으며, 중간의 어도(御道) 양쪽으로는 의장대가 정연하고도 위풍당당하게 정렬해 있었다. 대전(大殿)의 회랑에는 종소리와 경소리가 울리고 음악 소리가 은은하게 울려퍼지고 있었다. 단 위의 향로와 동으로 만든 거북과 학 속에서는 단향목을 살라 그 연기가 자욱하게 피어올랐다.

연주 소리가 장엄하게 울려 퍼지는 가운데 새 황제 유하가 몸에 대

룡포(大龍袍)를 걸치고 느릿느릿 정전(正殿) 안으로 걸어 들어왔다. 대룡포 위에는 비룡(飛龍) 무늬가 수놓아져 있었기에 앞자락이 바람에 휘날리고 소매가 펄럭이자 마치 용이 뛰오르는 것과도 같아서 나이 어린 유하는 한층 더 기품이 서리고 위엄이 넘쳐 보였다. 정해져 있는 복잡한 의식을 마친 뒤 유하는 금란좌(金鑾座)에 단정히 앉은 채 문무백관을 알현했다.

"황제 폐하! 만세! 만세! 만만세!"라는 환호성이 울려 퍼지는 가운데 창읍왕 유하는 마침내 제위에 올랐다. 그는 선황제의 계승자로서 선황제에게 '효소(孝昭)'라는 시호를 추서하고 상관 황후는 태황후로 받들어 모셨다.

위엄 있고 기품이 서린 금란좌에 앉아서 대전의 양쪽에 홀*을 쥔 채 무릎을 꿇고 있는 문무대신이 온통 새까맣게 보일 정도로 많이 있는 모습을 굽어보고 있자니, 유하는 마치 꿈을 꾸고 있는 듯한 느낌이 들었다. 황제란 이런 것이구나! 지금의 느낌은 창읍왕의 자리에 있을 때와 너무도 달랐으니, 이제는 정말로 구정(九鼎)을 지닌 지존(至尊)이라고 할 만했던 것이다! 자기의 할아버지인 한무제는 그 당시 바로 이 자리에서 뭇 신하들의 알현을 받으셨는데, 뜻밖에도 오늘날 자기가 할

---

* **홀(笏)**: 홀판(笏板)을 말하며, 수판(手板)이나 옥판(玉板) 또는 조판(朝板)이라고 부르기도 한다. 옛날에 신하가 입궐하여 군주를 만날 때 쓰던 용구이다. 옛날에 문무대신은 군왕을 알현할 때 두 손으로 홀을 쥐고 군왕의 명령이나 취지를 기록했으며, 군왕에게 상주할 말을 홀판 위에 적어둠으로써 잊어버리는 일이 없도록 했다.

아버지와 똑같은 자리에 앉게 될 줄은 생각조차 못 했다. 유하는 조정의 문무백관을 바라보고 있자니, 흥분되기도 하고 좀 생소한 느낌도 들었다.

조정의 문무백관 가운데 어떤 이는 엄숙하고 어떤 이는 담담하고 또 어떤 이는 공손한 표정을 짓고 있기는 했지만, 대다수는 무표정한 얼굴이었다. 황제의 자리에 앉아 있음에도 창읍국에 있을 때처럼 친근하고 홀가분한 느낌이 전혀 들지 않는 것은 도대체 어찌된 일일까? 특히 문무백관의 우두머리라고 할 수 있는 대사마대장군 곽광은 온몸에 사람을 압도하는 기세를 내뿜고 있어서 춥지 않음에도 몸이 벌벌 떨릴 정도였다. 요즘 곽광을 적지 않게 상대했지만, 그와 함께 있을 때면 온몸이 편치 않은 느낌이 들었다.

유하가 곽광에게 눈길을 돌리니 무표정한 얼굴만 보였다. 곽광의 얼굴에서는 아무런 생각도 읽을 수 없었던 것이다. 유하는 아무런 까닭도 없이 곽광을 두려워하고 있다는 생각이 갑자기 들었다. 자기는 이미 천하지존의 황제가 되었는데, 어찌 곽광을 이렇게나 두려워할 수 있단 말인가? 설령 곽광이 자기를 옹립해서 황제로 만들어주는 커다란 은혜를 베풀어주었다고는 해도 그를 무서워 할 것까지는 없는데, 그를 두려워하는 이유는 도대체 어찌된 일이란 말인가?

유하는 심호흡을 하면서 남몰래 마음을 가다듬고 기운을 차려보았다. 이제 자기는 이미 천하를 다스리는 황제이고, 여기 대신들은 다

해혼후, 지워진 황제의 부활

나의 신하이니 두려워할 필요가 없다. 그러나 조정의 문무백관은 선황제를 따르던 사람들이 아니면 바로 곽광을 따르는 사람들이다. 특히 이 대사마대장군 곽광은 국정을 줄곧 자기 손아귀에 쥐고 있었다. 선황제 유불릉은 붕어할 때까지 곽광의 손에서 권력을 넘겨받아 친정을 하지 못하고 젊은 나이에 세상을 떠나고 말았으니, 슬픈 일이라고 하지 않을 수 없구나! 지금은 곽광이야말로 진짜 황제나 다름없다. 내가 이 강산을 확실히 움켜쥐려면 조정에서 되도록 빨리 내 사람을 키워야 한다.

생각이 여기에 이르자 유하는 몰래 안도의 한숨을 내쉬었다. 다행히 창읍국에서 데리고 온 2백여 명의 사람들은 모두 심복이라 중임을 맡길 만했다. 우선 곽광은 내버려두고, 자기가 황제가 된 이상 모든 것을 자기 뜻대로 하면 되는 것이었다.

유하는 사전에 잘 준비해 둔 조서를 꺼내서 조령관(詔令官)에게 건네주면서 시작해 보라고 말했다.

조령관은 즉시 큰 소리로 조서를 읽었다.

하늘을 받들어 명을 받아 황제 폐하께서 조서를 내리시노라. 짐은 약관(弱冠)의 나이에 위로 하늘의 명을 받들어 처음으로 황위에 오르니 참으로 황공하여 오로지 생각이 꼼꼼하지 못하고 말을 삼갈 줄 모르고 행동이 신중하지 못해 나라를 해치고 신민에게 누를 끼

칠까 봐 두려울 따름이다. 짐의 마음은 어찌해야 편안함을 얻겠는가? 그래서 오늘부터 짐은 공손히 스스로 반성하고 열심히 스스로를 단속함으로써 우리 한나라의 국운이 길이 흥성하기를 기원하노라. 이제 짐이 천하에 분명히 고하노니, 너희와 각지 군국(郡國)의 관리들은 당일부터 현명하고 선량하며 품행이 바르며 직언을 간할 수 있는 사람들을 천거하여 입조시키기를 명하는 바이다. 그러면 짐이 마땅히 우수한 자를 선택하여 중임을 맡기겠노라.

조령관이 조서를 다 읽었다. 그러자 유하가 말했다.

"여러 백관들의 생각은 어떻습니까?"

여러 대신들은 수석의 자리에 서 있는 곽광을 슬며시 쳐다보았다. 곽광이 말할 의사가 없음을 알아차린 나머지 대신들이 서둘러 고개를 떨구고 아무도 말을 하지 않으니 대전 안의 분위기는 엄숙함 그 자체였다.

유하는 다시 대전을 쓰윽 둘러보며, 문무백관의 표정을 한눈에 살펴보았다. 모두가 오로지 곽광의 눈치를 보고 있음을 알 수 있었으니, 곽광이 입을 열지 않자 감히 먼저 나서서 말을 하는 사람은 아무도 없었다. 유하는 속으로 생각했다.

'이 곽광이라는 자는 정말로 대단한 사람이구나. 그러기에 어쩐지 아무런 까닭도 없이 내심 그가 두렵다는 생각이 들었던 게야. 조정 문무백관의 반응을 살펴보니 곽광이야말로 한나라의 실질적인 주인이구나. 그러니까 나와 전대의 황제는 다를 게 하나도 없이 모두 장식품

해혼후, 지워진 황제의 부활

에 불과한 거야! 그러나 오늘은 내가 등극한 첫날이자 첫 번째 조회를 하는 날이니, 황제가 마땅히 갖추어야 할 기백을 반드시 보여주어야 해. 뭇 신하들에게 위대한 한나라의 천자는 바로 나라는 사실을 알게 해야지!'

뭇 신하들이 발언하지 않는 모습을 보고 유하가 말했다.

"여러분들이 아무런 의견도 제시하지 않는 이상 짐의 생각을 말해 보도록 하겠습니다. 원래 창읍국의 승상이었던 안락은 덕과 재능을 겸비하고 지략이 풍부하며 특히 경전에 밝고 품행이 방정하여 짐이 창읍국에 있을 때 그의 보좌를 받은 덕분에 창읍국은 비로소 창성할 수 있었습니다. 짐은 그를 태위(太尉)에 봉하고자 합니다. 여러분의 생각은 어떠신지 모르겠습니다."

태위라면 삼공(三公)의 반열로 군사를 관장하는 최고 관료였다. 한 소제 시기에 태위의 자리가 공석이었던 것은 대사마대장군이 군사대권을 장악하고 있었기 때문이다. 유하는 태위의 자리가 비어 있으니 자기가 가장 신임하는 사람인 안락을 그 자리에 앉히면 딱 맞겠다고 생각했다. 태위는 군대와 궁궐을 관장하므로 반드시 자기가 믿고 맡길 수 있는 사람이어야 했던 것이다.

뭇 신하들은 유하가 제위에 오르자마자 안락으로 하여금 곽광 대신 군대와 궁궐을 장악하게 하고자 하는 모습을 보았지만, 사전에 곽광과 의논을 한 것인지 아닌지 알 수가 없었다. 이 나이 어린 황제는 의외로 정말 좀 남다른 데가 있구나. 조정의 문무백관은 다시 곽광에게 눈길을 돌리지 않을 수 없었다. 곽광은 여전히 무표정한 채 자기 곁에 바짝 붙어 있는 승상 양창에게 옷소매를 살짝 흔들어 보였을 따름이다.

양창은 곽광 덕분에 일약 승상의 자리에 오른 인물이었다. 그가 슬며시 곽광을 한번 쳐다보자 곽광이 슬쩍 고개를 끄덕였다. 양창은 당장 곽광의 뜻을 알아차리고는 앞으로 나와 큰 소리로 말했다.

"폐하! 태위의 자리는 효무 황제 때부터 더 이상 설치하지 않았습니다. 효무 황제 시기 태위의 직권은 대사마대장군 위청이 맡고 있었습니다. 그리고 지금은 대사마대장군 곽광 대인이 맡고 있습니다. 태위의 자리를 설치하지 않는 것은 위로 효무 황제의 유지를 받드는 일이라고 할 수 있습니다. 신은 태위의 자리를 다시 설치할 필요가 없다고 생각합니다."

뭇 신하들은 양창의 의사가 곧 곽광의 뜻이라는 사실을 알고 있었다. 곽광이 여전히 가만히 있는 모습을 보이자 눈치 빠른 대신들이 잇달아 앞으로 나서며 양창의 의견을 지지했다. 그러는 가운데 문득 보니 대사농(大司農) 전연년(田延年)이 큰 소리로 말하는 것이었다.

"폐하, 한나라는 고조 이래 공을 세운 것이 없으면 제후에 봉하지 않고 상을 내리지 않는다는 규정이 있었습니다. 안락 대인은 창읍국의 승상에 불과하고, 창읍국은 위대한 한나라의 작디작은 군국에 지나지 않으니 당연히 한나라와 동일시할 수가 없습니다. 그러니 태위의 자리에 절대로 봉해서는 안 됩니다."

그러자 거의 모든 대신이 홀을 쥔 채 허리를 굽히며 일제히 말하는

해혼후, 지워진 황제의 부활

것이었다.

"절대로 봉해서는 안 됩니다!"

유하는 자기가 이미 지고무상(至高無上)의 황제가 되었으므로 자기가 내린 명령에 감히 반대할 사람은 당연히 없을 것으로 철썩같이 믿고 있었다. 그런데 뜻밖에도 이렇게 많은 사람들이 자기에게 반대할 줄은 생각조차 못 했다. 보아하니 다음부터는 명령을 내릴 때 모두의 의견을 묻지 않는 편이 좋을 것 같았다. 하지만 상황이 여기에 이르자 돌이킬 방법이 없었다. 좀 난처해진 유하는 겨우 이렇게 말할 수밖에 없었다.

"그러면 여러 대신들께서 안락 대인에게 무슨 직책이 적합한지 말씀해 보십시오."

그때 드디어 곽광이 말을 꺼내는 모습이 눈에 쏙 들어왔다. 그는 줄지어 서 있던 자리에서 천천히 걸어나와 침착하게 말했다.

"폐하, 여러 대신들의 생각이 지극히 옳습니다. 폐하께서 고려하시는 바는 노신도 장차 마땅히 자세히 생각해 보겠습니다. 폐하께서 언급하신 안락 대인은 덕과 재능을 고루 갖추고 있으니 앞으로 삼공의 반열에 오르지 말라는 법은 없습니다. 그러나 지금 갑자기 태위에 취임하는 것은 여러 대인들이 말하고 있는 것처럼 확실히 그다지 적절한 일은 아닙니다. 생각해 보니 장락궁 위위의 자리가 마침 줄곧 비어 있고, 노신이 보기에 폐하께서는 안락 대인에게 아주 좋은 감정을 품고 계시니 안락 대인이 장락궁 위위가 되어 궁궐의 호위를 책임진다면 반드시 그림자처럼 폐하를 따라다니며 보좌할 수 있을 것입니다."

여러 대신들이 잇달아 말했다.

"옳습니다. 옳습니다."

유하는 내키지 않았지만 어쩔 수가 없었다. 비록 안락을 태위의 자리에 앉힐 수는 없었지만, 장락궁 위위도 몹시 중요한 자리다. 이 곽광이라는 자가 뭇 신하의 입을 빌려 자기의 의견을 말한 것은 권력을 내려놓지 않겠다는 뜻이 분명했다. 하지만 그의 건의는 새 황제인 자기의 존엄과 체면을 배려한 것이기도 했으며, 그가 제시한 장락궁 위위라는 자리도 어쨌거나 아주 일리가 있는 것이었다. 자기가 곽광의 건의에 반대할 이유는 전혀 없었으니, 그는 어떻게 자기가 그의 건의에 틀림없이 동의할 것이라고 짐작했던 것일까? 유하는 곽광에게 더욱 경외하는 마음이 일어나는 것을 금할 수 없었다.

유하는 생각조차 못 했겠지만, 그가 창읍국의 옛 신하인 안락에게 높은 직위를 내리려다가 결국 장락궁 위위에 봉했을 따름인데 이 일은 이미 조정 내 여러 사람의 신경을 건드렸다. 그는 자기도 모르는 사이에 커다란 금기를 어기고 말았던 것이다.

일반적인 관례에 따르면 새로운 황제가 등극해서 우선 해야 할 일은 공에 따라 상을 내리고 공신을 추서하는 것이었다. 유하가 누구보다 먼저 상을 내려야 할 사람은 자기를 적극 지지해서 황제의 자리에 오르게 한 대장군 곽광이었고, 다음으로는 그를 경성에 모시고 온 소

해혼후, 지워진 황제의 부활

부 사락성과 종정 유덕 그리고 광록대부 병길 등의 사람이었다. 그런데 오히려 유하는 상식적인 패를 꺼내든 것이 아니라 제위에 오르자마자 창읍의 옛 부하에게 직위를 내리는 문제를 제기했다. 그것도 삼공의 반열에 들고 군대와 궁궐을 관장하는 태위를 운운하고 말았으니, 이것은 곽광의 자리를 대신하려는 것이 아닌가? 유하가 제시한 태위의 자리는 결국 통과되지는 못했지만, 이 일로 이미 여러 노신의 불만을 샀다.

대신들은 잇달아 투덜거렸다.
"이것은 정말 말도 안 되는 소리입니다."
"공이 없으면 작위를 받을 수 없는 법인데, 창읍국의 옛 부하에게 어찌 마음대로 상을 내릴 수 있단 말입니까?"

유하는 조정의 문무백관이 왈가왈부하는 바람에 대전 안이 계속해서 시끌벅적하자 큰 소리로 말하지 않을 수 없었다.
"대인 여러분, 우리 한나라는 고조 이래 이미 백여 년의 세월이 흘렀으니 시의에 적합하지 않은 정책 가운데 마땅히 고쳐야 할 것은 고쳐야 합니다. 예를 들어 새로운 사람을 발탁하여 임용하는 것은 의심할 여지없이 반드시 필요한 일입니다."
곽광은 미간을 잔뜩 찌푸리며 엄숙한 표정으로 말했다.
"새로운 사람을 쓰고자 하시는 폐하의 생각은 좋습니다만, 노신의 역할을 진작시키는 일에도 주의를 기울이셔야 합니다. 폐하께서 이렇게 성명하신 데다가 주관이 뚜렷하시니, 노신인 저는 이제 그만 쉬어도 좋겠다는 생각이 듭니다."

곽광이 이렇게 말한 의도는 신중하게 처신해야 한다고 유하를 은근히 일깨워주기 위함이었다. 곽광이 새로운 사람을 쓰려는 유하의 생각을 좋다고 인정함과 동시에 노신의 역할을 경시해서는 안 된다고 일깨워준 것은 유하가 자기를 어떻게 생각하고 있는지 한번 떠보고자 했기 때문이다. 그러나 유하가 아무런 생각도 없이 곽광이 말을 마치자마자 바로 이렇게 말했다.

"대장군은 그동안 정말 애 많이 쓰시느라 피곤하셨을 테니 마땅히 푹 쉬도록 하셔야죠."

곽광은 가슴 한가운데가 콱 막혀 숨이 멎는 듯해서 한참 동안 말을 잇지 못하고 있었다.

이튿날, 곽광은 몸이 좋지 않다는 핑계를 대며 조회에 나오지 않았다. 그러나 유하는 대수롭지 않게 여기고 얼렁뚱땅 넘어가듯이 말할 따름이었다.

"대장군은 나라를 위해 오랜 세월 동안 애써 일하느라 몸이 상한 것입니다. 이제부터 대장군은 몸이 좋지 않을 때는 언제든지 조회에 나오지 않아도 됩니다."

유하는 대장군 곽광의 기분을 상하게 하고자 일부러 그렇게 말한 것은 아니었던 것 같지만, 말하는 자는 무심해도 듣는 자는 유의한다는 말이 있듯이 조회에 나온 신하들은 갑자기 술렁거리기 시작했다.

해혼후, 지워진 황제의 부활

유하가 제위에 오를 수 있었던 까닭은 전적으로 대장군 곽광의 천거에 의한 것임이 주지의 사실인데, 유하가 등극하고 나서 곽광을 이렇게 대하리라고는 생각조차 못 했기 때문이다.

크게 상을 내리지 않는 것은 그렇다 치더라도 조회에 나오지 않아도 된다고까지 말하는 것은 일등공신인 곽광에게 물러나라고 하는 소리 아닌가? 곽광에게조차 이러할진대 하물며 나머지 노신은 더 말할 것도 없지 않은가? 이 새 황제가 도대체 무슨 생각을 하고 있는 것인지 정말로 알 수가 없구나. 하룻밤 사이에 조정의 안팎에서는 의견이 분분했는데, 하나같이 말하기를 새 황제 유하가 놀랍게도 배은망덕한 사람이라는 것이었다.

그러나 그런 사정을 전혀 모르고 있던 유하에게 황제의 자리는 실로 하늘에서 뚝 떨어진 선물이었다. 갑작스레 절대권력을 손에 쥐게 된 유하는 좀 갈팡질팡했고, 황제라는 새로운 신분에도 전혀 적응하지 못하고 있었다. 창읍국에서는 자기 고집대로 하는 버릇 때문에 제멋대로 굴어도 창읍국의 옛 부하들은 그러려니 하고 받아들였지만, 곽광과 조정의 신하들은 결코 그렇지 않았다. 게다가 유하는 황제의 자리에 앉아 있는 것이 창읍국에서 임금의 자리에 앉아 있던 것과 다를 것이 없다고 여기고 있었다. 이왕에 한 나라의 군주가 된 바에야 창읍국에서처럼 자기 마음대로 해도 된다고 생각하고 있었던 것이다.

신변의 책사들이 이미 여러 차례 일깨워주고, 유하 자신도 황제는 응당 나라의 본보기이자 도덕의 화신이므로 신중하고 또 신중하게 처신하여 거리낌없이 제멋대로 굴어서는 결코 안 된다는 도리를 잘 알고 있다는 생각을 내비치기까지 했다. 그러나 실제로는 몸을 휙 돌리는 사이 책사들이 일깨워준 말을 잊어버리고 여전히 제멋대로 굴다가 남의 미움을 사면서도 자기는 전혀 알아차리지 못하고 있었다.

이 점에서 유하는 그와 똑같은 처지에 있었던 한문제와는 너무도 달랐다. 한문제는 서한의 제4대 황제로 한무제의 할아버지이다. 서한 초기에 유방이 세상을 떠난 뒤 여후(呂后)가 권력을 독점했다. 갑자기 여씨 가족의 권력이 조정과 재야를 좌지우지하게 되었던 것이다. 여후가 세상을 떠난 뒤 유방의 옛 신하였던 진평(陳平)과 주발(周勃)이 서로 손을 잡고 여씨 세력을 깡그리 없애버리고는 황위를 계승할 사람을 두고 의논을 했다. 마침내 그들은 당시 23세의 대왕(代王) 유항(劉恒)에게 눈길이 쏠렸다. 그래서 사자를 보내 유항을 장안으로 맞아들여 황위를 잇게 했다.

유항은 사자가 온 것을 보고는 복인지 화인지 몰라 신하들과 대책을 논의했다. 신하들의 의견이 서로 달랐는데, 결국 유항은 경성으로 가서 계위하는 것이 낫겠다는 결정을 내렸다. 경성으로 가는 길에 그는 신중하게 처신하면서 먼저 그의 외삼촌인 박소(薄昭)를 장안으로 보내 허실을 살펴보게 하고, 나중에 장안에서 20km 떨어진 곳에 이르자 다시 부하인 송창(宋昌)을 보내 앞쪽의 상황을 알아보도록 했다. 마침내 유항은 진평을 비롯한 대신들의 추대 아래 황궁에 도착해서 황위를 계승했다.

황위에 오른 뒤 유항은 자기를 옹호하여 황제로 만들어준 대신들

그리고 자기 아버지인 유방을 따랐던 개국공신들 모두에게 관작과 함께 큰상을 내렸다. 그리고 여후에게 배척당했던 유성(劉姓) 제후왕들의 작위와 봉지를 원상복귀시켰다. 그러자 조정의 인심은 금방 안정되었다. 또한 유항은 이렇게 함으로써 역사상 유명한 '문경(文景)의 치(治)'를 일궈냈다.

　유하의 행실은 한문제와는 완전히 반대였다. 유하는 아버지가 세상을 떠난 뒤 소년 시기 거의 전부를 제멋대로 굴면서 지냈다. 인생의 중요한 성장 단계에서 그는 편안함과 즐거움을 누리는 일에 푹 빠져 있었던 것이다. 비록 유년 시절에 한무제를 두 번 만나 제왕의 대업을 동경한 적이 있기는 하지만, 나중에 아버지가 가르치기를 창읍왕으로서 성실하게 자기의 본분을 지키고 황위에 다른 생각을 품지 말라고 했기 때문에 그는 차츰 제위 및 공훈과 업적을 크게 신경 쓰지 않게 되었다.

　그런데 이제 하늘에서 황제의 자리가 뚝 떨어졌으니, 그는 드디어 황제 할아버지 한무제처럼 큰일을 해볼 수 있으리라 생각했다. 하지만 창읍국에 있을 때 형성된 행실과 현 조정의 판에 박힌 듯 엄격한 규칙과 절차는 전혀 들어맞지 않았다. 그는 즉위 후 공훈과 업적을 세우지도 못하고 아무런 실적을 올리지도 못했다. 제왕의 명망을 수립하지도 못한 상태에서 한시도 참을 수 없다는 듯이 제국의 최고권력을 행사하기 시작했다. 옛 신하인 왕길과 공수가 이전에 했던 간언을 머릿속에서 전부 지워버렸다. 따라서 유하는 제위에 오른 뒤 뭇 노신들과 충돌을 피하기 어려웠다.

두 번의 조회를 겪으면서 유하는 조정의 문무백관이 전부 곽광의 명만 따르고 있는데, 자기에겐 도와줄 사람이 없으니 조정의 각 부문에 자기 사람을 서둘러 배치해야겠다는 생각이 들었다. 지금 다만 안락 한 사람을 기용했을 뿐인데도 이미 쟁론이 분분한 지경이라, 만약 곽광이 마지막에 말을 하지 않았다면 황제가 되어 처음 제시한 바가 부결되었을 테니 그러면 새 황제로서의 체면이 어떻게 될 뻔 했는가? 창읍의 옛 부하들을 더 많이 기용하려면, 정말로 계획을 잘 짜야만 하겠구나.

그때 유하는 자기의 자형인 창읍 관내후(關內侯) 생각이 났다. 그는 자기가 창읍국의 정무를 처리하는 데 도움을 주었는데, 본래 지략이 풍부하고 전략을 짜는 데 능한 사람이었다. 그러면 아마도 자기에게 건의를 많이 해줄 것 같았다. 그래서 그날 밤으로 사람을 보내 창읍 관내후를 황궁으로 초청하는 서신을 전하게 했다. 자기가 자형을 중시하고 있음을 확실히 보여주고자 그는 온실전(溫室殿)에서 구빈(九賓)대례를 치르면서 창읍 관내후를 영접했다.

구빈대례는 역대 빈례 가운데 가장 성대하고 장중한 의식으로 대개 의식을 진행하는 아홉 명의 관원이 빈객을 영접하여 대전 안으로 모시는 것으로 이루어진다. 이러한 대례는 나라의 큰 제전이 아니면 나라의 중신이라 하더라도 치를 수 없는 것이었다. 유하가 그 자형을 영접하면서 이 대례를 치른 것은 상규를 위반한 것임이 틀림없었다. 그

해혼후, 지워진 황제의 부활

러나 유하는 창읍국에서 제멋대로 굴며 지내는 버릇이 있었기에 이러한 예절이 그에게는 유명무실한 것으로 여겨지는 경우가 많았다. 이번에도 그는 다시 뭇 신하들의 의견을 묻지 않고 직접 조서를 내렸다.

그날 밤, 그는 구빈대례로 자형인 창읍 관내후를 영접하고 나서는 한시도 참을 수 없다는 듯이 지금 조정의 형세를 언급하면서 지금 자기가 무엇을 어떻게 해야 하는지를 관내후에게 물어보았다. 창읍 관내후는 잠시 깊이 생각하고 나서 말했다.

"폐하! 조정에서 폐하께 충성을 다할 일단의 신하를 확보하는 것이 급선무입니다. 이렇게 호응하는 세력이 있어야 조회 때 내리시는 조령을 지지하는 사람도 있고 조령을 집행하는 사람도 있게 되는 것입니다."

유하가 탄식하며 말했다.

"짐이 어찌 모르겠습니까? 하지만 지금 짐이 믿을 만한 사람에게 관작을 하사하고자 해도 곽광을 우두머리로 하는 저 노신들이 다 동의를 해주지 않습니다."

관내후가 건의했다.

"옥새는 폐하의 수중에 있지 않습니까? 폐하께서 직접 조령을 내리시면 되는 것이지 조회를 거칠 필요는 없습니다."

그 말을 듣자 유하는 막힌 속이 탁 뚫리는 것 같았다.

"그렇군요. 짐에게 옥새가 있으니 직접 조령을 내리면 그만이지요! 황제의 조서를 누가 감히 집행하지 않는단 말입니까?"

유하는 당장 근신에게 옥새를 가져오라 하고는 조령을 구술해서 자기가 장안으로 데려온 2백여 명의 창읍 옛 부하 모두에게 두루 상을 내렸다. 게다가 본래 제후왕과 열후에게 마땅히 내려야 할 인끈을 창읍국의 낭관과 책사에게 주고, 황궁의 창고에 있는 황금과 도검 및 옥그릇 등의 상을 자기의 근신과 종복에게 나눠 주었다.

유하는 창읍의 옛 부하들에게 관작을 하사한 뒤, 막 상을 내린 창읍의 근신들을 처음으로 소집하여 선실전(宣室殿)에서 정무를 상의하기 시작했다. 유하는 본래 성급한 사람이었기에 모든 일을 생각나는 대로 처리했다. 그래서 무슨 생각만 났다 하면 바로 조서를 내렸다.

정무를 상의하기 시작하자마자 유하는 바로 첫 번째 조서를 내렸다.

"짐이 듣건대 고조께서는 등극해서 간절하게 현인을 구했다고 하시니, 마땅히 본받아야 하리라. 현명한 사대부가 나라를 위해 있는 힘을 다하고 나를 좇아 활동하고자 한다면, 짐은 반드시 그를 존중하고 높은 지위를 주리라. 이와 같이 천하에 포고해서 짐의 뜻을 밝히도록 하라."

품성이 좋고 능력이 뛰어난 사람을 선발해서 임용하라는 명령, 즉 각지에서 덕과 재능을 갖춘 젊은이를 천거해서 조정에 보내 직무를 맡게 하라는 조서는 이렇게 선포되었던 것이다.

계속해서 그가 내린 두 번째 조서는 한 가지 방식과 규칙에만 구애되지 말고 인재를 많이 배출하되 지나치게 많은 불필요한 인원은 파직해야 한다는 것이었다.

해혼후, 지워진 황제의 부활

세 번째 조서는 가혹하게 거두어들이는 여러 가지 세금을 감면하고 천하에 대사면령을 내리는 것이었다.

네 번째 조서는 자기의 어머니를 태후로 추서하는 것이었다.

다섯 번째 조서는 자기의 할머니 이부인 핏줄인 이광리를 비롯한 이씨 가족을 복권시켜 봉읍을 하사하는 것이었다.

여섯 번째 조서는 자기의 아버지 유박을 종묘에 안치해서 우러러 존경함을 내보이는 것이었다.

하루 만에 유하는 50여 건의 조서를 내렸다.

선소관이 끊임없이 조령을 아래로 전달하는 모습을 보자 유하의 가슴속에선 호연지기가 하늘 높은 줄 모르고 치솟았다. 유하는 자기가 점점 더 할아버지 한무제를 닮아가는 것 같았다. 제위에 앉고 보니 천하를 기백 있게 내려보고 강산을 자기 마음대로 좌지우지하는 느낌이 들었는데, 이러한 느낌은 아마도 황제만이 느낄 수 있는 것 같았다. 유하는 속으로 생각했다. 이전에 창읍국에서는 아랫신하들이 늘 말하기를 마땅히 보아야 할 정무를 왜 게을리 하냐고 했는데, 이제 자기는 하루 만에 50여 건의 조서를 내렸으니, 이러한 패기를 누가 나와 견줄 수 있단 말인가?

생각이 여기에 이르자 유하는 참지 못하고 크게 소리쳤다.

"빨리 짐에게 술을 가져오너라."

공수가 황급히 말리며 말했다.

"폐하, 지금은 상중이므로 술을 마시지 않는 것이 좋겠습니다!"

유하는 그렇게 여기지 않는 듯이 말했다.

"경은 어째서 아직도 그렇게 케케묵은 소리만 하고 계시는 것이오? 큰일을 이루려는 이는 사소한 예절에 구애받지 않는 법이오. 만약 이러저러한 관례에 줄곧 얽매여 있었더라면, 우리도 이렇게 짧은 시간 내에 그렇게 많은 조서를 발포하지 못했을 것입니다! 그렇지 않습니까? 하하하!"

말을 마치자 술잔을 들면서 큰 소리로 외쳤다.

"건배!"

근신들은 감히 거절하지 못하고 뒤따라 함께 마실 수밖에 없었다.

술이 세 순배 돌고 나자 유하는 또 명령을 내렸다.

"풍악을 울려라!"

장락궁 위위인 안락이 간곡한 말투로 말렸다.

"폐하, 절대로 안 됩니다! 술을 마신 것만으로도 이미 커다란 잘못을 저지른 것입니다. 지금은 아직 선제의 상중이라 풍악을 울리는 것은 조상의 유훈을 어기는 것이므로 절대로 안 되는 일입니다!"

이때 유하는 이미 술에 취해 얼굴이 붉어지고 눈을 게슴츠레 뜨고 있었다. 그는 부드럽게 말했다.

"경은 지나치게 걱정하실 필요 없습니다. 조상의 유훈은 사람이 정한 것이니 짐이 고칠 수 있는 것이오. 만약 모든 일을 조상의 유훈에 따라 처리한다면, 아무 일도 해내지 못할 것입니다."

그리고 큰 소리로 말했다.

"계속해서 풍악을 울려라."

몇 차례 풍악이 울리고 난 뒤에 유하는 아직도 흥이 다하지 않았는지 다시 큰 소리로 말했다.

"춤을 추어라!"

이번에는 공수와 왕길을 비롯해서 몇몇 충성스러운 신하들은 유하가 창읍국에 있을 때처럼 제멋대로 즐기는 병이 도질까봐 염려되어 꽈당 하는 소리를 내며 일제히 무릎을 꿇고는 간언을 올렸다.

"아직 온 나라가 다 상중에 있으니 노래하고 춤추는 것은 절대 금지된 일입니다. 부디 폐하께서는 절제하셔서 백성의 귀감이 되소서. 제발 하고 싶은 대로 해서는 안 됩니다. 게다가 폐하께서는 이제 막 등극하셨기에 궁중에서는 아직 나인을 선발하는 일을 시작하지 못했습니다."

이때 유하는 이미 주흥(酒興)과 무흥(舞興)이 크게 일어나서 도무지 걷잡을 수가 없었다. 그는 성을 내면서 말했다.

"짐은 이미 위대한 한나라의 천자이니 본래 성대하게 축하를 받아야 마땅하다. 그런데 너희는 흥을 깨는 소리만 하고 있구나. 나인과 무희가 없다고 하는데, 설마 본래부터 없는 것은 아니겠지? 빨리 몇 사람을 찾아와서 춤을 추게 하거라!"

뭇 사람들은 마지못해 한소제의 무희들을 불러와 흥을 돋우게 할 수밖에 없었다.

이 무희들은 진작부터 소제에게 푸대접을 많이 받고 있었는데, 이번에 새로운 군주를 알현하게 되자 몹시 흥분해서 지금껏 배운 것 가운데 뛰어난 춤을 추니 유하의 눈이 어지러울 정도였다. 특히 중간에 있던 몽(蒙)이라고 부르는 무희는 사람을 호릴 만큼 매우 아리따워 유하는 뜨거운 피가 펄펄 끓어오르고 용안에는 웃음꽃이 활짝 피었다. 유하는 당장 그 무희를 와락 끌어안고는 내전으로 들어가려고 했다.

왕길 등의 사람들이 즉각 유하를 막아서면서 큰 소리로 외쳤다.

"폐하, 안 됩니다! 절대로 안 됩니다! 이렇게 하셨다가는 선제의 후궁을 더럽혔다는 소리를 듣게 됩니다."

유하는 그들을 획 밀어제치고는 성을 내면서 말했다.

"너희는 모두 선비 출신이다. 그런데 공자께서 식(食)과 색(色)은 본성이라고 말씀하신 것을 모른단 말이냐?"

그 뒤로도 유하는 날이면 날마다 창읍국에서 데려온 옛 책사들 그리고 시종관 및 거마관과 더불어 대전에서 정무를 상의하고 조서를 내렸는데, 그 숫자가 매일같이 수십에 달했다. 정무를 보고 나면 곧 악부의 악기를 들여오게 해서 가무에 능한 예인(藝人)을 불러와 북 치고 노래 부르고 즐겁게 연주하며 공연하게 만드는 데서 즐거움을 찾았다. 또한 제단과 종묘에서 가무를 담당하고 있는 예인들을 데려와 각종 악곡을 두루 연주하게 했다. 그러고도 흥이 가라앉지 않으면 유하는 천자의 수레를 몰고는 북궁(北宮)과 계궁(桂宮) 등지에서 질주하기까지 했다. 그 바람에 궁녀와 환관이 놀라서 사방으로 달아났으며, 궁궐 전체가 새 황제에 대해서 왈가왈부하기 시작했다.

과연, 유하의 온갖 '난잡한' 행동은 금방 조정 전체에 두루 퍼지더니

해혼후, 지워진 황제의 부활

잡음이 일었다. 여러 대신들이 집에서 '몸져 누워 있는' 곽광을 잇달아 찾아가 한목소리로 상궤를 벗어난 새 황제의 비행을 비난했던 것이다.

집에서 '요양'하던 곽광은 그즈음 마음이 깽깽이풀의 쓰디쓴 즙을 들이마신 듯 쓰렸고 가슴 가득한 괴로움을 누구에게 털어놓아야 좋을지 몰랐다. 날이면 날마다 그는 분하고 답답한 마음이 가슴을 꽉 메우고 있음에도 불구하고 어찌해야 좋을지 몰라서 며칠 만에 대여섯 살 더 폭삭 늙어버린 것 같았다.

곽광은 황위에 앉도록 도와준 유하가 뜻밖에도 이렇게나 중용할 수 없는 사람이었음은 미처 생각하지 못했다. 새 황제 유하의 몸에선 옛날 어린 창읍왕의 몸에서 볼 수 있었던 진솔한 모습을 더 이상 볼 수 없었다. 이자가 일찍이 한무제가 아끼던 어린 그 창읍왕이었단 말인가? 새 황제가 즉위 이래 보여준 태도는 사리를 모른 채 제멋대로 구는 것뿐이었다.

그동안 발포한 조서들을 살펴보니 능력이야 어떻든 간에 자기와 가까운 사람만 임용하고 노신은 배척하는 바람에 즉위한 지 며칠밖에 되지 않았음에도 불구하고 조정은 이미 시끌벅쩍한 난장판이 되었고 관리들의 원망이 들끓고 있었다. 애당초 그를 뽑아 황제로 세웠을 때, 창읍왕이 분상하러 오는 길에 옳지 못한 짓을 여러 가지 저질렀다는 말이 있었으나 별로 신경 쓰지 않았다. 그런데 감히 선제의 후궁을 더럽히고 그야말로 예법이라고는 조금도 모를 줄은 생각조차 못 했다. 어허 참, 한무제의 당부를 생각하니 참으로 부끄럽구나!

그날, 곽광이 마침 집에서 어떻게 할 것인가를 심사숙고하고 있을 때, 얼굴에 노한 빛을 띤 한 무리의 대신들이 잇달아 곽부(霍府)로 몰려들었다. 그들이 입을 모아 새 황제의 잘못을 책망하는 소리를 듣고 있자니 곽광은 자기의 뺨을 때리는 것보다 견디기 어렵다는 느낌이 들었다.

유하를 황제의 자리에 앉힌 사람은 결국 자기였기에 곽광은 달래듯이 말하는 수밖에 없었다.

"폐하께서는 아직 어리신 데다가 이제 막 즉위하셔서 조정의 예절을 모르시는 것이고, 마음 내키는 대로 하신 것은 인지상정입니다. 폐하께서 나라를 잘 다스려 한나라의 기반을 튼튼하게 다지실 수만 있다면, 신하된 자로서 걱정할 필요가 없을 것입니다."

곽광은 입으로 이렇게 말하기는 했으나 속으로는 사실 후회막급이었다. 유하는 어디까지나 자기가 다수의 의견을 강하게 물리치면서까지 천거했던 자였기 때문이다. 애당초 유하를 강력하게 천거했던 커다란 이유는 유하가 어리고 조정에 기댈 사람이 전혀 없으니 반드시 자기를 고맙게 여겨 말을 잘 들을 것이고 그러면 큰 공을 세운 신하인 자기가 계속 국정을 맡는 일도 아주 온당해질 것이 틀림없다고 생각했기 때문이다.

그러나 어찌 알았으랴! 유하는 자기에게 고마워하는 마음을 털끝만치도 보여주지 않았을 뿐만 아니라 도리어 제위에 오르자마자 자기를 푸대접하기까지 했다. 지금 대신들이 새 황제의 갖가지 잘못을 책망하고 있는데, 이것은 자기의 뺨을 때리는 것과 다를 바가 없지 않은가?

곽광은 이 생각이 들 때마다 그야말로 창자가 끊어질 것만 같았다.

곽광은 며칠 동안 집에서 '요양'하면서 조회에 나가지 않았지만, 조정의 모든 사정은 자기 손금을 보듯 훤히 파악하고 있었다. 그러나 미앙궁의 새 주인 유하는 오히려 곽광이 그때 집에서 무엇을 하고 있는지 깊이 생각해 볼 틈이 없었다.

공수와 왕길은 유하가 막 제위에 오르자마자 그렇게 경망스럽게 구는 모습을 보고는 여러 차례 애써 간언을 올렸다. 그러나 유하는 자기에게 잘못이 있다고 여기지 않고 여전히 제멋대로 굴었다. 공수는 속으로 당황스럽다 못해 몹시 걱정했다. 그는 새로 봉해진 장락궁 위위 안락을 찾아가서 말했다.

"대왕께서는 계위하신 뒤 곽광 대장군을 경유하지도 않으시고 조정 대신들과 상의하시지도 않은 채 조서를 하나씩 발포하고 계십니다. 이렇게 예법을 모른 채 마음대로 하시다니, 아주 걱정스럽습니다. 대인은 황제께서 이전에 창읍국에 계실 때 승상이었으므로 황제의 신임을 가장 많이 받고 있으니, 부디 대인이 황제를 직접 뵙고 도리에 근거해서 힘껏 간하기 바랍니다. 더 이상 늦춰서는 절대 안 됩니다!"

안락도 그 말을 듣자 몹시 걱정스러웠지만, 다시 생각해 보니 간언에 능한 공수마저 유하를 개과천선하게 만들지 못하고 있는데, 구태여 자기도 퇴짜를 맞을 필요가 없을 것 같았다. 그래서 안락은 얼마간 시간을 두고 지켜본 뒤 다시 말해보는 것이 낫겠다는 결정을 내렸다.

이렇게 되자 유하는 계속해서 제멋대로 굴면서 매일같이 수십 건의 조서를 발포하면서도 미앙궁 안팎에 겉으로 드러나지 않는 조류가 세차게 흘러 격변이 임박했음을 전혀 알아차리지 못하고 있었다.

그날, 유하는 꿈속에서 황궁 서문의 계단에 똥파리가 들끓고 있는 대략 오륙 석쯤 되는 커다란 똥오줌 무더기가 있는데 그 위에 커다란 옥기와가 얹혀 있는 모습을 보았다. 유하는 당최 이해가 되지 않았다. 이처럼 웅장하고 화려한 황궁에 이렇게 더러운 것이 어찌 있을 수 있단 말인가? 이에 공수에게 해몽을 부탁했다.

공수는 잠시 생각에 잠겼다가 말했다.

"폐하께서는 예전에 『시경』을 숙독하셨는데, 거기에는 이런 말이 있지 않았습니까? '똥파리가 오가다 울타리에 내려앉는구나, 겸손한 군자는 참언을 믿지 않는다네.(綠蠅往來落籬笆, 謙謙君子不信讒。)' 폐하의 신변에 간사하고 아첨을 잘하는 자들이 많은 것이 폐하께서 꿈속에서 보신 똥파리가 들끓는 똥오줌 무더기와 같습니다. 폐하께서는 마땅히 효소 황제 시대의 대신들과 자주 자리를 함께하시고, 선제의 대신들 자손을 측근 시종으로 삼아야 합니다. 만약에 창읍국의 오랜 친구들을 끝내 버리시지 못하고 남을 헐뜯고 아부하는 그런 자들을 신임해서 중용하신다면, 기필코 화를 부르게 될 것입니다. 부디 폐하께서 전화위복하시는 셈치고 창읍의 옛 사람 전부를 조정에서 쫓아내시기 바랍니다. 저 공수는 솔선수범하여 제일 먼저 떠나겠습니다."

유하는 그 말을 듣고도 그렇게 여기지 않는다는 듯이 말했다.

"예전에 내가 그대에게 센개와 큰곰이 나타난 뜻을 물었을 때, 그대가 상서롭지 못한 징조라고 했음에도 불구하고 지금 나는 오히려 황제가 되었소. 내가 보기에 그대가 늘어놓는 말들은 과장해서 사람을 놀라게 하는 것일 뿐이오."

유하는 공수의 말에 더욱더 귀를 기울이지 않게 되었다.

유하가 이처럼 제멋대로 구는 모습을 보고, 황제 거마를 담당하는 태복 장창(張敞)도 상소를 올리며 설득했다.

"선제께서 한창 나이에 서거하셨는데 아들이 없자 곽광 대인을 대표로 하는 조정의 대신들은 당황스러운 사태를 염려하여 재덕을 겸비하고 슬기롭고 영명한 사람이 제위를 승계하기를 바랐습니다. 그래서 신으로 하여금 동쪽으로 가서 어가를 영접하게 하고 신은 폐하를 더욱더 우러러 받들 것입니다. 다만 폐하를 뒤따르는 수레꾼들의 나아감이 더딜까 걱정했습니다.

이제 폐하께서 마침 혈기왕성한 한창 때의 나이에 이르러 처음으로 즉위하시자, 천하의 모든 사람들이 눈을 씻고 정신을 차리고 지켜보며 귀를 기울인 채 폐하께서 나라의 도리를 지키고 선정을 실시하시는 모습과 소식을 보고 듣게 되기를 간절히 바라고 있습니다. 그러나 충성을 다해 나랏일을 도운 중신들도 아직 표창을 받지 못했는데, 창읍국에서 수레를 끌던 하급관리들이 오히려 먼저 영전하고 있습니다. 이렇게 하셨다가는 기어코 커다란 잘못을 범하고 마실 것입니다."

유하는 그 말을 듣고 나서도 여전히 아무런 관심도 보이지 않았다.

집에서 '와병' 중이던 곽광은 갈수록 양미간을 잔뜩 찌푸리고 있었다. 유하가 끊임없이 발포하고 있는 조서가 대장군인 그의 핵심권력을 이미 건드리고 있었던 것이다. 곽광은 다 참을 수 있었으나, 딱 하나 용인할 수 없었던 것은 유하가 빈번하게 조령을 내리면서 여태껏 대장군인 자기와 당최 한 번도 상의하는 일이 없고, 전대의 규정을 아예 한쪽에 팽개쳐 버리는 것이었다. 유하가 본래 창읍국 시절의 심복에게 위위의 자리를 맡기고 궁궐의 수위(守衛)를 직접 배치하는 것도 그냥 놔둘 수 있었다. 하지만 유하가 뜻밖에도 부절(符節) 위의 황색모(黃色旄: 즉 야크의 꼬리털로 장식한 깃발)까지 홍색으로 바꾼 것은 아무래도 그다지 좋지 않은 징조였다.

부절은 황제를 대신하여 권한을 전달하고 명령을 전달하는 증표의 일종으로 본래는 홍색이었다. 그런데 한무제 시기에 '무고의 화' 때문에 태자 유거가 어쩔 수 없이 군사를 일으켜 '모반'했는데, 태자 유거의 수중에 부절이 있었기에 한무제가 부절 위의 홍색모를 황색으로 바꾸어버림으로써 태자 수중의 부절은 효력을 잃게 되었다. 유하가 이 부절 위의 모 색깔을 바꾼 것은 병부(兵符)의 색깔을 바꿈으로써 곽광 혼자 장악하고 있는 병권을 회수하려는 속셈이었다. 이 경솔한 애송이 황제가 무슨 생각을 하고 있는 것인지, 곽광은 놀라서 온몸에 식은땀을 흘렸다.

유하는 바깥에 떠도는 소문처럼 그저 놀 줄만 알고 무위도식하는 사람이 결코 아니었다. 그가 내린 조서들을 살펴보니 그가 한 일은 그저 상식을 따르지 않고 조정의 예의를 모르는 데 그친 것이 아니라 자기 성질대로 저지른 것이었다. 그러나 그가 궁궐의 방위를 손에 쥐고

해혼후, 지워진 황제의 부활

또 병부의 색깔을 바꾼 것은 조정의 대권을 장악하고자 하는 것이 아닌가? 보아하니 그의 신변에 그를 대신해서 대사를 꾸미는 자가 있는 것 같았다. 비록 유하가 권력을 잡는 수법은 좀 졸렬하지만, 만약에 제어하지 않고 그가 날 수 있을 만큼 날개가 다 자라도록 내버려둔다면 뒷일은 상상조차 할 수 없을 것이다. 일이 이 지경에 이르자 곽광은 속으로 어떻게 해야 할지 따져보기 시작했다.

비록 유하가 공수의 간언을 마이동풍(馬耳東風)으로 여기고 태복 장창의 상소에도 아무런 반응을 보이지 않았지만, 유하 신변에 있는 친밀한 책사로 머리가 아주 뛰어난 사람 가운데 그를 여러 해 동안 모신 문객이 하나 있었다. 그는 조정의 관리들이 유하를 불만스럽게 여기고 있음을 예민하게 알아차렸다. 특히 대사마대장군 곽광은 중권(重權)을 장악해서 조정과 재야를 좌지우지하고 있음에도 불구하고, 새 황제가 등극한 이후 병을 구실 삼아 줄곧 집에 머무는 것은 어딘가 그다지 정상적인 것이 아니었다.

이 책사는 여러 차례 암암리에 유하를 설득했다.

"폐하, 정말로 자신의 세력을 만들어 웅대한 계획을 실현해 보고자 하신다면, 반드시 곽광을 제거해야 합니다. 그렇지 않으면 폐하께서 내리신 조령이 승인되어 효과적으로 집행될 리가 없습니다."

곽광은 지위가 높고 권한이 막중하며 명성이 혁혁하다는 사실을 유하라고 결코 모르는 바가 아니었다. 곽광이 하루라도 조정에 있기만

하면 자기는 선제인 유불릉과 마찬가지로 장식품이나 도구에 불과할 수밖에 없었다. 효소 선제가 황제로 있던 13년 간의 처지와 지금 자기의 처지가 같다고 믿고 있자니, 비록 마음이 달갑지 않기는 했지만 어쩔 수 없었다. 자기가 한 귀퉁이의 작은 영토에 안주하고 있던 창읍왕에서 하룻밤 사이에 지고무상의 위대한 한나라 천자가 된 것은 완전히 곽광의 공로라고 할 수 있다. 그런데 제위가 아직 안정되지 않은 상태에서 곽광을 제거할 마음을 먹는다는 것은 어불성설이다. 유하 자기에게 그럴 실력이 있는지 없는지 하는 문제는 차치하고 다만 인간적인 측면에서도 해서는 안 될 짓이다.

유하는 곽광이 자기를 황제로 옹립한 까닭은 자기의 능력과 덕행이 광릉왕 유서에 비해 다소 뛰어나기 때문도 아니고 곽광이 자기에게 충성하기 때문도 아님을 알았다. 곽광이 생각하기에 자기가 나이도 어리고 정치경험도 없는 데다가 조정에서 보필해 줄 세력도 없으니, 이런 황제라야 그의 정치적 보좌에 기댈 수밖에 없기 때문임을 잘 알고 있었다. 곽광이 조정에 하루라도 있는 한 그는 결코 국정을 자발적으로 황제 본인에게 돌려줄 리 없을 것이었다. 선제 유불릉은 죽을 때까지 직접 정사를 돌보는 날을 맞이하지 못했다는 것이 바로 선례다.

곽광은 자기가 제위에 오르는 것을 적극 지지하며 도와주었으니 뭐라 해도 자기의 귀인임이 분명하므로 그를 제거하려고 했다가는 너무 모질다는 소리를 면치 못할 것이었다. 지금 자기는 기반이 전혀 없어 조정의 수많은 일은 아직 곽광에게 의지해야만 했다. 차라리 천천히 그를 푸대접하면서 그의 세력을 점차 제거해 나가다가 적당한 때가

해혼후, 지워진 황제의 부활

되면 권력을 모두 회수하는 것이 나았다. 마지막으로 노령이니 퇴직하고 이제 그만 고향으로 돌아가라고 하는 것이 비교적 좋은 방법이었다. 자기의 현재 실력을 믿고 곽광을 제거하려고 했다가는 아마도 성공할 수 없을 뿐만 아니라 어쩌면 동란을 야기할지도 모를 일이었다.

생각이 여기에 미치자 유하는 즉시 책사에게 정색을 하며 말했다.

"절대로 다시는 망언을 하지 마시오. 대장군은 세 조정의 원로로 나라의 기둥이나 다름없는 신하인데, 우리가 어떻게 그렇게 할 수 있단 말이오?"

책사가 애써 권유하며 말했다.

"폐하, 결단을 내려야 할 때 결단을 내리지 못하면 오히려 난을 당하고 마는 법입니다!"

유하가 짐짓 준엄한 척하며 말했다.

"허튼소리 하지 마시오, 내 나름대로 생각이 있소."

유하는 겉으로는 책사를 호되게 꾸짖었지만, 속으로는 몰래 고려해보기 시작했다. 곽광의 세력을 약화시키려면 반드시 먼저 사람들의 마음을 구슬려야 했다. 앞서 창읍의 옛 부하들을 임용하는 문제로 대신들의 비난을 샀는데, 지금 와서 보니 일을 너무 성급하게 처리한 것이 확실하므로 보완할 필요가 있었다. 자기가 고귀한 천자이기는 하지만, 자발적으로 겸손한 태도를 취한다면 일단의 사람들을 얻을 수도 있으리라는 믿음이 생겼다.

그런 생각이 들자 유하는 당장 책사에게 황금 등의 후한 예물을 준비해서 적극적으로 조정의 대신들을 인사차 찾아가 보게 했다. 시중군경(侍中君卿)이 미색을 탐한다는 사실을 알게 되자 심지어 유하는 시중군경에게 안부를 묻는 편지를 직접 써서 보냈다. 또 중어부령(中御府令) 고창(高昌)에게 황금 천 근을 가지고 가서 시중군경에게 주도록 해서 시중군경이 열 명의 아내를 얻게 했다.

유하는 창읍에 있을 때 평소 돈을 물 쓰듯 하는 습관이 들어 있었다. 황제가 된 뒤에도 천성과 기질은 조금도 변하지 않아서 오늘 이 사람에게 황금을 하사하지 않으면 내일 저 사람에게 진귀한 보물을 하사했으니, 며칠 못 가 창읍국에서 경성으로 가지고 온 재물이 모두 바닥나고 말았다. 유하는 책사가 여러 대신들을 찾아갈 때 예물이 가벼우면 절대 안 된다고 했다. 황궁에는 재물이 많기는 했지만, 자기는 방금 황제가 되었기에 당장 가져다 쓰기에는 불편하기도 했다. 엊그제 막 궁중에서 물건 몇 개를 가져다 종에게 하사했다가 후궁과 대신들의 비난을 실컷 받았는데, 궁중의 진귀한 보물 등은 나중에 가져다 써도 늦지 않았다.

천하가 다 자기 것인데, 좋은 물건이 없다고 걱정할 필요가 있을까? 생각이 여기에 미치자 유하는 곧 조서 하나를 입안해서는 황제의 부절을 지닌 사절을 각지의 관청에 보내 물자를 거두어 오도록 했다.

유하가 그렇게 하고 있을 때, 곽광 역시 '황제를 폐하는 행동'을 기획하기 시작했다. 곽광은 맨 먼저 자기의 심복으로 옛 부하이자 전국의 경제업무를 관장하고 있는 대사농 전연년이 생각났다. 그날 한밤중

해혼후, 지워진 황제의 부활

에 그는 직접 전연년을 찾아가서 골치가 아프게 만드는 새 황제에게 어떻게 대응해야 할지를 의논했다.

전연년은 단도직입적으로 말했다.

"장군은 나라의 기둥이십니다. 이 자가 안 되겠다고 생각하신 이상, 어찌 태후께 말씀드리고 현명한 사람을 새로 뽑지 않는단 말입니까?"

곽광이 한숨을 쉬며 말했다.

"이 늙은이도 그렇게 생각하고 있소만, 만약 그렇게 했다가는 혹시 불충불효한 역모를 꾸몄다는 오명을 뒤집어쓰지 않겠소? 대인은 박학다식하니 이전 왕조에 이렇게 했던 사람이 있었는지 알고 있지 않소이까?"

전연년은 바로 말했다.

"옛날 이윤이 상나라의 재상으로 있을 때, 나라의 안정을 위해 황당무계하게도 이치에 맞지 않은 일을 저지른 임금 태갑(太甲)을 쫓아냈는데, 후세 사람들은 이를 두고 이윤이 충성심에서 나라를 위해 한 일이라고 칭송했습니다. 이제 장군께서 만약 그렇게 하실 수 있다면, 당대의 이윤이 되실 것입니다."

곽광은 속이 다 시원해졌다. 이윤은 상나라 초기에 참으로 유명했던 재상으로 일찍이 상나라 탕(湯)임금을 도와 하나라를 멸망시켜 상나라의 건립을 위해 커다란 공을 세웠다. 이윤은 계속해서 탕임금 이후 다시 태갑을 보좌해서 임금으로 세웠는데, 태갑은 어질고 바른 정치를 펴지 않고 우둔하고 포학하게 굴다가 탕임금이 만든 법률과 제도를 망가뜨려 버렸다. 이윤이 곧 태갑을 쫓아내고 자기가 태갑을 대신해서 정권을 잡자 상나라의 강산과 사직이 비로소 보전되었다.

곽광은 이전 왕조에 이미 선례가 있고 지금 자기는 전연년의 지지를 받고 있는데, 무슨 걱정을 더 한단 말인가 하는 생각이 들었다. 계속해서 가만히 있다가는 자기도 아침저녁을 장담할 수 없을 것 같았다. 하지만 쫓아내고 난 다음에는 어쩐단 말인가? 곽광은 또 한 번 머리를 굴렸다. 이윤이 임금을 대신해서 정권을 잡을 수 있었던 까닭은 공로와 명망이라는 자격을 충분히 갖추고 있었기 때문이다. 하지만 자기에게는 이윤 같은 명망이 없으니 이윤처럼 공개적으로 임금을 대신해서 정권을 잡는 일은 결코 감히 할 수가 없었다. 황제는 적합한 사람을 다시 뽑아서 맡게 해야 찬역(篡逆)했다는 씻을 수 없는 악명이 자기 몸에 떨어지는 것을 면할 수 있는 것이다.

이에 곽광은 당장 전연년에게 급사중(給事中)* 이라는 직책을 겸하도록 임명했다. 급사중은 일종의 추가 관직으로 특정한 관직명이 없었지만 오히려 궁궐의 일을 관장할 수 있어서 권한이 컸다. 이어서 곽광은 또 자기의 직계 부하인 거기장군 장안세(張安世)를 불러와서 유하를 어떻게 쫓아낼 것인가 하는 문제를 두고 함께 비밀리에 계획을 세웠다.

얼마 지나지 않아 장안성 미앙궁 안팎은 이미 음운(陰雲)이 짙게 끼

---

*급사중 : 진(秦)나라 때 처음 설치한 추가 관직으로, 지위는 중상시(中常侍)이며 정원(定員)이 없었다. 대부나 박사 또는 의랑(議郎)에게 이 관직이 추가되었으며, 어사대부나 삼공 그리고 장군이나 구경 등에게 추가되는 경우도 있었다.

해혼후, 지워진 황제의 부활

어 일촉즉발의 형국을 맞고 있었다. 대신들은 긴장되고 공포스러운 분위기 때문에 격변이 코앞에 닥쳤음을 예감했다. 그러나 매일같이 조서를 발포하느라 바쁜 유하는 아무것도 감지하지 못하고 있는 것 같았다.

그날, 날씨가 견디기 힘들 정도로 무더웠기에 유하는 근신들과 정사를 논의하느라 피곤해지자 사냥을 나가 긴장을 좀 풀고자 했다. 광록대부 하후승(夏侯勝)은 즉시 어가 앞을 막아서더니 그만두도록 말리며 말했다.

"날씨가 흐린 지 오래되었음에도 비가 내리지 않는 현상은 장차 누가 폐하께 몹쓸 짓을 하리라는 것을 예시하고 있습니다. 폐하께서는 아무래도 출궁하시지 않는 것이 좋겠습니다."

유하는 그렇게 여기지 않고 여전히 계속해서 출궁하고자 했다.

하후승의 숙부인 하후시창(夏侯始昌)은 서한의 유명한 대학자로 일찍이 유하의 스승으로 있으면서 창읍애왕의 유언을 받들어 『상서(尚書)』를 전문적으로 유하에게 가르쳤다. 숙부의 연줄 때문에 하후승도 유하에게 지극히 충성스러웠다. 그가 죽음을 두려워하지 않는다는 듯이 어가 앞에 꿇어앉아 길을 비키지 않자 유하는 바로 크게 성을 내면서 그를 줄로 묶어 관리에게 넘겨서 죄를 다스리라고 명했다.

이 일의 처리를 맡은 관리가 하후승이 죽음을 무릅쓰고 새 황제의 출궁을 그만두게 말린 정황을 곽광에게 비밀리에 보고하자 곽광은 놀라서 온몸에 식은땀을 흘렸다. 곽광은 장안세가 계획을 누설했다고 여기고는 그를 문책했다. 그러나 장안세는 결코 계획을 조금도 누설한 적이 없다고 맹세했다. 곽광이 사람을 시켜 며칠 밤 계속해서 하후승을 심문하자 하후승은 이렇게 대답했다.

"『홍범전(鴻範傳)』에 말하기를 '군왕에게 과실이 있으면 위로 천벌을 초래해서 늘 날씨가 흐리고 컴컴할 것이니, 이때 신하가 군왕을 모해하는 일이 벌어질 수도 있다'고 했다. 나는 군왕에게 과실이 있다고 감히 분명히 말하지 못하고, '신하가 폐하께 해로운 음모를 품고 있다'고 말할 수밖에 없었다."

곽광과 장안세는 이 말을 듣고 크게 놀랐다. 하후승이 그렇게 박학다식함을 알게 된 그들은 그가 다시 유하 곁으로 돌아가 유하를 설득할까 봐 걱정되었다. 그리하여 즉시 하후승을 석방하고 또 더욱더 예우함으로써 하후승의 신뢰를 사서 그를 포섭했다.

사실 유하의 신변에는 하후승과 같은 충신이 본래 많았다. 하지만 유하가 끝내 간언을 듣지 않고 제위에 있으면서 제멋대로 굴자 국정을 홀로 좌우하던 곽광에게 이전부터 불만을 품고 있던 여러 대신들도 차츰 잇달아 입장을 바꿔 오히려 곽광에게 의지했다. 창읍의 옛 신하들을 제외하고 유하는 주변 사람들이 이미 거의 다 떠난 상태였다.

하후승 사건이 벌어진 뒤, 곽광은 유하를 쫓아내는 일을 더 이상 미룰 수 없다고 생각했다. 그는 그날 밤 전연년 그리고 장안세와 대책을 의논하고는 이튿날 바로 실행하기로 결정했다. 곽광은 문무백관을 소집해서 지금 황제의 행실을 토의해 보기로 했다.

해혼후, 지워진 황제의 부활

이튿날, 유하가 사냥하러 출궁해서 아직 돌아오지 않은 틈을 타서 곽광은 뭇 신하들을 한자리에 소집했다. 회의가 시작되자 곽광은 의논을 통해 유하를 황제로 세울 때의 무겁고 느리던 어조를 완전히 바꿔서 낭랑하고도 격앙된 목소리로 말했다.

"대인 여러분! 창읍왕이 등극한 지 이미 한 달쯤 되었는데, 행실이 우둔하고 예의는 안중에 없습니다. 이 늙은이는 그가 결코 한나라 황실의 중임을 맡아서 유지할 수 없다고 생각하는데, 대인 여러분도 같은 생각이신지요?"

뭇 신하들은 곽광이 뜻밖에도 황제를 창읍왕이라고 부르고 또 그가 한나라 황실의 중임을 맡을 수 없다고 솔직하게 말하자 모두 대경실색한 채 영문을 몰라 했다. 곽광의 두 눈에 불꽃이 일고 살벌한 기운이 감도는 모습을 본 뭇 신하들은 무조건 고개만 끄덕일 뿐 그 누구도 감히 말을 꺼내지 못했다. 모두 속으로는 이렇게 생각하고 있었다.

'유하를 황제의 자리에 앉힌 사람이 바로 대장군 당신이오. 그런데 이제 와서 그가 한나라 황실의 중임을 맡아 유지할 수 없다고 말하고 있으니, 대장군의 속셈은 도대체 무엇이오?'

곽광은 뭇 신하들이 이와 같은 반응을 보이리라고 이미 짐작하고 있었기에 대사농 전연년을 향해 시선을 돌렸다. 전연년은 그 뜻을 알아차리고 바로 뭇 신하들의 앞으로 나가서 손으로 칼자루를 쥐고는 큰 소리로 말했다.

"효무 황제께서 어리고 연약한 고아를 대장군에게 부탁하시고, 또 국가 대사를 대장군에게 맡기신 것은 대장군이 충성스럽고 정의로우며 어질고 슬기로워 한나라 황실의 강산을 온전히 지킬 수 있으리라 믿으셨기 때문입니다. 지금 조정은 간사하고 아첨을 잘하는 한 무리의 소인배들 때문에 엉망진창이 되어 나라가 멸망 위기에 놓였습니다. 우리 위대한 한나라의 역대 황제 시호에는 모두 '효'자가 들어가는데, 그것은 바로 강산을 영원토록 보존하고 종묘의 제사가 끊이지 않게 하기 위함입니다. 만약 한나라 황실의 강산이 이렇게 무너진다면, 대장군은 나중에 지하에서 무슨 얼굴로 선제를 뵙는단 말입니까? 오늘 반드시 우리는 즉시 결단을 내려야 합니다. 뭇 신하 가운데 호응하지 않거나 마지막에서야 호응하는 자가 있다면, 이 칼로 참수하기를 요청하는 바입니다!"

곽광이 전연년의 말을 이어받았다.

"대사농의 말씀이 옳소이다! 새 황제는 비록 이 늙은이가 천거하기는 했지만 지금 나라가 그 때문에 안녕을 누리지 못하고 있으니, 이 늙은이가 마땅히 처벌을 받아야 합니다."

곽광과 전연년을 지켜보고 있던 뭇 신하들은 곽광이 이미 새 황제를 쫓아내기로 결심했음을 알아차렸다. 근래 대신들은 이미 새 황제 유하의 행동거지를 몹시 불만스러워하고 있었는데, 이제 전연년이 비분강개하고 곽광의 눈에 살벌한 기운이 감도는 모습을 보았으니, 누가 감히 이의를 제기하겠는가? 그래서 모두 머리를 조아리며 말했다.

"만백성의 명운이 대장군의 손에 달렸으니, 대장군의 명령에 무조건 따르겠습니다!"

이 각본은 곽광과 전연년이 공모해서 만들어낸 것으로, 곽광이 중국

해혼후, 지워진 황제의 부활

전통극의 악역인 백검(白臉)을 맡고 전연년이 정의의 사도인 홍검(紅臉)의 배역을 맡은 셈이었다. 두 사람이 맞장구치며 절묘한 연기를 펼치자 뭇 대신들의 입장은 신속히 통일되었다. 그 당시 조정의 병권은 모두 곽광의 수중에 있었는데, 그는 이미 심복들에게 준비를 잘 해두라는 명령을 내렸다.

서기전 74년 8월 14일은 유하가 등극한 지 딱 27일째 되는 날이었다. 방금 뭇 신하와 더불어 황제를 폐위시키는 일을 논의해서 마친 대장군 곽광은 속에 입는 갑옷을 걸치고 허리에는 날카로운 칼을 차고 손에는 이미 초안을 작성해 둔 폐제(廢帝)조서를 들고 있었다. 곽광은 승상 양창·거기장군 장안세·대사농 전연년·전(前)장군 한증(韓增)·후(後)장군 조충국(趙充國) 등등 한 무리의 중신을 거느린 채 장락궁으로 가서 상관 황태후에게 대세를 지지해 달라고 청했다. 상관 황태후는 곽광의 외손녀였으므로 그때 곽광의 말을 다 들어준 것은 당연한 일이었다.

상관 황태후는 곽광이 준비해 둔 대로 어가를 타고 미앙궁의 승명전(承明殿)으로 가서 창읍국의 뭇 신하들을 황궁에 들이지 말라는 조령을 내렸다. 그리고 좀 이따가 상관 황태후는 유하를 자기에게 불러오라는 조령을 내렸다.

사냥을 나갔다가 막 궁으로 돌아온 유하는 태후가 부른다는 소리를 듣자 약간 갑작스럽다는 느낌이 들어 물었다.

"태후께서는 왜 갑자기 짐을 보자고 하시는 것인가?"

황태후가 보낸 근신은 대답은 하지 않고, 환관에게 궁문을 닫으라 명령함과 동시에 창읍국의 뭇 신하들을 안으로 들여서는 안 된다고 선포할 따름이었다. 이것은 유하의 제위를 폐한다는 조서를 내릴 때, 창읍국 대신들의 반항에 직면하는 것을 막기 위한 조치였다.

유하는 깜짝 놀라며 물었다.

"이게 무슨 짓이냐?"

근신이 대답했다.

"황태후께서 창읍국 뭇 신하들의 입궁을 불허하신다는 조령을 내리셨습니다."

유하가 말했다.

"그것은 또 왜? 그들은 짐의 신하란 말이다!"

근신은 꿈쩍도 안 했다.

잘 아는 근신들도 없는 데다가 황궁의 경비가 갑자기 삼엄해져서 평소에 보지 못한 시위들이 늘어난 광경을 목도한 유하는 마침내 큰일이 벌어지려 한다는 것을 알아차렸다. 그러나 깊이 생각해 볼 시간은 이미 없었기에 짐짓 침착한 척하며 홀몸으로 갈 수밖에 없었다.

대전 안으로 걸어 들어가자 태후는 진주를 꿰어서 지은 짧은 옷을 입고 머리에는 봉관(鳳冠)을 쓰고 몸에는 봉포(鳳袍)를 걸치고 얼굴 가득 엄한 표정을 지은 채 병기가 놓인 휘장 속에 당당하게 앉아 있었다. 수백 명의 시위들이 손에 병기를 든 채 미늘창을 든 기문(期門) 무사들과 더불어 대전 아래에 줄지어 서 있는 모습이 유하의 눈에 쏙 들어왔다. 문무백관들은 지위 고하에 따라 차례차례 대전 안으로 들어왔다. 태후의 근신이 큰 소리로 유하를 앞으로 부르더니 바닥에 엎드려 조서의 낭독을 기다리라고 했다.

그때, 거기장군 장안세가 태후에게 보고했다.

"미천한 신은 우림(羽林)과 기문 2군을 이끌고 창읍국의 크고 작은 관리 200여 명 가운데 한 사람도 놓치지 않고 모두를 붙잡았습니다."

유하는 그제야 바야흐로 커다란 화가 닥쳤음을 알고는 대전 아래에서 무릎을 꿇고 고개를 숙이고 엎드렸는데, 속으로 놀라고 두려워 몸이 쉴 새 없이 벌벌 떨렸다.

조서는 상서령 양창이 낭독했다.

"승상 양창 등등은 죽을죄를 무릅쓰고 황태후 폐하께 아룁니다. 효소 황제께서 너무 빨리 천하를 버리고 떠나시자 조정은 사자를 보내 창읍왕을 불러와서 장례를 주관하도록 했습니다. 그러나 창읍왕은 상복을 걸치고도 비통해하는 마음이 전혀 없었습니다. 또한 예의를 저버렸기에 경성으로 오는 길에 고기반찬이 없는 밥은 먹으려 하지 않고, 오히려 수행원을 보내 여자를 빼앗아 오게 해서 휘장으로 가릴 수 있는 수레에 태우고는 연도의 역참에서 함께 잤습니다.

처음으로 장안에 도착해서 황태후를 알현한 뒤 황태자로 세워지고도 여전히 늘 암암리에 사람을 보내 닭고기와 돼지고기를 사오게 해서 먹었습니다. 그리고 효소 황제의 영구(靈柩) 앞에서 황제의 옥새를 넘겨받고는 거처로 돌아와 옥새함을 열어보고 나서 다시 봉인하여 보관하지 않았습니다. 또 시종관에게 황제의 부절을 들려보내 창읍국의 시종관과 거마관 그리고 종복 등 200여 명을 불러와 궁궐에 머물게 하면서 각종 놀이와 오락을 마음대로 즐겼습니다. 더군다나 '황제는 시중군경의 안부를 물으며 특별히 중어부령 고창에게 황금 천 근을 가지고 가서 군경에게 하사하여 열 명의 아내를 얻게 한다'는 편지까지 쓴 적도 있습니다.

효소 황제의 상중임에도 악부의 악기를 들여와 가무에 능한 예인을 입궁토록 해서 북 치고 노래 부르고 즐겁게 연주하며 공연하게 만드는 데서 즐거움을 찾았습니다. 또한 태일(泰一) 제단과 종묘에서 가무를 담당하고 있는 예인들을 데려와 각종 악곡을 두루 연주하게 했으며, 천자의 수레를 몰고 북궁과 계궁 등지에서 질주하며 오갔습니다. 그와 동시에 돼지로 시합을 벌이고 호랑이 싸움을 즐겼고, 황태후가 타시는 작은 마차를 자기 멋대로 전용해서 종복에게 명하여 올라타게 하고는 후궁이 사는 궁전에서 장난을 치도록 했습니다. 몽이라고 부르는 효소 황제의 궁녀와 더불어 음란한 짓을 하고는 액정령(掖庭令)에게 다음과 같은 조령을 내리기까지 했습니다. '감히 이 일을 누설하는 자는 허리를 자른다!'"

여기까지 듣다가 상관 태후는 호되게 꾸짖었다.

"멈춰라! 너는 선제의 신하이자 아들인데, 어떻게 이처럼 패역무도한 짓을 할 수 있단 말이냐?"

이때 유하는 갑작스러운 변고 때문에 넋이 나갈 정도로 놀란 상태

 해혼후, 지워진 황제의 부활

라 바닥에 엎드려 사죄할 수밖에 없었다.

상서령이 계속해서 낭독했다.

"조정에서 제후왕과 열후 그리고 관리에게 내려주는 2천 석의 인끈 그리고 흑색과 황색 인끈을 창읍국의 낭관과 종복 신분을 면제 받은 사람들에게 상으로 주어서 차게 했습니다. 그리고 황실의 창고에 있는 돈과 도검 그리고 옥그릇과 채색 직물 등을 자기와 함께 논 사람들에게 상으로 주었습니다. 또 시종관이나 종복과 더불어 밤새도록 폭음함으로써 술에 취하는 일에 탐닉했습니다. 그리고 온실전에서 성대한 구빈대례를 치르고는 밤에 자형인 창읍 관내후를 홀로 접견했습니다.

종묘에 제사를 올리는 대례를 아직 거행하지도 않았는데, 정식 조서를 발포하고 황제의 부절을 지닌 사자를 보내 소 3마리 · 양 3마리 · 돼지 3마리를 쓰는 제사 대례로 자기 아버지인 창읍애왕의 능묘에 가서 제사를 지내게 하면서 스스로를 '적자(嫡子) 황제'라고 일컬었습니다. 또 즉위한 이래 27일 동안 황제의 부절을 지닌 사자들을 사방팔방으로 보내서 조령을 통해 각 관청에 물자 징발을 요구한 것이 모두 1,127차례입니다. 이렇게 황음무도하고 정신이 혼미해서 제왕의 예를 잃어버려 위대한 한나라의 제도를 망가뜨렸습니다.

신들은 여러 차례 간언을 올렸지만 고치기는커녕 오히려 날로 심해지고 있으니, 이렇게 가다가는 장차 나라에 해를 끼치고 천하를 불안하게 만들까 봐 두렵습니다. 저희들이 박사관과 상의하다 보니 함께 인정하게 된 사실은 '지금 성상(聖上)은 효소 황제(유불릉)를 계승한 황제이나 행실이 음란하고 부도덕해서 법도에 어긋난다'는 것이었습니다.

『효경(孝經)』에서 말하기를 '5형에 해당되는 죄 가운데 불효의 죄가 가장 크다(伍刑之罪當中, 以不孝之罪最大)'고 했습니다. 옛날에 주나라 양왕(襄王)은 어머니께 효순하지 않았기에 『춘추(春秋)』에 이르기를 '천왕께서 나가셔서 정나라에 머물고 계신다(天王出居於鄭國)'고 했습니다. 양왕이 불효했기 때문에 쫓겨나서 정나라에 머물며 천하를 포기하도록 강요당한 것입니다.

종묘는 군왕보다 훨씬 더 중요하니, 황제가 천명을 이어받아 종묘를 섬기고 백성을 자식처럼 아끼지 못한다면 폐위시켜야 마땅합니다! 따라서 신은 태후께서 유관 부서에 명하셔서 소 한 마리·양 한 마리·돼지 한 마리를 쓰는 제사 대례로 고조 황제의 제묘에 제사를 올려 알리시기를 바랍니다."

상관 태후는 즉시 말했다.

"상주한 바를 윤허하오."

곽광은 유하에게 일어나서 황태후의 조서를 받으라고 명령했다.

그제야 유하는 이미 벌어진 모든 일이 이해되었다. 이것은 곽광이 황태후의 이름을 빌려 자기를 쫓아내려는 것이었다. 이자가 의외로 이렇게 빨리 손을 쓸지는 생각조차 못 했는데, 선수를 쓰면 이기고 후수를 쓰면 진다는 말이 정말이었다. 애당초 책사의 말을 들었어야 했는데, 그렇게 하지 않았다가 오늘날 화를 당하고 말았다.

해혼후, 지워진 황제의 부활

그런데 유하는 여전히 달갑지 않았기에 몸을 똑바로 편 채 곽광과 여러 신하들을 향해 꾸짖는 말을 늘어놓았다.

"옛사람이 말하기를 '천자 주변에 강직해서 감히 간언할 수 있는 대신이 일곱만 있으면 설령 무도하다고 해도 천하를 잃을 리는 없다'고 했소. 왜냐하면 강직해서 감히 간언할 수 있는 대신들은 천자를 보좌할 수 있으니 설령 천자가 적절하지 못한 생각을 가지고 있다고 해도 즉시 고칠 수 있기 때문이오. 여러분은 말끝마다 자칭 강직해서 감히 간언할 수 있는 대신이라고 하지 않았소이까? 만약 짐에게 과실이 있다면 여러분에게도 책임이 있는 법이오!"

유하의 말은 이치가 정당하면서도 날카롭고 엄숙한 것이라 뭇 신하 가운데 한 사람도 감히 대꾸를 하지 못한 탓에 대전 안에는 적막이 흘렀다.

이러한 상황을 보고 곽광이 성난 목소리로 외쳤다.

"황태후께서 이미 당신을 폐위한다는 조서를 내렸는데, 어찌 아직도 스스로를 천자라고 하는 게요? 더군다나 당신은 연호마저 없으니, 옛날의 창읍왕에 불과할 따름이오."

그리고 바로 군신 간의 체면 같은 것은 따지지도 않은 채 앞으로 다가서서 유하의 손을 붙잡고는 그의 몸에 차고 있던 옥새 인끈을 억지로 풀어서 몸을 돌려 황태후에게 바치자마자 사납고 거칠게 유하를 대전에서 끌어냈다. 뭇 신하들이 어안이 벙벙해 있는 동안 곽광은 직접 유하를 황궁에서 데리고 나갔다.

유하를 압송해서 출궁하는 도중에 줄곧 곽광은 자기를 극도로 골치 아프게 만든 이 자를 어떻게 처리해야 할지를 계속해서 생각하고 있었다. 유하를 폐위시키려는 생각을 처음 했을 때부터 지금에 이르기까지 곽광은 유하를 어떻게 처치해야 할지를 잘 생각해 보지 않았다.

'그를 제거해서 훗날의 번거로움을 없앨 것인가, 아니면 그냥 고향 창읍으로 돌려보낼 것인가?'

곽광은 속으로 반복해서 따져보고 있었다.

'내가 유하를 적극적으로 지지해서 제위에 앉혔는데 이제 다시 그를 제위에서 끌어내렸으니, 유하의 운명은 짧디짧은 시간 안에 경천동지할 만큼 역전되었다. 유하는 본래 창읍국에서 여유롭고 한가하게 잘 지내고 있었는데, 내가 그를 이런 커다란 희비극 속으로 몰아넣었구나. 만약 그를 제거한다면 세상 사람들이 나를 어떻게 볼까?'

곽광은 곰곰이 생각해 보았다.

'나는 상나라의 이윤이 태갑을 쫓아낸 고사를 본받아 유하를 폐위했는데, 이윤은 태갑을 죽여버리지 않고 다만 쫓아냈을 뿐이다. 만약 내가 유하를 죽여버린다면, 반역을 꾀했다는 악명을 장차 반드시 내가 짊어져야 할 것인데 어쩌면 그것은 영원히 깨끗이 씻어지지 않을지도 모른다. 그러나 만일 유하를 죽이지 않아서 그가 일단 고향인 창읍으로 돌아가 그 당시의 연왕 유단처럼 모반의 마음을 품는다면 이미 황제의 신분으로 있어본 데다가 그렇게 경망스러운 성정을 지니고 있기 때문에 다만 남에게 이용당할까 봐 두려울 따름이다. 만약에 정말로 그렇게 된다면, 장차 한나라 황실 강산사직의 안정에 해로울 것이다.'

해혼후, 지워진 황제의 부활

곽광은 한무제가 그 당시 이부인의 후손을 잘 돌봐주라고 자기에게 거듭 당부했던 일이 다시 떠올랐다. 만약에 유하를 죽여버린다면, 그 당시 무제의 당부에 어떻게 면목이 선단 말인가?

"잘 돌봐주시오! 잘 돌봐주시오! 잘 돌봐주시오!"

그 당시 무제가 신신당부하던 목소리가 다시 곽광의 귓전에 울리는 것 같았다. 그렇게 중요한 일이라고 무제가 세 차례나 말했으니, 무제의 당부에 면목이 서려면 유하를 죽여서는 안 된다.

'됐다! 됐다! 됐다! 이윤을 본받을 바에야 끝까지 본받자. 이윤이 태갑을 쫓아낸 것과 마찬가지로 유하를 창읍으로 돌려보내면 되는 거야. 그러면 나도 너그럽고 어질다는 명성을 얻게 되는 것이군! 그런데 그가 다시 왕이 되게 할 수는 없으니, 반드시 창읍봉국을 폐지하고 그를 서민으로 강등해야만 반란을 일으킬 능력도 없어지게 되는 것이다. 그가 어디까지나 황제였던 점을 고려한다면 탕목읍(湯沐邑)* 2천 호를 하사해서 의식주는 걱정하지 않도록 해주어야 한다.'

곽광은 또 생각했다.

'유하가 그대로 있으면 장점도 있다. 그가 있는 한 나중에 누가 황위를 이어받더라도 나의 말을 착실하게 들어야만 하는 것이다. 맨 마지막에 이윤은 개과천선한 태갑을 다시 황제의 자리로 모셔왔다는 사실을 알아두어야 한다. 만약 자리를 이어받은 황제가 말을 듣지 않으

---

* **탕목읍** : 이 말은 주나라의 제도에서 나온 것이다. 제후가 천자를 알현할 때 천자가 하사하던 왕기(王畿) 이내에 있으면서 목욕재계와 숙박을 제공하는 봉읍을 가리킨다. 나중에는 국군과 황후 그리고 공주 등의 수봉자(受封者)가 부세를 받는 사읍(私邑)을 가리킨다. 그리고 귀족이 수봉한 탕목읍은 식읍(食邑)제도의 일종이다.

면 나중에 나는 유하를 이용해서 그를 일깨워주곤 하면 된다. 태갑처럼 쫓겨난 황제는 역사적 전고(典故)를 본받는 입장에서 말해볼 때 아직 제위에 다시 모셔질 가능성이 존재한다. 유하가 있는 한, 자리를 이어받은 자에게는 가장 유효한 경고가 되는 셈이다!'

이 점을 분명히 깨닫자 곽광은 마침내 최후의 결정을 내렸다.

곽광이 이모저모를 고려해 보고 나서 최종적으로 결정을 내리고 있을 때, 유하를 압송하는 마차는 황궁을 벗어났다. 유하는 마차에서 내려 미앙궁을 향해 오래 절을 하면서 말했다.

"에그, 다 내가 너무 무능한 탓이지. 황제 할아버지, 손자는 죄송합니다. 다 제가 무능해서 우리 한나라 황실의 중임을 맡을 자격이 없었습니다!"

황공하고 불안해하는 유하의 뒷모습을 바라보고 있자니 곽광은 문득 측은한 마음이 들었다. 유하는 비록 사직의 중임을 맡을 능력이 없기는 했지만, 그렇다고 몹시 간악한 사람도 아니었다. 만약에 유하가 연왕 유단처럼 사악하고 잔인한 사람이었다면, 이번 싸움은 누가 이기고 누가 진 것인지 아직 모를 일이었다. 어쩌면 자신의 머리가 이미 목위에 달려 있지 않을 수도 있었다. 가장 중요한 것은 유하는 정치도 모르고 권모술수도 모르고 사람의 마음을 사는 법도 몰랐다는 것이다. 이런 사람은 권력을 주지 않는 한 그대로 두어도 아무런 후환이 없을 것이 틀림없다. 이렇게 하면 나는 이윤과 마찬가지로 충신과 의사라는 아름다운 이름까지 얻을 수 있고, 한무제가 임종 전에 한 당부도 완수

해혼후, 지워진 황제의 부활

한 셈이 되는 것이었다.

유하와 헤어질 때 곽광은 간곡하게 의미심장한 말을 했다.

"대왕의 행실은 하늘을 스스로 배척하는 것이니, 저는 차라리 대왕을 저버린다 해도 사직은 저버릴 수 없습니다! 대왕께서는 스스로를 아끼시기 바랍니다. 이제 저는 대왕의 좌우에서 더 이상 모실 수 없게 되었습니다."

말을 마치고 나서 곽광 역시 눈물을 흘리며 떠났다.

유하를 따라 경성에 갔던 2백여 명의 수행원들을 두고 곽광은 그들이 최선을 다하여 보좌하지 않은 바람에 유하가 어질지 못하고 의롭지 못한 일을 하게 되었다는 판결을 내렸다. 공수와 왕길 그리고 왕식을 비롯한 소수의 간관을 제외하고 나머지는 모두 참수되었다.

유하의 창읍국 옛 신하와 수행원 무리는 형장으로 압송되었는데, 그들은 장안대로를 지나갈 때 불복하지 않고 큰 소리로 외쳤다.

"결단을 내려야 할 때 결단을 내리지 못하면 오히려 난을 당하고 마는 법이다!"

고향인 창읍에 돌아온 뒤 유하의 운명에는 또 어떤 변화가 일어났을까?

제6장

십 년을 꾹 참다

- 서민 유하 -

그날은 폭우가 억수로 쏟아지고 천둥이 우르릉 쾅쾅 울려대고 광풍이 세찬 소리를 내며 불어대는 것이 마치 몹시 억울하고도 괴로운 사정이 있는 것 같았다. 하늘과 땅 사이에 음침하고도 스산한 기운이 가득 차 있었다. 폭우가 쏟아져 내리는 바람에 세상의 모든 것이 하나가 된 듯 구별이 되지 않는 풍경 속 저 먼 곳에서 마차 한 대가 달려오는 모습은 마치 지옥에서 뛰쳐나오는 것처럼 보였다. 마차의 주인은 바로 방금 폐위된 유하로 고향인 창읍으로 송환된 것이었다. 전에 사신의 영접을 받고 장안으로 가던 때 기세등등하고 위풍당당했던 것과는 달리 폐위된 뒤의 유하는 한없이 쓸쓸하고도 처량한 몰골로 풀이 죽은 채 고향인 창읍으로 돌아왔다.

다행히도 대사마대장군 곽광은 다각적인 검토 끝에 유하의 목숨을 살려주었을 뿐만 아니라 그를 원래의 창읍봉지로 돌려보내기까지 했다. 그런데 원래의 창읍국은 이미 폐지되었고 산양군(山陽郡)으로 바뀌었다. 돌아온 유하는 당연히 창읍왕이 될 수 없었지만, 곽광은 의외로 조정으로 하여금 탕목읍 2천 호를 하사하게 하고 종전의 재산을 다 유하에게 주어 먹고살 걱정은 없도록 했다. 유하의 자매 네 명도 각각

해혼후, 지워진 황제의 부활

탕목읍 1천 호씩 하사받았다.

아직은 어린 유하는 최고권력을 장악한 극도의 흥분 속에서 정신을 못 차리다가 뜻밖에 벌어진 궁궐 내의 정변으로 지존의 제위에서 끌려 내려왔다. 게다가 신변의 가장 친숙한 책사와 종복들이 하룻밤 사이에 거의 다 주살당하고 남은 자는 몇 명 되지 않았다. 유하는 비록 살아서 자기의 봉지로 돌아왔지만 종전의 신하와 놀이 동무들은 이미 없어지고, 그를 맞이한 것은 텅 빈 적막하고 고요한 왕부(王府)밖에 없었다. 그가 예전에 지녔던 권력과 거기서 비롯된 시끌벅적함은 이미 신기루처럼 사라지고 말았다. 폐위되고 봉지에 돌아온 뒤 제후왕의 칭호도 박탈당했기 때문에 금산에 세우고 있던 그 능묘는 최종적으로 중도에 그만둘 수밖에 없어 결국 버린 무덤이 되고 말았다.

유하는 곽광이 자기를 제위에서 끌어내린 일을 두고 속으로 아무리 생각해 봐도 분노가 멈추지 않았다. 그러나 곽광이 다른 창읍 옛 부하들을 처리한 것과는 달리 자기를 죽여버리지 않았다는 점에 어느 정도 안도감이 들기도 했다. 유하에게 가장 난감했던 일은 하루아침에 황위를 잃어버렸다는 사실이 아니라 곽광이 처형한 2백여 명에 달하는 창읍 옛 부하들의 가족을 볼 면목이 없다는 것이었다.

희희낙락거리며 그들을 데리고 장안으로 가서 대업을 함께 도모해 보자고 한 사람은 바로 자기였다. 이제 그들은 살아서 돌아오지 못했으니, 이 생각이 들 때마다 유하는 애간장을 저미는 듯한 느낌이 들었다. 자기는 어쨌거나 살아 돌아왔으니 어찌 그들의 가족을 볼 면목이 있단 말인가? 곽광이 황태후와 연합해서 일으킨 이번 궁정 정변에서 자기의 목숨이 사실은 일찌감치 칼날 위에 여러 차례 오르내렸다는 것을 유하는 전혀 알아차리지 못하고 있었다. 곽광이 자기를 죽이지 않았던 것은 운이 대단히 좋아서가 결코 아니라 곽광으로서도 어쩔 수 없는 고충이 있었기 때문이다.

유하가 폐위된 뒤 곽광과 조정의 대신들은 또 누구를 황제로 세울 것인지 하는 문제를 놓고 함께 의논했다. 광릉왕 유서는 물론 여전히 안 되니, 누구를 선택해야 한단 말인가?

그때, 창읍왕 유하를 입경시키기 위해 맞이하러 갔던 광록대부 병길이 곽광에게 글을 올려 말하기를, 효무제의 유조를 받들어 액정(掖庭)*에서 길러진 한무제의 증손자 유병이가 이제 열여덟 살이 되었다고 했다. 유병이는 황실 출신으로 민간에서 오래 지냈으나 품행이 단정하고 여태자 유거의 적손이라 항렬에 따르면 유하의 조카뻘이므로 대통을 계승할 수 있는 조건을 갖추고 있었다. 병길은 곽광이 유병이를 자세히 살펴보아 제위 계승에 적합한지를 판단해 주기를 바랐다.

물론 곽광은 유병이를 잘 알고 있었다. 무고의 화가 벌어진 그해, 태자 유거는 목매어 자살하고 연루자가 무척 많아 수만 명이 재앙을 당했으니, 유거의 왕비와 첩실(妾室) 그리고 후대의 자손은 거의 재난을 면치 못하고 다 주살당하고 말았다. 그때 유병이는 아직 강보에 싸인 채로 있었는데, 당시 그 사건의 책임을 맡은 관리 병길이 측은지심에 목숨 걸고 비호한 덕분에 화를 당하지 않고 군저옥(郡邸獄)에 들어갈

---

* **액정**: 掖廷 또는 液廷이라고도 쓰며 영항(永巷)을 말하는데, 한무제 태초 원년에 '掖廷'이라 개칭했다. 궁중에 서로 붙어 있는 집들로 궁녀들이 살았고 액정에서 명령하고 관리했다.

해혼후, 지워진 황제의 부활

수 있었던 것이다.

　나중에 한무제는 만년에 병이 들자 신변에 있는 방사가 장안성의 감옥 안에 '천자의 기'가 서려 있다고 한 소리를 듣고는 조서를 내려 신하를 보내 장안의 각 감옥에 통지하기를 죄의 경중을 따지지 말고 투옥되어 있는 자들을 남김없이 사형에 처하라고 했다. 정위(廷尉) 병길은 필사적으로 유병이를 지키면서 사람을 보내 무제에게 말을 전했다. "황제의 증손이 여기 있습니다. 보통사람도 무고하게 죽임을 당해서는 안 되는 법인데, 하물며 황제의 친증손은 어떻겠습니까?"

　그 당시 무제는 이미 태자 유거가 무고의 화 가운데 모함을 당해 죽었다는 것, 다시 말해 자기가 오랫동안 정성껏 키운 후계자인 태자 유거가 억울하게 죽었다는 사실을 알아차리고 있었다. 그는 유거의 손자이자 자기의 증손자인 유병이가 아직 세상에 살아 있다는 것을 알고는 옛날에 소인배의 꼬드김에 넘어가 자기의 사랑하는 아들을 핍박해서 죽음에 이르게 했다는 사실이 생각나자 자기도 모르게 노인네가 흘릴 법한 눈물을 마구 흘리며 감개무량하여 탄식했다.

　"병길이 이렇게 하는 것은 하늘이 시킨 일이 틀림 없다!" 곧이어 무제는 천하에 대사면령을 내렸다. 그 뒤 병길은 유병이를 할머니인 사량제(史良娣)의 친정으로 보내서 살도록 했다. 유병이는 비로소 순조롭게 성인이 될 수 있었다.

　서기전 87년, 한무제가 세상을 떠났다. 임종을 앞두고 한무제는 태자 유거와 위자부 황후에 대한 죄책감에 유조를 남겨 증손 유병이를 액정에 살도록 하고 황실의 족보 사무를 관장하는 관리에게 명하여 그를 족보에 올리도록 하는 한편 유병이를 정중하게 곽광에게 부탁하며 잘 돌봐달라고 했다. 이로부터 유병이는 액정에서 궁중 생활을 하게 되었고, 그 종실 지위도 황실의 승인을 얻게 되었던 것이다.

곽광은 유병이가 유하보다 나은 선택인지 깊이 생각해 보았다. 유병이는 지원을 해줄 강력한 외척도 없었고 유하처럼 봉국의 신하들 같은 세력도 없었다. 그는 이름이 황족의 반열에 오르기는 했지만, 일개 평민에 더 가까운 사람이었다. 그는 여태자의 손자로 항렬이 바로 폐위된 유하의 조카뻘이라 계위는 아무튼 자연스럽고 조리에 맞는 일이었다.

이 평민은 의지할 데가 전혀 없으니 황제가 된 후 모든 일에 이 대사마대장군의 말을 듣지 않는다면 또 뭘 어쩌겠는가? 게다가 한무제가 임종을 앞두고 자기에게 여태자의 남은 피붙이를 잘 돌봐주라고 분부했으니, 유병이를 천거해서 제위를 잇도록 하는 일은 모든 방면에서 생각해 볼 때 역시 가장 적절했다. 그래서 곽광은 유병이를 황제로 추대했다. 유병이는 황위를 이어받은 뒤 이름을 유순으로 고쳤고, 역사에서는 '한선제'라고 부른다.

곽광은 유하를 옹립하고 폐위한 사건을 겪고 난 뒤, 유하를 대신해서 황제가 된 한선제 유순에 대해서도 결코 마음을 놓지 못했다. 그리하여 이윤이 태갑을 쫓아냈다가 다시 맞아들여 황제로 삼은 고사를 종종 들려주며 유순을 일깨웠다. 한번은 곽광이 선제 유순에게 자기는 이미 나이를 많이 먹었으니 국정을 황제에게 돌려줘서 친정을 하게 하고 싶다는 말로 선제가 자기를 어떻게 여기고 있는지를 시험해

해혼후, 지워진 황제의 부활

보고자 했다. 생각지도 못했는데, 선제는 몹시 단호한 태도로 거듭 말리고 나라를 위해 계속 애써 일하면서 모든 정사를 빠짐없이 곽광이 결정해 달라고 간절히 부탁했다. 곽광은 유순의 그러한 태도가 썩 마음에 들었다. 보아하니 선제는 유하보다 부려먹기가 훨씬 쉬울 것 같았다.

선제 유순도 이윤이 태갑을 쫓아낸 고사를 아주 잘 알고 있었다. 태갑을 쫓아내고 나서 이윤은 군왕의 권력을 대신하여 행사하면서 나라의 일을 주관함과 동시에 제후의 알현을 받았다. 곽광은 "이윤이 태갑을 쫓아낸" 고사를 원용해서 유하를 폐위시키기는 했지만, 결코 이윤처럼 제왕을 대신해서 집정하지는 않았고 오히려 황실 출신이기는 하나 이미 평민이나 다름없었던 자기를 제위에 올려놓았다. 비록 국가의 대사는 전부 곽광이 결정하지만, 그래도 형식적으로는 황제인 자기가 조령을 반포했다. 만일 곽광이 동의하지 않았다면 자기가 제위를 이어받는다는 것은 불가능한 일이었던 것이다.

선제는 여러 차례 속으로 생각해 보았다. 곽광은 늘 자기에게 이윤이 태갑을 쫓아낸 고사를 들먹이곤 하는데, 그 속셈은 결코 폐위하는 그 대목에만 있는 것이 아니고 곽광이 자기보고 깨달으라고 하는 것은 뒷대목이었던 것이다. 태갑은 3년 동안 동궁에서 지내면서 심각한 반성 끝에 자기의 잘못을 뉘우치고는 개과천선하기로 단단히 결심했다. 이에 이윤은 다시 태갑을 제왕으로 맞이하여 국정을 넘겨주었다. 그후로 태갑이 나라를 다스리는 일에 몰두하며 덕정을 펼치자 사방의 제후가 다시 귀순하고 백성도 안녕을 누리게 되었다.

선제 유순은 곽광이 누차 이 고사를 들먹이는 까닭은 말을 잘 들어야 한다고 자기를 일깨워주는 것임을 알고 있었다. 자기의 전임이었던 유하는 태갑처럼 쫓겨났을 뿐이지만, 만일 자기가 말을 듣지 않고 순종하지 않는다면 그 고사를 원용하여 곽광은 자기를 폐위하고 다시 유하를 맞이하여 원래의 자리에 오르게 할 수도 있는 것이었다. 미앙궁에서 쫓겨나 창읍의 옛 땅으로 돌아간 전 황제는 곽광이 자기를 자극하고 일깨워주는 데 수시로 사용할 수 있는 장기짝이었던 것이다. 곽광이 매번 이윤이 태갑을 쫓아낸 고사를 들먹일 때마다 유순은 가시나무를 짊어지고 있는 것 같았고 바늘방석에 앉아 있는 것처럼 온몸이 편안하지 않았다.

전임이었던 유하를 생각할 때면 선제 유순의 마음은 복잡하기 그지없었다. 그는 유하가 곽광에 의해 옹립되고 폐위되는 가운데 맞닥뜨려야 했던 파란만장하고 비참한 처지를 마치 몸소 체험한 것처럼 끝없는 동정심을 느꼈다. 동시에 선제는 또 곽광의 기획 아래 유하가 아무 때나 자기를 대신해서 제위를 취할 수 있는 가능성이 존재하고 있음에 걱정이 가득했다. 유하는 과감하게 행동하는 방면에서 자기보다 강하고 동원할 수 있는 창읍 옛 부하들이 2백여 명에 달했음에도 불구하고 곽광에 의해 폐위되었기 때문이다. 자기는 아무런 조직도 없으니 제2의 유하가 되는 것을 피하려면 곽광의 뜻을 전부 따르지 않을 수 없었다.

곽광이 수십 년에 걸쳐 조직하고 관리해 온 세력은 그 뿌리가 아주 깊고 조정과 재야에 널리 퍼져 있어 그 권세가 천하를 좌지우지할 정

해혼후, 지워진 황제의 부활

도였다. 그러니까 곽광이 사실상 황제라고 부르지 못하는 황제이고, 자기는 이름뿐인 황제인 것이고 솔직히 말하자면 꼭두각시라고 할 수 있었다. 그러나 곽광은 이미 육십을 훌쩍 넘겼는데 자기는 이제 겨우 열여덟이라 시간이라는 저울은 자기 쪽으로 기울어져 있으니 세월이 모든 사태를 정리해 줄 때까지 기다릴 수밖에 없었다. 그저 참고 참고 또 참고 있으면 자기야말로 최후에 웃는 사람이 될 가능성이 높았다.

폐위된 전 황제 유하가 자기의 제위를 위협하는 일만 없다면 우대할 것은 우대해 주어야 한다. 어쨌거나 그는 자기의 황숙이므로 유하를 우대하면 자기의 관대함과 현명함을 과시할 수도 있는 것이기 때문이다.

그러니까 이윤이 태갑을 쫓아낸 일을 흉내 내었던 것인지 아니면 선황제 임종시의 분부에 떳떳하고자 했거나 악명을 남기고 싶지 않아서였던지 간에 곽광은 유하를 죽여서는 안 된다고 생각했던 것이다. 특히 곽광이 그를 살려둠으로써 유순을 통제하고자 했건 것, 바로 이것이야말로 유하가 목숨을 보전할 수 있는 관건이었다. 그러나 유하가 목숨을 보전하고 먹고사는 데 걱정이 없다고 하나, 그는 이미 늘 곽광과 선제의 감시 속에 놓여 있었다. 시도 때도 없이 관리가 찾아와서는 문안을 여쭙는다는 명분 아래 실은 유하에게 아직도 다시 제위로 돌아가고자 하는 생각이 있는지를 살펴보았다. 유하는 자기를 찾아오는 이들이 곽광의 사람이거나 선제의 사람임을 분명히 알고 있었다.

창읍 옛 땅으로 돌아온 때부터 유하는 사람이 완전히 바뀐 것 같았다. 원기왕성하고 기개가 늠름하며 안하무인 격으로 멋대로 굴던 옛날의 모습은 사라지고, 풀이 죽어 의기소침한 것이 마치 하루아침에 열 몇 살 더 늙은 듯했다. 고향인 창읍에 막 돌아온 처음 며칠 동안 유하는 매일같이 부중(府中)에 가부좌를 틀고 앉아 한마디도 하지 않은 채 물 한 모금도 마시지 않았다. 옛날에 늘 오가던 왕공과 황제의 인척들은 하나같이 혹시라도 만날까 봐 두려워할 뿐 자기를 진심으로 위로하고자 찾아오는 이는 없었다. 자발적으로 찾아오는 이들은 대개 조정의 밀정이었기에 유하는 자기 인생이 이미 그다지 큰 의미가 없다고 느꼈다. 죽임을 당한 창읍 옛 부하들 가족의 비통한 얼굴을 마주보고 있자면 유하는 하루 종일 눈물을 줄줄 흘리며 심지어는 세상을 떠날까 하는 생각도 해보았다.

마침내 창읍국에서 2대에 걸쳐 대왕을 모시면서 유하가 성장하는 모습을 육안으로 지켜보다가 은퇴하여 고향으로 돌아갔던 옛 근신 한 사람이 유하의 처지를 전해 들었다. 유하를 몹시 아끼는 마음에 특별히 그를 만나고자 서둘러 왔다.

옛 근신은 유하를 세심하게 위로하면서 말했다.

"대왕이시여, 황제가 안 되어도 그만이니 황궁은 너무나 복잡하고 위험한 곳입니다. 이번에 입궁해서 보셨을 것이니 살아서 돌아오신 것만으로 천만다행입니다. 대왕께서 황궁으로 데리고 간 자들은 참으로 그렇게도 운이 없어 시신조차 돌아오지 못했습니다. 그러나 대왕께서는 지나간 일에 매달려서는 결코 안 됩니다. 죽은 창읍 옛 부하들의 혼

해혼후, 지워진 황제의 부활

령들은 실로 하늘에서 대왕께서 세상에 살아 있는 그들의 가족들을 잘 돌봐주실 것이라고 철석같이 믿고 있을 것이기 때문입니다.

대왕께서는 줄곧 아랫사람들을 배려하고 잘 돌봐주셨는데, 여전히 살아 있는 사람들은 모두 식읍의 주민들로 그들이 지금 의지할 수 있는 사람은 실로 대왕밖에 없습니다. 대왕께서 지나간 일에 매달려 계시면, 죽은 신속(臣屬)들은 아마도 영원히 안식을 얻지 못할 것입니다!"

유하는 옛 근신이 장안에서 죽은 창읍 옛 부하들을 언급하는 소리를 듣자 자기도 모르게 속이 끓어올라 뜨거운 눈물을 쏟았다. 그러면서 유하는 속으로 생각했다.

'옛 근신이 일리 있는 말을 하는구나. 자기가 죽어버리면 자기는 아무튼 모든 일로부터 벗어나는 셈이 되지만, 자기가 돌봐주기를 간절히 바라는 사람들은 어쩐단 말인가? 장안으로 데려갔던 부하들은 죽었지만, 그들이 세상에 남긴 가족들은 실로 자기가 책임지고 돌봐주어야 하는 것 아닌가? 자기에게는 아직 2천 호에 달하는 식읍이 있지 않은가?'

옛 근신이 계속에서 위로하며 말했다.

"대왕께서 창읍으로 돌아오신 것도 아주 좋은 일 아닙니까? 창읍왕이라는 칭호는 없어졌지만, 이곳에는 천하에서 가장 드넓은 숲이 있어 말을 타고 맘껏 달리실 수 있고, 이곳에는 천하에서 가장 훌륭한 악사가 있어 대왕을 위해 연주를 해드릴 수 있으며, 또한 천하에서 가장 아름다운 무희들이 대왕을 위해 춤을 보여드릴 수 있습니다. 우리의 부중에서 대왕께서는 옛날과 다름없이 지고무상의 왕이신 데다가 경성의 황궁처럼 그렇게 많은 규정도 없으니, 하고 싶으신 대로 하시기에 아주 좋습니다. 인생은 덧없는 것이나 그래도 살아 있는 것이 가장 중요한 일입니다."

유하는 자세히 생각해 보자 자기가 역시 너무나 유치했다. 제위에 있으면서 지나치게 멋대로 굴었으니 도무지 곽광의 상대가 될 수 없었던 것이다. 됐다 됐어, 살아서 돌아왔으면 된 거고 삶을 즐길 수 있으면 된 거다. 아무튼 가진 것이라고는 돈밖에 없으니 이 아름다운 시절을 더 이상 헛되이 보내서는 안 된다. 생각이 여기에 이르자 유하는 곧 큰 소리로 말했다.

"예전에 내가 가장 좋아하던 악사와 무희를 불러오고, 가장 즐겨 마시던 좋은 술을 올리고, 가장 아끼던 천리마를 준비하라. 나는 이제 즐기며 살련다!"

이에 며칠 지나지 않아서 창읍의 왕부에는 등불이 다시 밤새도록 켜지기 시작했다. 사람들이 모여 밥을 먹고 주지육림을 벌여놓은 채 왁자지껄하게 떠드는 소리가 그치지 않았고, 온통 태평을 구가하는 사치스러운 광경이 펼쳐졌다. 산양군의 드넓은 들판에서는 유하가 한 무리의 사람들을 거느린 채 광풍이 휘몰아치듯 말에 채찍을 가하며 달리는 모습을 늘 볼 수 있었다. 엄청나게 많은 먼지가 공중으로 솟구쳐 오르고, 달리는 말의 쇠편자에서는 수십 개의 전고를 치는 것과 같은 소리가 들려와 숲속의 동물들이 놀라서 사방으로 달아났다. 그전에 비

해혼후, 지워진 황제의 부활

해 유하는 더욱 거만해진 듯 전혀 거리낌 없이 말을 타고 사냥을 가고 술을 마시며 퇴폐적인 생활에 푹 빠졌다.

그러나 제아무리 미친 듯 놀아도 유하는 옛날에 실컷 즐길 때와 같은 재미를 다시는 느낄 수 없었다. 방종에 빠진 생활도 천당에서 지옥으로 떨어진 것이나 다름없는 바람에 유하의 마음속에 맺힌 바를 풀어주기 어려웠다. 다만 감히 직시하지 못하고 있는 현실로부터 잠시나마 도피할 수 있게 해줄 따름이었다.

어느 날, 유하는 한편으로 횟술을 마시면서 또 한편으로는 악사의 연주를 듣고 있었다. 몇 잔 마시고 나도 유하는 마음속에 맺힌 바가 더욱더 단단해지는 느낌이 들 뿐이었다. 한 곡이 끝나고 그가 고개를 숙이고 좋은 술이 가득 차 있는, 양쪽에 손잡이가 하나씩 달려 있는 술잔을 뚫어지게 바라보자 그 속에는 풀이 죽고 주눅 들고 비실비실한 모습을 한 애늙은이의 그림자가 보일 뿐이었다. 이 바싹 여윈 그림자가 자기란 말인가? 멋을 알고 호방스럽던 이전의 창읍왕은 어디로 갔단 말인가? 그 당시 위세등등했던 패기는 어디로 갔는가? 지금의 자기는 황위에서 쫓겨난 한 마리 상갓집 개와 다를 것이 없었다.

아니야, 나는 여기서 무너져서는 안 돼! 죽은 부하들이 아직도 하늘에서 나를 지켜보고 있고, 그들의 가족도 내게 기대를 품고 있지 않은가? 유하는 옛 근신이 자기를 위로했던 말이 기억나자 두 손으로 술잔을 단단히 붙들고 술을 단숨에 비우고 나서는 술잔을 땅바닥에 내던지자 '퍽' 하는 소리와 함께 산산조각이 나고 말았다.

유하는 퇴폐적인 생활에서 철저히 벗어나기로 결심을 했다. 몇 년 동안 이미 손놓고 있었던 학업을 다시 수습하고 경전을 소리 내어 읽으며 심성을 길러보기로 한 것이었다. 그는 자신을 위해서 그리고 자기 때문에 죽은 부하들을 위해서 잘 살아보고자 했다.

이렇게 유하는 폐위되고 나서 잠시 미친 듯이 놀고 난 뒤 차분해지더니 학습을 시작했다. 옛날에는 대략적인 뜻만 파악하고 깊이 파고들지 않았던 『상서』・『예기(禮記)』・『논어』・『역경(易經)』의 전적을 유하는 다시 꺼내어 연구하면서 샅샅이 읽어보는데, 뜻밖에도 그전처럼 싫증나는 일이 없었다. 자기도 모르는 사이에 유하의 심성은 한층 더 차분해졌고, 하루 종일 바깥출입을 삼간 채 왕부의 사람들과만 어울렸다. 유하는 옛날에 방종했던 과거와는 완전히 절연한 것 같았다.

유하가 차분해진 이래 종전에는 밤이면 밤마다 풍악을 울리고 노래를 부르는 소리가 흘러나오던 옛 창읍 왕부는 갑자기 적막하고 썰렁해졌다. 유하는 전적을 소리 내어 읽는 일 이외의 시간이면 늘 정원을 천천히 거닐었다. 종복 가운데는 이미 왕부를 떠난 자들도 있었고, 또 어떤 자들은 분부에 따라 이미 흩어졌다. 깊은 밤에 등잔불 몇 개가 사랑채를 희미하게 비추고 있었고, 밝고 둥근 달이 하늘에 걸려 있었다. 유하가 발걸음을 멈추고 고개를 들고는 달을 바라보자 밝은 달이 하늘 높이 솟아오른 모습만 눈에 들어오는 것이 달 구경하기 참 좋은 날인 듯했다. 그러나 애석하게도 그의 마음은 온통 울적해서 둥근 옥쟁반 같은 달의 자태를 감상할 겨를이 없었다.

'너무 흥분하거나 자만해서 모든 것을 잊어버리면 마침내 재앙을

해혼후, 지워진 황제의 부활

부르게 된다.' 유하는 이 글귀를 끊임없이 되새겨보았다. 갑자기 황제로 천거되어 자기가 존경하는 할아버지 한무제와 마찬가지로 천하를 주무르는 권력을 얻었으나, 오히려 또 갑자기 폐위되어 고향으로 송환되었고 심지어는 옛날의 봉왕(封王) 지위마저 박탈당했다.

삶의 굴곡 속에 깃들어 있는 맛은 오로지 자기만 세세하게 맛보아 괴로움과 후회를 하나하나 음미할 수 있는 법이다. 유하는 발걸음을 멈추고 하늘을 올려다보며 속으로 생각해 보았다. 만약 그때 자기가 신중하고 좀 자제해서 한선제 유순처럼 갑자기 뚝 떨어진 황위를 두고 조심스러워할 줄 알았다면, 결국 조정의 대권을 어렵지 않게 장악할 수 있지 않았을까?

유하가 끊임없이 이리저리 생각하고 있을 때, 달빛이 비추고 있는 멀지 않은 곳에서 바람도 불지 않았는데 나무 그림자가 갑자기 스스로 움직이는 것이었다. 깜짝 놀란 유하는 누가 훔쳐보고 있다는 것을 느끼고는 성난 목소리로 꾸짖었다.

"누구냐? 빨리 나오지 않고 무엇 하느냐?"

수풀이 몇 번 흔들리더니 삼베 옷을 입은 젊은 여자가 나무 뒤에서 나왔다. 그 모습을 본 유하는 깜짝 놀라지 않을 수 없었다. 그 여자는 용모가 빼어나게 아름다웠고, 미간에는 위엄의 기운마저 서려 있기 때문이었다. 그녀는 부중 노비 차림을 하고 있으니 아마도 왕부에 어제오늘 사이 새로 들어온 하녀일 것인데, 유하는 여태껏 본 적이 없었다.

달빛을 빌려 자세히 살펴보면서 유하는 낮은 목소리로 물었다.

"너는 누구냐?"

여자가 천천히 무릎을 꿇으면서 절을 올렸다.

"소녀는 라부(羅紨)이고, 아버님은 엄연년(嚴延年)입니다."

유하는 속으로 깜짝 놀랐다. 조정에 엄연년이라고 하는 관리가 있는데, 자기가 폐위된 뒤 곽광은 "독단적으로 황제를 세우고 폐하였으니 신하로서 예규(禮規)가 없고 인애의 도리에도 부합하지 않는다"고 하면서 선제에게 그를 탄핵하는 상주를 올렸다는 말을 들은 적이 있었기 때문이다. 유하는 엄연년이 자기를 위해 바른말을 한 것을 감격해하고 있던 터라 얼른 라부를 일으켜 세우고는 그녀 아버지의 상황을 물어보았다.

라부는 유하에게 다시 깎듯하게 절을 올리고 길게 한 번 탄식하고는 엄연년이 곽광을 탄핵한 뒤의 상황을 자세히 말해주었다. 알고 보니 엄연년이 곽광을 탄핵한 상소문은 선제의 책상 위에 전혀 오를 수가 없었다고 한다. 곽광이 좌지우지하고 있는 조정에서 엄연년의 탄핵 상소문은 돌멩이가 아무런 소리도 내지 못한 채 바다 속으로 가라앉는 것이나 다름없었고, 오히려 그는 곽광에게 아주 꺼림칙한 존재가 되고 말았다. 그 뒤, 엄연년은 또 당시 곽광과 맞장구쳤던 전연년을 탄핵했다가 도리어 일신에 화를 불렀다. 이번에는 반대로 전연년에게 탄핵당하고 곽광이 그를 붙잡아 죽을죄를 물으려고 한다는 소식을 들은 엄연년은 그날 밤으로 멀리 도망쳐서 집에도 감히 돌아오지 못하고 있었다.

엄연년의 가솔 역시 그 일로 동요할 수밖에 없어 집을 떠나 여러 곳을 돌아다니며 도망치고 있었다. 그렇게 도망다니다가 라부는 가족과

해혼후, 지워진 황제의 부활

헤어지고는 그들이 어디를 떠돌고 있는지 몰랐다. 그러나 어찌 알았으랴, 의외로 이렇게 우연히도 유하의 왕부에 하인으로 채용될 줄 말이다. 자기가 뜻밖에도 옛 창읍 왕부에 들어오게 된 사실을 안 이후 라부는 줄곧 유하를 만날 기회를 찾고 있었다. 그러다가 오늘 밤 유하가 홀로 달빛을 바라보며 낙담하고 허전해하는 모습을 보고는 나무 그늘에 숨어 있다가 막 앞으로 나아갈까 생각하고 있었는데, 의외로 유하에게 들키고 만 것이었다.

라부의 이야기를 다 듣고 나니 유하는 라부를 가엾게 여기는 마음이 절로 일었다. 어차피 같은 신세이고 결국 라부도 자기 때문에 가족과 헤어져 떠돌게 된 것이니, 그녀가 비록 지금 죄를 지은 신하의 식구라고는 하지만 자기에게는 라부를 보살펴줄 책임이 있었다. 라부의 용모가 어여쁜 것을 보자 유하는 마음이 동했다. 유하는 아예 라부를 첩실로 삼아 온종일 곁에 있도록 했다.

몇 년이란 시간이 눈 깜짝할 사이에 지나갔고, 역사는 다시 새로운 장을 열고 있었다.

서기전 68년, 4대에 걸친 권신 곽광이 병으로 세상을 떠났다. 유하의 후임자인 한선제 유순은 곽광이 죽은 뒤 마침내 국정 대권을 장악하게 되었는데, 이때 그는 이미 황제가 된 지 4년째였다.

경망스럽고 제멋대로 굴었던 유하와는 달리, 그리고 심지어는 한나라의 기타 모든 황제와는 달리 한선제 유순은 민간에서 성장했고 어렸을 때 위험하고 예사롭지 않은 일을 당해보았다. 그렇기에 치욕을 참아가며 중임을 맡을 수 있었고, 생각이 깊고 멀리 내다볼 줄 알며 충분히 준비하고 차근차근 일을 진행할 줄 아는 황제가 되었다. 한선제 유순은 곽광의 권세가 커서 자기의 생사존망이 완전히 그의 손에 달려 있다는 사실을 잘 알고 있었다.

한선제는 은인자중하기로 결정하고는 조정의 모든 대사를 하나도 빠짐없이 대장군 곽광의 안배에 따라 처리했다. 그는 등극하자마자 곽광에게 식읍 1만 7천 호를 추가로 봉해주었다. 옛날에 봉해진 것과 합치면 곽광의 봉읍은 놀랍게도 2만 호가 넘었다. 그동안 하사받은 것으로는 황금이 7천 근, 은이 6천 근, 여러 가지 견직물이 3만 필, 노비 170명, 말 2천 필, 고급저택 한 채 등등이 있었다. 곽광이 그에게 정권을 돌려주려고 하자 그는 단호히 받아들이지 않았고, 줄곧 곽광을 더욱 존중하고 예의 바르게 공손히 대했다. 심지어는 자기와 동고동락했던 허(許) 황후가 곽광의 후처인 곽현에게 모해당한 난 뒤에도 그는 꾹 참고 곽씨 가문이 원하는 바를 들어주고자 곽광의 딸인 곽성군(霍成君)을 황후로 세우기까지 했다.

곽광이 세상을 떠나자 한선제는 직접 가서 조문하고는 제왕의 규격에 따라 곽광을 무릉(茂陵)에서 성대하게 장례를 치러주고 '선성후(宣成侯)'라는 시호를 하사했다. 곽광이 죽은 뒤 선제는 차츰차츰 곽씨 일족의 역량을 약화시켜 갔다. 겉으로는 승진한 것처럼 보이지만 실제로는 좌천시키거나 파직·전임·제도개혁 등의 조치를 통해 곽씨 집안에 속하는 관리들을 점차 암암리에 배척해서 실권을 잃게 하고 정

해혼후, 지워진 황제의 부활

권과 병권을 서서히 회수해서 자기 것으로 만들었다. 그와 동시에 허황후가 곽씨 가문에 모해당한 사건을 철저히 조사한다는 구실로 곽씨 가문을 모반의 길로 내몰아 마침내 정당한 명분을 내세워 수십 년 동안 조정에 둥지를 틀고 있던 곽씨 가문 세력을 일거에 섬멸해 버렸다. 이로부터 한선제 유순은 자신의 절대통치를 확립해서 대한제국의 위대한 주인이 되었다.

　곽광이 죽은 뒤, 한선제 유순은 "바늘방석에 앉은 것 같은" 느낌이 더 이상 들지 않았다. 방석 위에 있던 '날카로운 바늘'이 마침내 사라지자 유순은 온몸이 편안했다. 곽씨 가족을 모두 없애버리니 유순은 자기 마음을 억누르고 있던 커다란 산이 없어진 것 같은 느낌이 들었다. 그는 자기가 앉아 있는 제위에 잠재적인 위협이 되는 사람들에게 의심의 눈초리를 돌리고 있었는데, 그전에 곽광이 늘 자기를 자극하는 데 쓰던 전 황제 유하야말로 그 가운데 하나였다. 유하는 창읍의 옛 땅으로 송환되어 창읍왕이라는 봉호도 없어졌기에 보잘것없는 평민에 불과하기는 했다.

　그러나 그곳은 그들 부자가 수십 년 동안 다스려온 지방이니, 유하가 암암리에 모반의 생각을 품거나 모역의 거사를 준비하고 있을지 누가 안단 말인가? 예전에 연왕 유단도 조정의 대신과 결탁해서 두 번이나 모반을 기도하지 않았던가? 자기가 유하의 신변에 심어둔 심복이 최근 몇 년에 걸쳐 보고해 온 정황에 따르면 전 황제 유하는 제위를 노리는 마음이 이미 없어졌고, 책에 푹 빠져 완전히 책벌레가 되었다고 한다. 그러나 아직 이 황숙에 대해 완전히 방심하기는 어렵지 않겠는가?

유하는 곽광이 죽었다는 소식을 들었을 때, 그 소식이 자기가 오랫동안 밤낮으로 기다려온 것이기는 했지만 의외로 흥분되는 마음이 털끝만큼도 들지 않았다.

곽광에 의해 제위에서 끌려 내려온 때부터 유하는 날마다 곽광이 빨리 죽기를 바라고 있었다. 또 곽광에게 조종당하느라 주체적이지 못했던 불우한 자기의 운명이 떠오를 때마다 유하는 잇몸이 간지러울 정도로 곽광이 미웠고, 속으로 수없이 저주하며 그 살을 날로 씹어먹지 못해 한스러웠다. 그러나 곽광이 정말로 죽었다는 사실을 듣게 되자 유하는 뜻밖에도 실망스러운 느낌이 조금 들 뿐 곽광이 조금도 밉지 않았다. 심지어는 곽광의 죽음에 안타까운 마음이 약간 들기조차 했다.

유하는 솔직히 곽광의 집정능력과 정치수완이 아주 경탄할 만하다고 생각했다. 곽광은 자기에게 왕에서 황제가 되는 깜짝 선물을 줌과 동시에 황제에서 서민으로 전락하는 악몽을 선사하기도 했다. 이미 위대한 한나라의 천자가 되었건만 자기의 운명은 뜻밖에도 곽광의 손아귀에 완전히 장악되어 조금도 주체적일 수가 없었다. 곽광은 마치 장난감을 가지고 놀 듯이 황제를 조종했으므로 이 점에 대해서 만큼은 곽광을 미워해야 마땅했다. 자기만 곽광을 미워하는 것이 아니라 똑같이 곽광의 조종을 받았던 한소제 유불릉과 한선제 유순도 그렇게 생

해혼후, 지워진 황제의 부활

각할 것이라고 믿었다.

그러나 곽광은 국정을 주재했던 수십 년 동안 소제 유불릉과 그 뒤의 선제 유순을 보좌함에 아침 일찍 일어나고 저녁 늦게 잠자리에 들며 온 힘을 다함으로써 위대한 한나라의 강산에 커다란 공로를 세웠다. 비록 곽광이 자기를 황제에서 폐하여 서민으로 만들기는 했지만 그도 한나라 황실의 강산과 사직을 지킨다는 깃발 아래 한 일이다. 게다가 자기가 황제의 자리에 있었을 당시 타당하게 처리하지 못한 일들이 있었던 것은 분명하기에 곽광이 꼬투리를 잡아 자기를 폐할 구실을 찾은 것도 결코 부당한 일은 아니었다.

특히 황제의 자리에서 쫓겨나 서민이 된 뒤, 곽광은 전 황제인 자기를 대함에 그래도 다른 서민과 구별을 두어 식읍 2천 호를 주었다. 창읍왕 시절만큼은 못 하기는 해도 보통 서민에 비하면 훨씬 나은 처지였다. 본래 창읍왕부는 의식(衣食)에 걱정이 없었을 뿐만 아니라 장안에서 죽은 창읍 옛 부하들의 가족을 도와줄 여유도 있었다. 유하는 그에 상응하는 정치권력이 없다는 것을 제외하면 대우받고 사는 정도가 다른 제후와 다를 것 없이 충분히 좋은 편에 속했다.

위대한 한나라의 4조에 걸친 원로이자 한무제의 탁고대신인 곽광이 수십 년 동안 국정을 주재한 행동은 한무제의 당부를 이행한 셈이기도 하다. 만약 다른 사람이었더라면, 나라는 이렇게 활기차게 발전하는 국면을 맞지 못했을 것이 틀림없다. 생각이 여기에 미치자 유하는 곽광을 미워하는 마음은 사라지고 탄복하는 마음만 남을 뿐이었다. 심지어 그는 곽광이 죽은 뒤 한나라 황실의 강산이 무슨 영향을 받지나 않을까 속으로 걱정하기까지 했다.

곽광이 죽고 나자 유하는 마침내 자기 목에 감겨진 밧줄이 풀린 느낌이 들기는 했지만, 마음속에 깊이 묻혀 있던 남모르는 근심이 더욱 더 심해졌다. 그는 선제 유순이 자기에 대한 경계심을 풀지 않고 있다는 사실을 잘 알고 있었다. 왜냐하면 몇 년 동안 자기를 찾아와 살펴본 사람들 가운데는 곽광이 보낸 자도 있고 선제의 뜻을 받들어 온 자도 있었기 때문이다. 자기는 이미 서민이 되었기는 하지만, 전 황제라는 신분은 지금 황제의 마음에 꺼림칙한 것이 틀림없었다. 장안에서 쫓겨난 뒤 자기는 일찌감치 풀이 죽고 기가 꺾여 조정의 일에는 아무런 관심도 없지만 말이다. 하지만 지금 황제가 자기를 꺼림칙하게 여기고 있다면, 아무래도 커다란 화가 닥칠 날이 멀지 않을 성싶었다.

유하가 또 생각해 보니, 지금 황제는 항렬을 따지자면 그래도 자기의 조카이고 자기는 황숙이니 한 식구인 셈이었다. 황제는 곽광의 그림자 아래에서 정권을 잡고 있었던 몇 년 동안 장식품에 불과한 신세였으므로 속으로는 몹시 불편했을 것이 틀림없었다. 어쩌면 그가 결국 자기 때문에 황제가 되었으니 고맙게 여기고 또 한 집안의 삼촌과 조카 사이임을 잊지 않고 다시 자기에게 작위를 내릴지도 모를 일이었다. 그렇게 되면 자기는 옛날처럼 종묘에 가서 역대 조상님들에게 올리는 제례에 참석할 수 있는 것이다.

유하는 종묘에서 올리는 제례를 가장 중요시했는데, 왜냐하면 황실

해혼후, 지워진 황제의 부활

의 구성원임에도 불구하고 종묘 제례에 참석하지 못한다면 이것은 자기를 죽이는 징벌보다 무거운 것이라고 여겼기 때문이다. 오로지 자기에게는 이미 황위를 노리는 마음이 털끝만큼도 없음을 황제가 알아차리기를 바랐다. 황제의 의심이 완전히 없어져야 비로소 언젠가는 종묘에 가서 역대 조상님들에게 올리는 제례에 참석할 수 있을 것 같았다. 그런데 도대체 어떻게 해야 황제가 자기의 마음을 알아차리게 할 수 있을까?

유하는 아주 오랫동안 생각해 보더니 선제 유순에게 자기의 속내를 밝히는 편지를 써서 보내기로 결정했다. 유하는 편지에서 아래와 같이 간곡하게 말했다.

죄신(罪臣) 유하는 죽을죄를 무릅쓰고 꿇어앉아 아뢰옵니다.

신 유하는 타고난 성품이 우둔하고 재능이 없어 선조 황제의 대업을 제대로 계승하지도 못했고, 천하 백성의 민심을 따르지도 못했습니다. 신이 저지른 불초한 죄행은 설사 만 번 죽는다 해도 변명할 생각이 없습니다.

인자하신 폐하께서는 신하의 죄행을 사면해 주신 데다가 몇 천 호의 식읍을 하사하기까지 하셨습니다. 신은 일개 서민으로서도 언제나 폐하의 은덕을 그리워할 뿐만 아니라 늘 스스로 반성하고 잘못을 뉘우쳐 새로운 사람이 되고자 합니다. 그리고 여러 해에 걸쳐 소박하게 살면서 자제하고 게으름을 피우지 않은 덕분에 재물을 좀 모았습니다. 이제 이 재물을 폐하께 드려 종묘에 바침으로써 신의 뜻과 폐하의 타이름에 순종하며 감사하는 마음을 표시하고자 합니다.

어느 날, 선제 유순은 산양태수로부터 유하가 편지를 보냈다는 보고를 받았다. 편지는 길지 않았지만, 그 마음이 매우 진실해서 감동시키는 바가 있었다. 선제 유순은 편지에서 유하가 언젠가 종묘에 가서 제례를 행할 수 있게 해달라고 부탁한 것은 좀 의외라고 느꼈다. 유하는 편지의 내용처럼 정말로 철저하게 개과천선한 것일까? 편지의 말을 살펴보니, 전 황제였던 황숙은 실로 불쌍해 보였다. 밀정이 자기에게 보고한 정황을 참조해 보니, 유하가 편지에서 쓴 내용은 믿을 만한 것이었다.

만약 유하가 이미 개과천선해서 제위에 위협이 되지 않는다면, 어쨌거나 그는 자기의 황숙인 이상 그에 상응하여 안배하는 것을 고려해 볼 만했다. 게다가 곽광이 죽은 뒤 국정 대권은 이미 전부 자기의 수중에 있으므로, 유하가 설령 무슨 생각을 한들 그에게는 아무런 방법이 없었다. 그러나 아직 더 살펴보고 시험해 보아야 하니, 자기의 속내를 확실히 아는 사람을 산양군으로 보내 태수를 맡으라고 해야겠다.

선제 유순은 유하가 황제로 있을 때 유하에게 간언을 올렸던 장창을 선택해서 산양군 태수로 임명 했다.

서기전 67년 5월, 장창이 산양에 도착했다.

장창은 매우 유능한 관리로 청렴하고 용감하고 정직해서 일찍이 여러 차례 상소하고 간언을 올렸다. 유하가 황제로 있던 시기에 장창은 황제의 거마를 관장하는 태복의 직책을 맡고 있었으므로 유하와 비교

 해혼후, 지워진 황제의 부활

적 가까운 편이었으며 유하에게 간언을 올린 적도 있었다. 곽광이 국정을 틀어쥐고 있던 시기에 장창은 강직해서 아첨하는 일이 없었던 까닭에 곽광의 미움을 사서 배척을 당해 곽광이 세상을 떠날 때까지 벼슬길이 줄곧 순탄하지 못했다.

이번에 다시 선제에게 기용되어 산양 태수를 맡게 되자 장창은 이런 생각이 들었다. 선제는 유하가 황제로 있을 때 자기가 황제의 외출에 사용하는 거마를 관장했기 때문에 유하와 비교적 친근한 관계에 있다는 사실을 확실히 알고 있을 것인데, 왜 군이 자기에게 산양 태수의 직책을 맡긴 것일까? 장창은 본인이 유하에게 아무런 악감정도 없을 뿐더러 심지어는 약간의 친근감마저 있다고 여겼다.

그가 볼 때, 유하는 아랫사람을 비교적 상냥하게 대하는 마음씨 착한 사람으로, 이 점은 왕후 가운데 비교적 찾아보기 어려운 것이었다. 자기가 태복으로 있었던 당시에 유하는 자기에게도 잘 해준 편이어서 황제라고 거드름 피우는 태도는 조금도 없었고 신났다 하면 크게 상을 내리곤 했다. 유하는 다만 집정 경험이 부족하고 일처리가 지나치게 제멋대로였을 뿐이다. 만약 곽광처럼 세력이 강한 권신을 만나지 않았더라면, 유하는 어쩌면 지금 황제 노릇을 잘하고 있었을지도 모른다.

장창은 속으로 생각해 보았다. 선제가 그를 태수로 임명한 것은 설마 정말로 전 황제 유하를 감시하기 위해서일까? 장창은 선제가 몇 년 동안 유하를 감시함에 잠시도 소홀한 적이 결코 없었다는 사실을 알았다. 유하에게 만약 제위를 노리는 마음이 있었더라면 선제의 귀와 눈을 절대로 피할 수 없었을 것이므로 지금껏 살려둘 리가 없다고 믿었다. 그리고 선제는 자기와 유하 사이에 사적인 우정이 있음을 분명히 알고 있음에도 불구하고 자기를 불러 산양 태수에 임명한 것은 혹시 유하와 숙질 사이의 정분이 마음에 걸려 자기에게 유하를 감시함과 동시에 차후 유하에게 작위를 하사할 바탕을 마련해 주려는 것은 아닐까?

생각을 하다 이 대목에 이르자 장창은 머릿속이 환해지고 답답했던 가슴이 확 트이는 느낌이 들었다. 장창은 유하가 전 황제일 뿐만 아니라 당대의 황숙임을 잘 알고 있었다. 유하가 제위를 노리는 마음만 먹지 않는다면, 황제의 인자함을 확실히 보여주기 위해서 이제는 일개 서민의 신분인 황숙에게 작위를 내릴 가능성이 아주 높았다.

황제의 속내를 잘 이해한 장창은 감히 추호도 일을 소홀히 할 수 없었다. 황제의 의도가 짐작이 가기는 했지만, 산양 태수로서 유하를 감시하는 일은 결코 건성으로 해서는 안 된다. 모든 일은 반드시 원칙대로 처리해야만 되는 것이었다. 그렇지 않으면 선제에게 보내는 보고는 제대로 된 것이라고 하기 어려웠다.

장창이 산양에 태수로 부임했다는 사실을 알게 된 유하는 속으로 생각했다. 선제가 강직함으로 이름난 유능한 관리를 산양 태수로 보낸 것은 자기를 감시하는 일을 강화하려는 것이었다. 보아하니, 선제는 자기가 써 보낸 편지를 보고 자기에 대한 의심을 접은 것이 결코 아니라 도리어 전 황제인 자기에게 더욱더 신경을 쓰게 된 것이었다. 만일

해혼후, 지워진 황제의 부활

선제가 자기에게 여전히 제위를 노리는 마음이 있다고 여기게 만든 것이라면, 아마도 커다란 화가 곧 들이닥칠 것이다. 유하가 미처 생각하지 못했던 점은 그가 선제에게 써 보낸 그 편지가 실은 이미 선제의 가슴에 대못을 박은 셈이고, 선제는 적당한 시기가 오기만을 기다리고 있을 따름이라는 사실이었다.

유하는 장창을 잘 알고 있었다. 자기가 황제로 있었던 당시에 장창은 태복의 자리에 있었으니 신변의 근신이라고 할 수 있었다. 그때 장창은 바로 자기에게 용기 있게 간언하는 얼마 안 되는 대신 가운데 한 사람이었다. 유하는 당시 장창이 자기에게 간언하기를 마땅히 조정의 대신들을 더 많이 가까이하고 자기가 데리고 온 창읍의 옛 신하들에게 먼저 상을 내려서는 안 된다고 했던 것이 어렴풋이 기억났다.

장창은 자기에게 간언을 할 때면 도리에 의거해 역설하면서 황제인 자기를 두려워하는 모습을 털끝만치도 보이지 않았다. 이 장창이라는 자는 강직해서 아첨하지 않고 식견이 넓고 담력이 커서 심지어는 곽광에게 대들 정도였다. 장창을 마주보고 있노라면, 자신의 말과 행동 하나하나를 염두에 두고 더욱더 조심하지 않으면 안 되었다. 유하는 집안에 틀어박혀 좀처럼 외출하지 않고, 노비마저 마음대로 왕부에 드나드는 것을 금지함으로써 시비를 일으키는 일을 막았다.

어느 날, 유하가 왕부 안에서 책을 읽고 있는데, 종복이 와서 알리기를 태수 장창이 찾아왔다고 했다. 그 소리를 들은 유하는 장창이 예방이라는 명분을 빌려 직접 허실을 알아보러 온 것이라고 생각했다. 장창이 원래의 창읍 왕부에 들어서고 보니, 분위기가 스산하고 정원의 식물은 오랫동안 손질하지 않은 듯했으며 땅바닥에는 온통 낙엽이 쌓여 있을 뿐이었다. 풀이 죽어 있는 노비 몇몇이 왕부 안에서 오가고 있었는데, 그들이 대화를 나누는 모습은 볼 수 없었다.

정원에서 한동안 서 있던 장창의 눈에 몸집이 비교적 큰 사내가 손에 죽간을 든 채 약간 비틀거리는 발걸음으로 다가와 인사를 하는 모습이 들어왔는데, 바로 유하였다. 장창이 자세히 살펴보니, 예전에 황제였던 그는 이미 옛날과 전혀 달라 보였다. 옛날 제위에 있을 때의 거만했던 표정은 온데간데없이 사라졌고, 죽간도 거꾸로 들고 있었다. 장창은 이전에 이미 유하 수하의 하인에게서 소식을 알아보았는데, 유하가 비틀거리며 걷는 것은 풍습병(風濕病) 때문이었다.

몇 마디 인사말을 나누고는 장창이 물었다.

"옛 창읍왕께서는 여기 계시는 것이 그런대로 괜찮으십니까? 제가 도와드릴 일이 있으면 직접 제게 알려주시면 됩니다."

유하는 장창의 말에 바로 대답하지 않고 정원에 있는 고목을 바라보고 있었는데, 넋을 잃은 듯한 표정을 지은 채 한동안 말이 없었다. 한참 있다가 유하는 비로소 서서히 정신을 차리고는 조금 망설이며 말했다.

"귀하의 호의는 대단히 감사하오만, 거듭 생각해 보니 아무런 요구도 못 할 것 같소."

장창은 유하의 좀 굼뜬 반응을 보고는 속으로 인생의 덧없음을 한탄하며 한숨을 쉬었다. 옛날에는 거만했던 황제였고 자기가 올린 간

해혼후, 지워진 황제의 부활

언을 귀담아 듣지도 않던 황제였는데, 이제 뜻밖에도 어눌한 모습으로 바뀌어버렸으니 말이다.

　　종복 몇몇이 일찌감치 정원에 술상을 봐두었다. 유하는 장창을 데리고 가서 자리에 앉았다. 술잔이 세 순배째 돌고 있을 무렵, 나무 위에서 부엉이가 처량하게 우는 소리가 몇 번 들려왔다. 부엉이라는 새가 본래 악명을 떨치게 된 것은 전하는 말에 따르면 부리로 자기의 어미를 쪼아먹기 때문이라고 한다. 그래서 민간에서는 부엉이의 울음소리를 불길한 징조로 여기는 경우가 흔하다. 장창은 부엉이를 구실로 유하의 심경을 다시 한 번 떠보기로 마음먹었다.

　　장창이 탄식하며 말했다.

　　"왕부에 의외로 부엉이가 이렇게도 많은데, 왜 쫓아버리지 않으십니까? 저것들은 불길한 날짐승입니다."

　　유하는 과장하는 듯한 목소리로 한 번 대답하고는 무표정한 얼굴로 계속해서 말했다.

　　"실로 부엉이가 많지요. 옛날에 내가 서쪽의 장안으로 갈 때는 본래 부엉이가 없었는데, 돌아오고 보니 어찌된 일인지 부엉이의 울음소리를 늘 듣게 되었습니다. 다른 사람들 역시 왕부에 부엉이가 있는 것은 불길하다고 말했지만, 거들떠볼 마음이 들지 않더군요."

　　유하는 자기 집의 일을 마치 남의 집 일처럼 말하고 있었고, 마음속에는 불안한 느낌 역시 털끝만치도 없어 보였다.

　　술자리를 갖고 있는데, 유하의 하인들이 계속해서 다가와 인사를 올렸다. 유하도 한 사람 한 사람 장창에게 소개를 했고, 장창은 말없이 애써 기억해 두었다. 그가 유하의 말투와 태도를 살펴보니, 어조가 일정하고 어눌하며 감정의 기복 역시 별로 없었으며, 말을 할 때 꺼리는 것이 없고 조심하는 것도 없어 아무런 궁리도 하고 있지 않는 것 같았다.

장창은 마음속에 의심이 좀 생겼다. 며칠 전 보고에 따르면 유하는 하루 종일 성현의 책을 소리 내어 읽고 있다고 했으니, 이치에 따르자면 그가 이렇게 어눌한 반응을 보이지 않아야 옳은 게 아닌가? 장창은 문득 이런 생각이 떠올랐다. 설마 옛날에 제멋대로 굴기로 비할 데 없던 유하가 인생의 파란만장함을 겪은 뒤 뜻밖에도 가장하는 법을 배워 진짜 자기를 감추게 되었다는 말인가? 장창은 그런 유하를 보고 속으로 그 기묘함에 탄복을 금할 수 없었다.

술자리가 파하자 장창은 작별인사를 올렸다. 그때는 이미 황혼 무렵이었다. 유하가 석양이 비치는 정원에서 황송한 듯 서서 배웅하는 모습을 보노라니, 본래 비교적 컸던 유하의 몸집이 이제는 이미 움츠러든 것이 분명한데, 황혼 속에서는 더욱 작고 바싹 여위어 보였다. 장창은 그런 옛 주인을 지켜보고 있자니, 갑자기 그가 불쌍하기도 하고 가엾기도 해서 하고 싶은 말이 무척 많았지만 어떻게 입을 열어야 할지 몰랐다. 그는 자기가 유하와 일가도 친구도 아니고 그저 한때의 신하였을 따름이라는 것을 잘 알고 있지만, 지금 유하의 외롭고 처량한 모습을 보자 가슴속에 다소 참을 수 없는 느낌이 치솟았다. 그는 유하를 향해 두 손을 맞잡고 절을 올리고는 서둘러 떠났다.

해혼후, 지워진 황제의 부활

또 몇 년이 지나 서기전 64년, 이때는 유하가 폐위된 지 이미 십 년째 되는 해였다. 한선제는 여전히 산양 태수로 있던 장창에게 사자를 보내 국서를 주며 말했다.

"산양 태수에게 명하노니, 도적에 대비함에 신중을 기하고 오가는 과객에게 주의를 기울이되, 이 조령을 누설해서는 안 된다!"

이 조령은 대충 보면 무슨 뜻인지 모를 수도 있지만, 실제적인 의미는 장창에게 유하의 상황에 대한 상세하고도 종합적인 보고를 요구하는 것이었다. 이에 장창은 유하 왕부 안에 있는 밀정의 통상적인 보고와 자기가 여러 차례 사람을 보내 탐방한 결과에 근거해서 선제 유순에게 유하의 평상시 행동을 항목별로 보고하면서 폐위된 뒤의 유하는 각별히 외롭고 처량한 상태라고 설명했다. 장창은 아래와 같이 아뢰었다.

신하 장창은 지절(地節) 3년(서기전 67년) 5월에 산양군에 와서 직무를 맡아 지금 이미 3년이 넘었습니다.

원래의 창읍왕 유하는 지금 그가 예전에 창읍왕으로 있었던 때의 왕부에 아직 살고 있습니다. 신은 태수에 부임한 이후 일찍이 유하와는 오랜 친구인 셈이므로 위문한다는 명분으로 여러 차례 관리를 보내 허실을 알아보았습니다. 나중에는 신하가 또 일부로 직접 탐방하러 갔습니다.

저희들이 알고 있기로는 지금 유하에게는 노비가 183명 있습니다. 그러나 유하 왕부의 대문은 늘 잠겨 있고, 유하를 제외하면 바깥사람이 들어오고 나가는 일은 매우 드뭅니다. 왕부에는 작은 문이 하나 있고, 그들은 늘 이 작은 문을 통해 노련한 심부름꾼을 내보내 음식물을 구입하는데, 매일 아침 한 차례 음식물을 들이는 때 말고는 출입하는 사람이 거의 없습니다. 그밖에 순찰을 맡는 시위가 한 명 있어 오가는 사람들에게 주의를 기울이며 무슨 이상이 있는지 없는지 살펴봅니다. 유하는 또 큰돈을 들여 수위를 고용해서 왕부의 안전을 도모하고 도적을 방비하고 있습니다.

신 장창은 부임하고 나서 두 번째 되는 해에 왕부로 가서 유하의 상황을 살펴본 적이 있습니다. 그때 유하는 대략 스물예닐곱 살이었는데, 얼굴은 검었고 눈은 작았으며 코는 뾰족하면서도 낮았고 수염은 별로 없었습니다. 그는 몸집이 꽤 큰 편이지만 풍습병에 걸려 거동이 불편했습니다. 그는 짧은 옷에 큰 바지를 입고 혜문관(惠文冠)을 쓴 채 옥고리를 차고는 머리에는 붓을 비녀 삼아 꽂고 손에는 목간을 들고 있었습니다. 신하는 그와 몇 마디 인사를 건네고는 정원에 앉아 이야기를 나누었습니다.

신하는 그의 반응이 보고 받은 대로 더 이상 영민한지 아닌지 알아보고자 흉조인 부엉이를 화제로 삼아 그를 시험해 보았습니다.

"창읍에는 부엉이가 정말로 많습니다."

유하도 꺼려서 피하지 않고 말하기를 창읍에는 실로 부엉이가 많은데, 예전에 그가 장안에 갈 때는 부엉이가 없었지만 돌아오면서 동쪽으로 제양에 이르자 비로소 또 부엉이의 울음소리를 듣게 되었다고 했습니다. 지켜보니 유하는 보고 받은 대로 확실이 반응이 둔하고 생각이 영

해혼후, 지워진 황제의 부활

민하지 못하게 되었습니다.

신하는 또 그의 처와 노비를 보았습니다. 그때 한 사람은 재갈과 고삐를 들고 있었습니다. 저는 재갈과 고삐를 든 사람을 여러 번 살펴보았습니다. 그 모습을 본 유하는 곧 꿇어앉은 채로 소개를 했습니다.

"재갈과 고삐를 든 사람의 모친은 엄장손(嚴長孫)의 딸입니다."

그 말을 듣고서야 저는 엄연년의 딸이 뜻밖에도 유하에게 시집왔다는 사실을 알게 되었습니다. 엄연년은 이름난 혹리로 법을 집행함이 엄격하고 가혹하고 잔인했으며, 일찍이 "독단적으로 황제를 세우고 폐하였으니 신하로서 예규가 없고 인애의 도리에도 부합하지 않는다"고 곽광을 탄핵하는 상주를 올렸다가 곽광이 붙잡으려 하자 죄를 덮어쓰고 도망쳤습니다. 유하는 그렇게도 어리석어 뜻밖에도 이러한 관계를 피하지 않고 다 털어놓았습니다.

신하가 관찰한 바에 따르면, 옛 창읍왕은 경망스럽게 제멋대로 굴던 예전의 그가 이미 아니었고, 도리어 좀 실성하거나 어리석은 것 같았습니다. 그는 처첩이 16명이고 자식이 22명인데, 그 가운데 아들이 11명이고 딸도 11명입니다. 옛날부터 그를 받들어온 늙은 사내종과 하인들이 병에 걸리면 그들이 좀 일찍 죽어도 된다고 말하기까지 했다고 합니다. 그러므로 유하는 일찌감치 공맹의 도를 생각의 뒷전에 버리고 인애의 마음이 없어져 더 이상 인의를 모르고 있음을 알 수 있습니다.

한선제는 장창의 보고를 꼼꼼히 살피고 다시 다른 비밀 보고와 결부시켜 보고는 유하가 폐위되고 왕호를 박탈당한 뒤로 이미 한 번 넘어지더니 다시 일어나지 못하는 상태에 빠져 있으므로 걱정할 필요가 없다고 여기게 되었다. 선제는 또 옛날에 자기의 장인 허광한(許廣漢)이 창읍국에서 벼슬을 살 때 창읍왕이 그에게 은혜를 베푼 사실을 기억해 냈다. 선제는 이모저모를 고려해 보고 나더니 마지막으로 다음과 같이 마음먹었다.

만약 유하에게 반역을 꾀하는 마음이 더 이상 없다면 잘 대해주어도 될 것이고, 반역할 뜻을 가지고 있다면 마땅히 그 기반을 없애버려야 할 것이다. 끝으로 선제는 악명을 남기지 않기 위해서는 유하의 목숨을 살려두는 것이 낫겠다고 결정했다. 더욱이 그에게 적당한 작위를 하사할 수도 있는데, 그렇게 하면 자기의 인덕을 보여주는 셈이 될 것이었다. 그러나 유하가 창읍왕으로서 옛 창읍국에서 오랫동안 다스려온 까닭에 기반이 꽤 탄탄하므로 그가 제위를 노리는 것을 막으려면 그를 사람도 땅도 낯선 외진 곳으로 옮겨가게 하는 것이 비교적 타당했다.

산양군, 산양군이라, 산의 양지이니 운세가 강하구나. 어쩐지 유하가 폐위된 뒤 뜻밖에도 십 년이나 잘 지낼 수 있었던 것도 당연하다. 그를 더 이상 그곳에 머무르게 하는 것은 적당하지 않으니, 그를 습한 땅으로 옮겨가게 하여 그의 운세를 상쇄해야겠다. 선제는 시중이자 위위인 금안(金安)을 불러서 자기의 뜻을 털어놓았다.

금안이 말했다. "가장 남쪽에 있는 미개하고도 황량한 곳인 예장군(豫章郡)에는 팽려택이 있는데, 물의 형세가 험악해서 물난리가 자주

해혼후, 지워진 황제의 부활

일어납니다. 팽려택의 가장자리에는 해혼현이 있는데, 물의 서쪽이라는 뜻이니 산의 양지와는 정반대가 됩니다. 옛 창읍왕을 해혼후에 봉하셔서 그곳으로 보내 그의 운세를 상쇄하는 편이 낫겠습니다."

한선제는 크게 기뻐하며 말했다.

"좋다!"

그리고 잠시 생각에 잠겼다가 다시 말했다.

"하지만 해혼후에 봉하면, 그가 입경해서 조상의 묘에 참배해도 되는 것 아닌가?"

금안은 즉시 황제의 생각을 파악하고는 간언을 올렸다.

"원래의 창읍왕은 의롭지 못한 도리를 마구 행한 폐제로서 하늘의 버림을 받은 사람이니 본래 서민이 되어야 마땅합니다. 이제 폐하께서 지극히 인자하신 덕분에 뜻밖에도 그를 열후에 봉하시는 것입니다. 그러나 원래의 창읍왕은 우매하고 완고하며 몹쓸 사람이라 후작에 봉해진 뒤라도 아마 종묘에서 제례를 봉행하고 입조해서 군주를 알현하는 예를 행하기에 마땅하지 않을 것입니다."

선제는 이 의견이 자기의 마음에 딱 들어맞았기에 즉시 윤허했다.

원강(元康) 3년(서기전 63년) 3월, 선제는 다음과 같이 조서를 내렸다.

"듣자 하니 순의 아우인 상(象)*이 죄를 지었음에도 불구하고, 순은 임금이 된 후 그를 유비국(有鼻國)에 봉했다고 한다. 혈육의 사이는 분

---

* **상** : 성은 희(姬)이고 순임금의 배다른 동생이다. 전설에 따르면 상은 그 어머니가 부추기는 바람에 여러 차례 순을 해치려고 했으나 다 실패했다. 그 뒤에 상은 순에게 감화를 받았다. 순은 즉위 후, 상을 유비국 국군에 봉했다.

명하여 끊어지지 않는 법이니, 이제 옛 창읍왕 유하를 해혼후에 봉하고 식읍 4천 호를 하사하노라."

유하는 이렇게 해서 해혼후에 봉해졌는데, 봉지는 당시의 경성에서 멀리 떨어진 예장군, 즉 오늘날의 강서성 남창이었다.

해혼후에 봉해진 뒤 유하의 운명은 어떻게 되었을까?

해혼후, 지워진 황제의 부활

제7장

파양호반에서 마음껏 소요하다

- 해혼후 유하 -

한선제는 서민으로 전락한 지 이미 10년
이 된 유하를 해혼후에 봉했고, 봉지는 당시 경성에서 멀리 떨어진 예
장군에 있었다.

　　'해혼(海昏)'의 뜻에 관해서 역사 자료에는 아무런 해석도 없다. 문
자학의 각도에서 살펴볼 때, '해(海)'는 육지에 가까운 대양(大洋)의 일
부를 제외하면 청해(青海)처럼 큰 호수를 '해'라고 부르는 경우도 있
고, 북방이나 고원지역에서도 호수를 보통 '해'라고 일컫는다. 예를 들
면 북경의 북해(北海)·중남해(中南海)·후해(後海)와 운남(雲南)의 이
해(洱海) 등등이 있다.

　　'혼(昏)'자는 갑골문에 이런 모양으로 쓰여 있다. 옆으로 서서 한 손
을 내밀고 있는 사람의 손 아래 태양이 있으니, 본래 뜻은 황혼이다.
옛날 사람들은 태양이 뜨고 지는 것을 보고 동쪽과 서쪽을 구별했다.
'동(東)'자는 태양이 막 나무 줄기까지 떠오른 모습이고, 이 때문에 '동
쪽'을 나타낸다. 그러니까 해가 사람의 손 아래로 진 '혼'도 자연히 '서
쪽'을 나타내는 것이다.

　　그래서 '해혼'을 현대 중국어로 '호서(湖西)'라고 번역하거나 '파양

해혼후, 지워진 황제의 부활

호의 서쪽 방면'이라고 말하는 것이다. 그리고 예장군은 고조 5년(서기전 202년)에 설치되었다. 고조는 영포(英布)*를 회남왕(淮南王)으로 삼고 회남국을 설치해서 형산(衡山)·구강(九江; 나중의 六安國 포함)·여강(廬江)·예장의 4군을 관할하도록 했다.

서기전 65년, 신임 해혼후 유하는 거액의 재산을 크고 작은 상자에 담고는 가족과 하인들을 거느린 채 장강을 건너서 예장강**과 팽려택***을 따라 올라가 400km나 되는 머나먼 길을 지나온 끝에 예장에 도착했다. 적지 않은 규모의 이 대열 가운데 상당수는 옛날에 그를 따라 장안에 갔다가 곽광에게 죽임을 당한 창읍 옛 부하의 식솔들이었다. 유하가 계속해서 자기를 따르고자 하는 사람들은 모두 해혼국으로 데리고 가고 한 사람도 남겨두는 일이 절대 없을 것이라고 선포했다. 그러자 창읍 옛 부하의 식솔들 거의 대부분은 유하를 따라 함께 가는 편을 택했다.

유하는 자기가 30년을 살아온 고국 창읍을 떠나게 만든 선제의 처사에 좀 실망했고, 특히 해혼후로 있는 동안에는 입경하여 종묘에서 제례를 행하지 못한다는 선제의 조령에는 더욱더 만감이 교차했다. 그

---

* **영포** : 진나라 말기와 한나라 초기의 명장. 처음에는 항량(項梁)의 수하로 있었으나 나중에는 항우(項羽) 진영의 장령 가운데 하나가 되어 구강왕(九江王)에 봉해졌다. 그 뒤에 초(楚)나라를 배반하고 한나라에 귀순했으며, 한나라가 건국되고 나서 회남왕에 봉해졌다. 한신(韓信) 그리고 팽월(彭越)과 더불어 한나라 초기 3대 명장으로 불린다. 서기전 196년 군사를 일으켜 한나라를 배반했다가 모반죄로 죽임을 당했다.
** **예장강** : 지금의 감강(贛江)
*** **팽려택** : 팽려호라고도 하며 파양호의 옛 이름이다.

러나 다시 생각해 보니 선제가 자기를 해혼후에 봉한 것은 창읍왕에 비할 바는 아니지만, 결국 한 걸음 내딛은 셈이고, 이렇게 한 걸음 내딛어야 비로소 두 걸음도 내딛을 수 있는 법이기에 차차 좋아질 것이라고 믿었다.

유하가 봉국에 도착했을 때는 마침 봄날이었다. 강남의 봄은 북방과는 아주 달라서 바람은 부드럽고 공기는 신선하며 햇볕도 참 따뜻했다. 예장의 옛 성을 바라보니 성벽이 높고 둘레는 십 리에 이르며 성곽에는 성문이 6개 있었다. 남쪽에는 남문과 송백문(松柏門)이 있었고 서쪽으로는 고문(皐門)과 창문(昌門)이 있었으며 동북쪽에는 동문과 북문이 있었다. 성안의 건물은 중원 지역처럼 화려하지는 않았지만, 나름대로 멋을 갖추고 있었다. 그래서 유하는 이른바 남만(南蠻)의 땅이라는 이곳을 눈을 비비고 다시 보지 않을 수 없었다.

예장성의 서북쪽에는 여기저기에 크고 작은 호수가 있었는데, 그 가운데 태호(太湖; 지금의 東湖)는 푸른 물결이 4km에 걸쳐 일렁이고 있었다. 태호 옆에 있는 논들에 볏모가 쭉 심겨 있는 것이 마치 푸르게 빛나는 바다처럼 보였다. 또한 호숫가에 빙 둘러선 버드나무 가지에는 새순이 돋아나고 갈대에도 푸른 새싹이 돋아나고 있는 모습은 온통 강남의 아름다운 풍광이라 할 만했다. 호숫가에는 또한 적지 않은 숫자의 소박한 시골 아낙네들이 쌀을 일거나 빨래를 하며 즐겁게 웃고 떠드는 소리가 맑고 깨끗한 수면에 반사되는 빛을 따라 메아리치고 있었다. 유하는 아주 깊이 숨을 들이 쉬고는 감탄을 금하지 못하고 말했다. "이렇게 아름다운 풍경과 호시절을 어찌 헛되이 보내랴?"

한선제 유순이 유하에게 하사한 해혼국의 도성은 자금성(紫金城)으로, 충분히 높고 크고 웅장했다. 성안에는 누각이 우뚝 솟아 있었는데 각각의 누각이 계단으로 연결되어 견고한 누각군을 이루고 있는 모습은 기세가 웅장하고 컸다. 여러 층으로 되어 있는 누각의 양쪽에 있는 튼튼한 처마 기둥은 흡사 거대한 짐승이 곧추서 있는 것 같아 지극히 위풍당당해 보였다. 팔모기둥 위에 우뚝 솟아 있는 두공에 지붕이 얹혀 있는 점은 강남건축과는 완전히 다른 이 도성에 약간의 장중함을 더해주고 있었다.

누각의 문과 창문에 있는 조각은 정교했고, 위로는 "공자가 노자를 만나다"·"공자가 제자들을 가르치다"·"공자가 진(陳)나라에 가다" 등등의 내용을 표현한 공자성적도(孔子聖迹圖)가 있었는데, 그림이 정밀해서 마치 살아 있는 듯 생생하며 아름답고도 절묘했다.

해혼후 유하는 부임하고 나서 자금색의 도성이 높고 크고 웅장하며 아름답고, 봉지의 풍속이 소박하면서도 우아하며, 친절하고 순박한 촌민의 모습을 보고는 너무나 기쁜 마음을 금할 수 없어 많은 손님을 초대해 주연을 베풀기로 했다. 유하가 창읍에서 데리고 온 악사들이 아름다운 음악을 연주하자 무희들이 화려하고도 정교한 궁정무(宮廷舞)를 추기 시작했다. 예장군의 신민은 화려한 중원의 무용을 처음 접하자 절로 시야가 넓어져 다투어 모방을 했다. 이때부터 중원의 궁정무가 처음으로 예장에 전해졌다.

해혼후국이 안정된 뒤에 유하가 하고자 했던 첫 번째 일은 명당을 찾아 자기의 묘지를 만드는 것이었다. 본래 유하는 일찍이 창읍국에서 거액을 들여 아주 멋지고 큰 묘지를 만들었다. 묘지는 태산의 나머지 산줄기인 금산으로 선택했는데, 공교롭게도 부친의 묘지와 마주보고 서 있었다. 당시에는 늙어 죽을 때까지 창읍에서 살 것이라고 굳게 믿고 있었으나, 별안간 그 뒤의 운명에 대역전극이 벌어졌던 것이다. 아무튼 창읍으로는 돌아갈 수 없게 되었다. 이번 생은 이곳에서 편안히 보내는 수밖에 없으니 빨리 명당을 찾는 일이 중요했다.

한동안 여기저기 조사해 보고 곰곰이 생각해 본 끝에 유하는 비홍산(飛鴻山; 나중에는 梅嶺이라고 불림)을 등지고 있는 팽려택(파양호)의 서쪽을 묘지로 선택하기로 했다. 이곳은 산을 의지하고 물이 가까이 있으니 명당이라고 할 만했다.

유하는 묘원의 구조 설계에 직접 참여했다. 그가 설계한 전체 묘원 구역의 면적은 컸고, 주묘실은 모두 고급 목재로 구성했다.* 묘원의 부대시설은 모든 것을 다 갖춰서 유하가 살면서 실제로 이용했던 사당·침궁·편전·곁채와 도로 그리고 배수시설과 하나도 빠짐없이 똑같았다.

유하는 설계할 때 대묘의 내부를 응접실과 방으로 나누었다. 오른쪽이 방인데 동쪽에 자리잡고 있으며 나중에 저승에 간 유하가 거주

---

* 러우칭시(樓慶西) 교수는 자신의 저작인 『중국고건축이십강(中國古建築二十講)』에서 다음과 같이 말하고 있다. "목재로만 구성한 지하묘실은 나무로 만든 지하 궁전(한나라 때)의 최고 형식을 대표한다고 말할 수 있다."

해혼후, 지워진 황제의 부활

하는 곳이고, 왼쪽의 응접실은 서쪽에 자리잡고 있으며 그가 저승에서 사무를 처리하고 손님을 초대해서 연회를 베푸는 곳이다. 동시에 응접실은 자기가 특별히 아끼는 주연용 그릇과 장식용 기구 등등을 진열해 두는 곳이기도 했다. 또한 그는 여러 개의 찬장을 설계해서 나중의 저승 생활을 대비해 금은보화와 생전에 사용하던 각종 중요한 용구 등등을 보관하여 묘 안에 넣어두려고 했다.

유하는 묘원 전체와 지하 묘실의 설계에 상당히 신경을 썼다. 그는 거의 4년을 들여서야 묘지를 완성했기에, 이 묘는 당시 목조 지하 궁전의 최고 수준을 대표하게 되었다.

예장에 처음 와서 유하는 늘 애지중지하는 보마(寶馬)를 탄 채 산하와 들판을 질주하며 강남의 독특한 즐거운 분위기에 푹 젖어 있었다. 마음이 탁 트이고 기분이 좋아졌으며, 촌민이 일하는 모습을 살펴보기도 하고 마을에 들어가 남자는 농사짓고 여자는 베를 짜는 백성의 일상생활을 지켜보기도 했다. 그는 현지 촌민들이 농사일에 부지런하기는 하지만, 배불리 먹지 못하는 사람도 있고 특히 겨울이 되면 언제나 굶주림과 추위에 시달린다는 사실을 알게 되었다.

유하는 창읍국 시절이 생각났다. 천재와 인재가 아닌 일반적인 상황에서는 백성들이 부지런히 농사를 짓기만 하면 먹고 사는 문제가 다 해결되었다. 여기는 강남이라 토지가 비옥하고 수로가 많은 양호한 자연조건 때문에 쌀이 주요한 곡류 작물이다. 그런데 왜 배불리 먹지 못하는 상황이 생기는 것일까?

유하는 이장(里長)이나 정장(亭長)을 비롯해서 현지 백성의 생활을 잘 알고 있는 말단 관리를 불러서 물어보았다. 정장이 한숨지으며 말했다.

"여기는 전에 황무지로 그동안 신경 쓰는 사람이 아무도 없다가 고조 초년에 이르러서야 군을 설치하고 일을 도모하기 시작했습니다. 그러나 경성과 거리가 너무 멀어서 농사짓는 법을 가르쳐주러 오는 사람도 없었고 농사도구도 이미 다 낡아버렸습니다."

그제서야 유하는 현지의 농사기술이 낙후되었다는 사실을 분명히 알게 되었다. 유하는 자기도 농사기술을 모르고 있다는 것이 좀 후회되기까지 했다. 창읍국에 있을 때 정사를 잘 처리하지 않고 백성들의 생활을 깊이 이해하지 못했기에 지금 돕고 싶은 마음이 충분해도 힘이 따라주지 않기 때문이었다.

유하가 며칠씩이나 계속해서 미간을 잔뜩 찌푸리고 있자 예유(芮有)라고 하는 근신이 무슨 일이냐고 물었다. 유하는 탄식하며 말했다.

"며칠 전 성안에서 한가롭게 거닐다가 백성의 곡식 수확이 좋지 못해서 어떤 때는 소작료와 인두세(人頭稅)마저 내지 못한다는 사실을 알게 되었다. 정장은 농사기술이 낙후된 탓이라고 말하는구나."

근신이 말했다.

"나리, 소인은 여덟 살 때부터 아버지를 따라 논밭에서 쭉 일하다가 스무 살에 이르러 나리를 따라왔습니다. 소인을 믿어주신다면, 소인이 일찍이 배운 농사기술을 이곳의 백성들에게 가르쳐주고자 합니다."

유하는 기뻐하면서 말했다.

"좋다! 이곳 백성들이 가난에서 벗어나도록 네가 도울 수만 있다면, 크게 상을 내릴 것이다."

　예유는 서둘러 그곳의 대장장이를 찾아가 자기의 기억에 따라 쟁기를 만들게 했다. 쟁기는 길이와 너비가 모두 40센티미터쯤 되었고 무게는 10킬로그램에 달했다. 예유는 한 가족을 뽑아서 쟁기를 사용하여 흙을 뒤집어 부슬부슬하게 하고 도랑을 파는 방법을 가르쳐주었다. 그곳 백성들은 전에는 괭이와 삽을 사용했기에 작업도 늦고 능률도 낮았다. 쟁기는 아주 빨리 널리 보급되기 시작했다.
　유하는 예유에게 정말로 그런 능력이 있음을 보자 황금 백근의 큰 상을 내리고, 계속해서 그곳의 농사기술을 개선하라고 독려했다. 예유는 배를 타고 일부러 고향인 산동까지 가서 한동안 농사기술을 배우고 이곳에 돌아와서 북방의 경작방식인 '대전법(代田法)'*을 도입했다. 쟁기 같은 도구들을 갖게 되자 '대전법'은 더욱 쉽게 널리 퍼졌다. 과연 1년 뒤 그곳은 대풍년을 맞게 되었다. 이러한 선진적인 경작방식이 현지의 농업생산력을 최대한 촉진시킨 덕분에 해혼후국은 한대에

---

* **대전법** : 한 무(畝)의 땅에 30센티미터의 넓이로 고랑을 세 줄 파고 그 안에 씨앗을 직선으로 뿌리되 이랑에는 뿌리지 않는다. 김을 매는 과정에서 흙이 차츰 이랑에서 떨어져 고랑을 메워서 싹을 보호하고 기른다. 이렇게 되면 음력 5월 무렵 이랑과 고랑이 서로 평평해져 농작물이 깊이 뿌리를 내리는 까닭에 바람과 가뭄에 잘 버틸 수 있다. 이듬해에는 이랑과 고랑의 위치를 서로 바꾸어 준다. 새 방식의 이름은 이렇게 해서 생긴 것이다. 이와 같이 개선된 경작법과 동시에 나타난 것이 일종의 쌍날 쟁기인데, 이것은 소 두 마리가 끌고 세 사람이 조작해야 했다. 이러한 발전으로 인해 전해지는 말에 따르면 한 무의 생산량이 대략 20리터 증가했고, 관리를 잘하면 갑절이 되었을 것이라고 한다.

풍요로운 땅이 되었다.

또한 예장에는 한없이 넓고 아득한 담수호인 팽려택이 있었는데, 나루터가 도처에 있고 언덕이 여기저기에 있었다. 유하는 팽려택에서 자주 뱃놀이를 했다. 맑고 깨끗하게 반짝이는 물결 위로는 물고기가 수시로 뛰어올라 새들이 한바탕 쫓아다니며 낚아채는 광경이 연출되었다. 계절이 바뀔 때면 백 마리에 달하는 황새가 물가의 풀밭이나 늪에서 한가롭게 거니는데 그 걸음걸이가 경쾌하고 힘찼으며 혹은 상공을 빙빙 돌다가 내려와 멋스럽게 껑충껑충 뛰어다녔다.

유하는 갑자기 영감이 탁 떠올랐다. '팽려택은 물고기 잡고 사냥하는 데 가장 좋은 장소가 아닌가? 만약 백성들에게 물고기를 잡고 사냥하는 것을 부업으로 삼도록 장려한다면, 백성들은 수입이 더 늘어나지 않겠는가?' 이에 그는 명령을 내려 봉지에 속하는 큰산이나 호수에서 백성들이 나무를 베거나 물고기를 잡을 수 있도록 허가했다. 현지 백성들은 생활수준이 차츰 높아져서 안정된 삶을 누리며 즐겁게 일하게 되었다. 그에 따라 유하의 봉국도 점차 풍요로워져서 어디를 가나 생기가 넘쳐흐르는 광경을 볼 수 있었다.

아마 하늘과 땅이 뒤집히는 것 같은 인생의 격변을 겪은 탓인지 유하는 일찌감치 인생을 대수롭지 않게 여겼다 어쩌면 옛날에 받은 교육과 풍부한 경험 때문에 삶에 대하여 다른 입장을 갖게 된 것인지도 모른다. 하여간 유하는 지위에 연연하던 과거에서 이미 벗어났다. 한가할 때면 유하는 자주 비홍산에 올랐는데, 한번 둘러보자 산이 작다

해혼후, 지워진 황제의 부활

는 느낌이 문득 들더니 마음이 탁 트이고 정신이 훤해지는 것이었다.

그러나 유하는 책을 읽고 시를 짓고 악부에 속한 악대(樂隊)의 연주를 듣는 데 더 많은 시간을 썼다. 그는 반복해서 『시』·『서』·『예』·『역』·『춘추』를 깊이 연구했다. 어렸을 때 읽으면서는 대략의 뜻만 파악하고 깊이 파고들지 않았던 이러한 전적을 지금은 한번 읽을 때마다 다른 느낌이 들었다. 체득한 바가 있으면 즉시 기록했기에 서도(書刀)* 는 그와 떼려야 뗄 수 없는 휴대품이 되었다.

지금 가지고 있는 경전과 전적은 이미 유하의 독서 수요를 만족시킬 수 없었다. 그는 할아버지 한무제가 명령을 내려 전국에 걸쳐 유서(遺書)**를 찾던 일이 기억났다. 당시는 진나라가 실시했던 '분서갱유'와 '협서자족(挾書者族: 금지된 책을 가지고 있는 자는 멸족한다)'의 법령 때문에 유구한 중화문화가 중단될 위험에 봉착해 있을 때였다. 이러한 상황에 직면해서 한나라 초기에는 민간에서 유서를 찾는 일이 시작되었고, 한무제 시기에 최고조에 이르러 제도화되었다. 『고문상서(古文尙書)』·『예기』·『논어』·『효경』은 공부(孔府)의 벽속에서 찾은 책들이다.

유하는 자기도 효무제를 본받아 예장군 각지에서 유서를 찾기로 결정하고는 "책을 바치는 자에게는 큰상을 내린다"고 포고했다. 갑자기 시정의 골목에서 이러저리 도망다니던 도둑을 포함해서 예장군의 모

---

* **서도** : 옛날에는 삭(削)이라고 했는데, 한나라 사람들이 서도라고 불렀다. 죽간이나 목간 위에 글자를 새기거나 깎아서 고치는 데 쓰던 칼이다.
** **유서** : 선인이 남긴 저술이나 작품 그리고 장서를 가리킨다.

든 백성이 도처에서 유서를 찾아다니기 시작했다. 그러는 사이에 예장 군에서는 방화하고 죽이고 훔치고 빼앗는 사건이 많이 줄어들었고 글자를 익히고 책을 읽는 풍조가 일어났다.

이렇게 해서 유하는 적지 않은 제자백가의 경서와 민간 악부, 황제내경 등등을 확실히 수집했는데, 예를 들면 여러 학파의 『시』와 『춘추』 그리고 『악기』 여러 편과 『이윤(伊尹)』 여러 부(賦) 같은 것들이었다. 유하는 특별히 장서각을 하나 지어서 그렇게 찾은 전적들을 수장하고는 틈만 나면 진지하게 읽으면서 깊이 연구했다.

한번은 현지의 현령이 유하를 예방했다가 그가 마침 장서각에서 전적을 정리하고 있는 모습을 보고는 말했다.

"나리께서는 성인이신 공자님을 무척이나 숭배하시지요?"

유하는 고개를 끄덕이며 동의를 표시했다.

현령이 계속해서 말했다.

"그러면 나리께서는 72문도 가운데 담대멸명(澹臺滅明)을 알고 계십니까?"

유하가 기뻐하면서 대답했다.

"당연하지요. 담대멸명은 비록 못생겼지만 공자님께서 좋아하고 아끼는 사람이었지요. 그렇지만 그는 열심히 수행하고 적극적으로 유가의 도리를 전파했습니다. 그래서 내가 아주 우러러 추앙하는 선생님이지요."

해혼후, 지워진 황제의 부활

여기까지 듣고는 현령이 미소를 지으며 말했다.

"나리께서는 복이 많으십니다. 담대멸명은 일찍이 우리 예장에서 유학한 적이 있으며 세상을 떠난 뒤에는 여기에 묻히셨습니다."

유하는 얼른 자리에서 일어나더니 큰 소리로 말했다.

"어디, 어디요? 어서 안내하시오!"

현령은 즉시 유하를 모시고 태호 변에 있는 담대멸명의 묘지(지금의 남창 心遠중학교 내)에 가서 담대멸명의 제사를 지냈다.

제사를 지낸 뒤 유하는 감탄하면서 말했다.

"세상 사람들이 미개하고 황량한 땅이라고 여기는 곳에 사실은 일찍이 현인께서 왕림하셨다는 것은 생각지도 못했소. 이로 비추어볼 때 이곳의 유학도 틀림없이 훌륭할 것이오!"

이 일이 있고 나서 유하는 현지의 유학교육과 유학전파에 관심을 갖기 시작했으며, 현지의 학당이 훌륭한 유학 선생님을 모셔올 수 있도록 수시로 돈을 내놓았다.

한선제가 유하를 해혼후에 봉할 때 조정의 정사에 상관하지 말라는 조령이 있었다. 따라서 유하는 한가한 시간이 자연히 아주 많아졌다. 한가할 때면 유하는 청동기 주조와 설계에 푹 빠졌다.

한나라 시대에 강서는 청동 주조업이 비교적 발달했다. 강서에서 제작된 청동기는 그 종류가 다양해서 전통적인 청동 생활용기와 생산도구 그리고 병기는 물론 당시 유행하던 동전과 청동 거울도 있었는데, 그 솜씨가 지극히 정교했다. 이것이 유하의 흥미를 불러일으켰다. 본래 그는 각종 희귀한 보물을 소장하는 것을 좋아해서 창읍왕으로 있을 때 상주시대의 청동기를 적지 않게 소장하고 있었고, 게다가 그것을 아득히 멀리 예장까지 가지고 왔다. 그는 예장에서 뛰어난 솜씨를 가진 청동기 제작 장인들을 불러모아 해혼성 안에 머물게 하며 그가 직접 설계한 대로 조명 용구·술그릇·식기·병기와 같은 정교하고도 아름다운 여러 청동기를 심혈을 기울여 제작하게 했다. 더 나아가 자기의 애마를 위해 순금 마구 한 벌을 특별히 만들었다.

어느 날, 유하는 팽려택 주변에서 기러기떼가 북쪽에서 날아오는 모습을 보자 자기가 어려서부터 자라난 창읍국이 너무나 그리웠다. 유하가 끝없는 상념에 빠져 있을 때, 여울에서 무슨 소리가 나서 눈여겨 살펴보니 기러기가 잉어 한 마리를 주둥아리에 문 모습이 보였다. 잉어는 있는 힘을 다해 몸부림치고, 기러기도 단단히 꽉 물고는 놓지 않았다. 후부(侯府)에 돌아온 유하는 문득 느끼는 바가 있었는데, 기러기 주둥아리에서 몸부림치던 잉어가 처한 상태가 지금의 자기와 다를 바 없다는 것이었다.

유하는 즉시 생생했던 그 광경을 바탕으로 청동 조명기구 모양을 설계해서 장인들에게 한 쌍의 안어등을 심혈을 기울여 제작하도록 했다. 이 안어등은 설계가 정교해서 기러기의 벌린 주둥아리를 마주보고 타오르는 불꽃에서 생기는 연기가 기러기 목의 도관을 따라 기러기 뱃속으로 바로 통하게 했다. 기러기 뱃속을 텅 빈 상태로 만들어두었기에 물을 가득 채워두면 흘러 들어온 연기가 물의 여과작용을 거쳐 배출되어 옅어지는 까닭에 냄새도 나지 않고 오염되는 것도 전혀

해혼후, 지워진 황제의 부활

없었다.

정교한 솜씨를 자랑하는 이 안어등은 유하가 애지중지하는 물건이 되어 그는 응접실에 그것들을 늘어놓고 매일같이 안어등에 연기가 들어갔다 나오는 모습을 즐겨 보면서 더할 나위 없이 좋아했다. 손님들 역시 안어등을 보고 나서는 혀를 내밀며 기묘함에 탄복하고는 몹시 부러워했다.

권력의 중심지에서 멀리 떨어진 해혼국에서 유하는 자기의 작디작은 후국(侯國)을 편한 마음으로 다스리고 있었다. 그는 시를 읊고 부를 짓고 진귀한 보물을 손에 들고 감상하면서 아무런 구속도 받지 않은 채 자유롭게 살아가는 것에 그치지 않고 후국을 질서정연하게 다스렸기에 백성들은 풍복한 삶을 누렸다.

그러나 흡족한 가운데서도 오밤중에 꿈에서 깨면 유하는 언제나 고국에 대한 그리움 때문에 깊이 잠들지 못했다. 안어등을 켜고 유하는 산동의 고국 창읍에서 놀던 시절을 떠올리곤 했다. 유하는 해혼후 봉읍의 한 지역을 남창읍이라고 고쳐 부름으로써 고국에 대한 그리움을 달랬다. 전해지는 말에 따르면 남창이라는 도시명은 이 남창읍에서 나온 것이라고 한다.

벼꽃이 향기를 풍기던 그날, 밤이 깊어 인기척이 없을 때 유하는 27일간 황제로 있으면서 멋대로 굴었던 일이 생각나자 솟구치는 감정을 억제하지 못하고 눈물을 줄줄 흘리며 뼈저리게 뉘우치기를 그치지 않았다. 그는 어린 시절에 경솔하고 거만하게 굴었던 것을 몹시 후회하고, 유가경전 속에서 가르치고 있는 치국의 도리를 익히지 못한 것을 뼈저리게 뉘우쳤다. 만약 그때 공수와 왕길 같은 책사들의 권계를 잘 귀담아 들어서 지금 황제처럼 은인하는 법을 배웠더라면, 오늘날의 이 지경에 이르를 리가 없었다. 비록 지위가 높은 열후의 반열에 다시 오르기는 했어도 종묘에 제사를 올리는 자격마저 잃는 일까지 당하게 되었겠는가? 다시 얼마간의 시간이 지나고 나면 황실의 종묘에 제사를 올리게 될 것인데, 그때가 되면 황제는 하룻밤 재계하고 뭇 신하들을 직접 거느린 채 종묘에서 제사를 지내고 각지의 왕후들은 주금을 가지고 와서 조상에게 바칠 것이다.

유하는 속으로 생각해 보았다. 자기가 해혼에 온 지 어느새 3년이 지났다. 여기에서 분수를 지켜 부지런하고 알뜰하게 지내면서 해혼국 백성이 평화롭고 안정된 삶을 누릴 수 있도록 다스렸더니, 조정에서는 자기에 대해 아무런 불만도 없는 것 같았다. 위대한 한나라 유씨의 자손으로서 고조 황제와 할아버지인 한무제를 위해 자기 나름대로의 성의를 다해야 마땅했다. 생각이 여기에 미치자 유하는 갑자기 가슴이 설레기 시작했다. 폐하께서도 언젠가는 유하에게 종묘에 가서 제사 지내는 것에 동의하시지 않을까?

그는 날이 밝는 것을 기다리지 못하고 한밤중임에도 불구하고 부내의 황금 제련공을 불러서 최고 순도의 황금을 서둘러 만들게 하고는 직접 작업을 감독했다. 얼마 지나지 않아 순도도 아주 높고 분량도 아주 충분한 금병과 금괴가 주조되었다. 그는 그 위에 직접 "남해(南海) 해혼후 유하의 주금"이라 새겨넣고 조정이 종묘에서 제사를 올리

해혼후, 지워진 황제의 부활

는 대례 전에 도착하게 했다. 그러면서 먼저 한선제에게 상주문을 올려 종묘에 황금을 바치고자 하는 자기의 마음을 피력했다.

남해 해혼후 신(臣) 하(賀) 죽을죄를 무릅쓰고 상주합니다.

신이 듣건대, 남방에는 어떤 새가 있는데 봄이 오면 북쪽으로 날아갔다가 날이 차지면 남쪽으로 돌아와 팽려택에 둥지를 틀고 산다고 합니다. 그 새가 이렇게 해온 것이 그동안 몇 해나 되는지 알길이 없으나, 마침 세상에 현명하신 군주가 계시자 현명하신 군주의 은혜와 인자하심을 사모하여 남방으로 돌아와서 겨울을 보내려고 하지 않습니다.

신 하가 또 듣건대, 남방에는 어떤 물고기가 있는데 강의 상류에서 태어나 얼마 후 출생지를 떠나 물의 흐름을 따라 내려가 바다로 들어간다고 합니다. 바다에서 다 자라면 다시 물길을 거슬러 올라가되 만리 길을 두려워하지 않고 태어난 곳으로 돌아와 번식하기를 끊임없이 되풀이한다고 합니다.

신 하는 지금의 황제께서 성명하시어 서융(西戎)을 소탕하고 북적(北狄)을 쫓아내며 어진 선비를 임용하고 만백성을 교화하고 계심을 잘 알고 있습니다. 백성들이 분분히 말하기를, 폐하께서는 소강(少康)과 희용(姬湧)보다 성명하시다고 합니다. 지금에 이르기까지 팽려택에는 그 새가 보이지 않는 것이 이미 오래되었는데, 사람들은 그 새처럼 북쪽으로 가서 현명하신 군주의 은택(恩澤)에서 목욕하기를 바라고 있습니다.

신 하는 차츰 갈수록 몸이 좋지 않은 것이 아마도 남은 시간이 많지 않은 듯합니다. 다만 두 가지 일에 폐하께서 은전을 베풀어 주시기를 바랄 따름입니다. 한 가지는 북쪽으로 가는 그 새처럼 신이 폐하를 알현하러 가는 일이고, 또 한 가지는 강 속에 사는 그 물고기처럼 자기가 태어난 곳으로 돌아가 선대 황제의 위풍당당함을 회고하고자 하는 것입니다. 신은 매우 두렵고 불안한 마음을 품은 채 성명하신 폐하께서 신의 이 작은 소원을 윤허해 주시기를 바랍니다. 장차 신은 감격하여 눈물을 흘릴 것입니다.

그러나 유하가 미처 생각하지 못한 것은 한선제는 동떨어진 조그만 땅에서 지내고 있는 해혼후 유하를 경계하는 마음을 완전히 내려놓은 일은 결코 없었다는 사실이다. 실은 계속해서 비밀리에 관리를 보내 그의 일거수일투족을 주시하고 있었다. 한선제는 유하의 상주문을 읽고는 살짝 화가 나기는 했지만 속을 드러내지 않았다. 그는 남몰래 곰곰이 생각해 보았다. 유하는 창읍 옛 땅에 있을 때 황족의 정치권력을 회복하려는 생각을 하고 있었는데, 자기는 동의하지 않았고 그를 저 멀리 해혼으로 옮겨가게 함과 동시에 입조를 금지한다는 명령을 내렸다. 그런데 뜻밖에도 유하가 아직 단념하지 않고 있을 줄은 생각하지 못했다.

유하의 상주문은 표면적으로는 주금을 바치고 종묘에서 제례를 행

해혼후, 지워진 황제의 부활

하는 것을 요청하는 것이지만, 그 이면에 숨어 있는 뜻은 그의 정치권력을 회복시켜 달라고 자기에게 요구하고 있는 것이 아닌가? 유하여, 유하여, 왜 이렇게 마음을 쓰게 만드는가? 안 될 일이니, 사람을 보내 다시 시험을 해서 도대체 무슨 속셈을 품고 있는 것인지 알아보아야만 하겠구나.

얼마 뒤, 양주의 가(柯)자사가 마침 한선제에게 양주의 민정을 보고해 왔다. 한선제는 곧 가자사에게 밀지를 내려 해혼국으로 가보라고 했다. 자기가 유하를 감시하기 위해 예장군에 심어둔 밀정인 예장 옛 태수의 졸사(卒史) 손만세(孫萬世)를 만나서 해혼후 유하의 진짜 동향을 한번 알아보라는 것이었다.

유하가 해혼후국에 온 지 3년째 되는 해인 서기전 61년 양주 가자사가 예장군에 도착해서 손만세에게 한선제의 밀지를 전달했다. 손만세는 참지 못하고 가자사에게 침을 튀겨가며 말했다.

"대인께서는 모르시는 바가 있는데, 소관(小官)이 일을 제대로 하지 않은 것이 아닙니다. 소관은 일찍이 여러 차례 해혼후를 찾아가 친구로 사귀기까지 하고 여러 차례 사람을 보내 해혼후의 일상생활을 감시하기도 했습니다. 하지만 해혼후는 날마다 대부분의 시간을 책을 읽고 음악 연주를 하며 보내고 있으니, 소관으로서는 그에게서 아무런 반역의 낌새도 찾지 못했습니다."

일처리가 노련하고 생각이 주도면밀한 가자사는 고개를 가로저으며 말했다.

"손 대인, 아직 폐하의 진짜 속내를 이해하지 못하셨구려. 이미 폐하께서 해혼후에게서 반역의 증거를 찾으라고 하신 이상 우리는 폐하의 의도를 따라서 찾을 수 없는 것도 찾아야만 하는 법이오."

손만세는 문득 모든 것을 깨닫고는 말했다.

"아! 대인의 뜻을 소관은 이제사 분명히 알겠습니다! 역시 대인께서는 뛰어난 분이십니다!"

말을 마치고 두 사람은 서로를 바라보며 큰 소리로 웃기 시작했다.

이튿날, 손만세는 가자사가 조정에서 막 하사받은 동충하초를 가지고 서둘러 해혼후국으로 가서 유하를 찾아뵈었다. 그 무렵 유하는 양생을 특히 중시하고 있었는데, 경성을 멀리 떠나온 지 오래라 그런 귀중품을 볼 수가 없었으므로 몹시 기쁜 마음을 감출 수 없었다. 손만세는 그 기회를 틈타 해혼후국의 도성을 좀 구경해 보고 싶다고 했다. 유하는 당연히 허락하고는 직접 손만세를 안내하고 나섰다. 구경하는 동안 손만세가 일부러 해혼성의 번화함과 넉넉함을 찬탄해 마지않자 유하도 어느새 득의양양해졌다. 북방 사람에게서 볼 수 있는 의협심이 또 솟구쳐서 그는 손만세를 좋은 친구로 삼았다.

저녁이 되자 유하는 특별히 손만세를 위해 신선로를 쓰는 성대한 연회를 베풀고는 손수 빚은 좋은 술을 가지고 와서 대접해 주었다. 손만세는 남방에서 오래 살아서 청동 신선로를 본 적이 없었기에 놀란 나머지 유하에게 절을 하기도 하고 술을 따르기도 하고 아첨을 떨기도 했다. 유하가 술이 좀 오르기를 기다렸다가 손만세는 도대체 하나

해혼후, 지워진 황제의 부활

도 모르겠다는 듯이 유하에게 물었다.

"나리께서 다스린 덕분에 해혼국이 이렇게 풍족하고 번영을 누리고 있으니, 나리께서는 치국의 인재이십니다. 그런데 폐위당했을 때 왜 저항하지 않으셨습니까? 출궁하지 않고 자리를 꿋꿋이 지키고는 대장군 곽광의 목을 베라는 명령을 내리시면 그만이었는데, 도대체 왜 다른 사람이 천자의 옥새와 인끈을 빼앗아 가도록 내버려두셨습니까?"

주흥이 한창 오른 유하는 입에서 나오는 대로 떠벌였다.

"지난 일은 차마 다시 돌이키기 싫네. 기회를 놓쳐버렸던 것이지."

손만세는 그 틈을 타서 또 알랑거리면서 말했다.

"나리께서는 슬퍼하실 필요가 없습니다. 이제 예장의 봉후로 후국을 이렇게 잘 다스리고 계시므로 장차 반드시 권토중래해서 조만간 왕위를 회복하실 수 있을 것입니다. 그리고 장래에는 더욱 큰 발전이 있을 것 같습니다."

여기까지 듣자 유하는 깜짝 놀라 술도 반쯤 깨서 낮은 목소리로 말했다.

"그렇기는 해도, 이 말을 밖에 나가서 하면은 절대로 안 되네!"

손만세는 겉으로 하하 소리 내어 웃으며 말했다.

"나리께서는 마음 놓으십시오. 당연히 그래야죠!"

그러나 사실 속으로는 아주 만족해하면서 남몰래 생각했다. 드디어 여우가 꼬리를 드러냈구나. 역시 가자사의 계책은 대단한 것이로구나.

손만세가 돌아가서 가자사에게 보고하자 가자사는 즉시 손만세가 유하와 나눈 대화를 글로 옮겨 선제에게 상주했다. 선제가 상서령에게 바로 비밀명령을 내려 이 일을 철저히 조사하게 했더니, 과연 사실로 드러났다. 여러 대신들은 해혼후를 체포하여 하옥할 것을 건의하면서 그렇지 않았다가는 후환이 끝이 없을 것이라고 했다. 선제는 거듭해서 깊이 생각해 보더니 마침내 해혼후의 식읍 가운데 3천 호를 삭감하라는 조령을 내림으로써 징계의 뜻을 보였다.

유하는 여전히 집안에 앉아서 자기가 경성에 들어가 역대 조상에게 주금을 바칠 수 있도록 선제가 윤허해 주기를 기다리고 있었다. 그러다가 별안간 선제가 자기의 식읍 가운데 3천 호를 삭감하라는 조령을 내렸다는 소식을 접하고는 눈앞이 칠흑처럼 캄캄해지는 것 같았다. 그는 선제가 자기를 징계하는 까닭을 아무리 생각해 보아도 알 수 없었다. 여전히 그에게 동정을 느끼고 있던 현지의 현령이 유하에게 몰래 알려준 바에 따르면 그를 팔아먹은 자는 바로 손만세였다. 그는 뼈저리게 뉘우치는 마음을 금할 수 없었다.

"내가 그렇게나 성심껏 대해주었건만, 그는 뜻밖에도 나를 사지로 몰아넣는구나. 사람의 마음이 어찌 이렇게 흉악할 수 있단 말인가?"

그가 말을 마치고 소리를 꽥 지르자 선혈이 한입 가득 쏟아져 나왔다. 그는 사람들을 물리치고는 마구간으로 달려가더니 자기가 애지중지하는 대추색 말에 올라타고는 밖으로 뛰쳐나갔다. 준마는 길게 울부짖더니 주인의 억울함을 알고 있기라도 하듯이 유하를 태우고 예장강으로 달려갔다. 그때 예장강은 강물이 사납게 흐르며 포효하는 것이 마치 두 군대가 서로 싸우는 것과 같았고, 으르렁거리는 소리가 나고

해혼후, 지워진 황제의 부활

소용돌이 치는 가운데 흙먼지가 휘몰아쳐 온 천지가 어두컴컴해졌다.

"아!" 유하는 예장강과 팽려택이 합류하는 하구로 달려가더니, 가슴이 찢어질 듯 큰 소리를 질러 도도히 흐르는 강물 소리를 덮어버렸다….

이번에 변고를 당하자 유하는 한 번 넘어지더니 다시 일어나지 못하는 상태가 되었다. 울적해서 기분이 좋지 않을 때면 그는 예장강 하구에 와서 도도하게 흐르는 강물이 내는 큰 소리 앞에서 가슴속에 가득한 억울하고 분한 마음을 발산하곤 했다. 강물이 그에게 응답이라도 하듯 일사천리로 흘러가는 모습은 마치 황금비늘로 뒤덮인 거룡이 솟구쳐 오르며 귀청이 터질 것처럼 날카롭고 길게 울부짖는 것 같았다.

우연히 지나가던 촌민은 조용하면서 쓸쓸해 보이는 유하의 뒷모습을 바라보고 있자니 동정하는 마음이 절로 일어났다. 나중에 예장강의 드넓은 그 하구는 이 일로 인해 '개구(慨口; 한탄하는 하구)'라고 불리게 되었다.

이듬해, 즉 신작(神爵) 3년(서기전 59년), 유하는 우울한 가운데 죽음을 맞이했는데 나이는 불과 34세였다.

한선제는 유하가 세상을 떠났다는 소식을 듣고는 남몰래 안도의 한숨을 쉬었다. 그는 해혼후 봉국을 아예 취소해 버리면 그만 아닌가 하고 생각 중이었지만, 제1대 해혼후인 유하가 커다란 잘못을 범한 것은 결코 아니었기에 나라를 없애버릴 만한 이유도 없었다. 어쩔 수 없이 선제는 규칙에 따라 유하의 아들 유충국(劉充國)을 해혼후에 봉할 준비를 했다. 그런데 유충국을 해혼후에 책봉해 달라고 요청하는 상주문이 경성에 도착하기도 전에 별안간 유충국이 이상하게 죽고 말았다.

한선제는 뒤이어 다시 유하의 다른 아들인 유봉친(劉奉親)을 해혼후에 책봉하려 했는데, 이번에는 책봉을 요청하는 상주문이 한선제에게 전달되기는 했지만 한선제가 미처 윤허하기 전에 유봉친이 또 비명횡사해 버렸다. 이에 예장 요(廖)태수가 선제에게 상주하기를, 폐하께서 해혼후의 대를 이어주기 위해 넘치는 너그러움을 베푸셨으나 유감스럽게도 해혼후의 후대가 누릴 복이 없으니, 이것은 확실히 해혼국이 길하지 못하여 하늘이 그 후대를 멸망에 이르게 한 것이라고 했다. 그러자 한선제는 더 이상 해혼후를 책봉하지 말라는 조령을 내렸고, 이로부터 유하의 후손들은 서민이 되었다.

한원제(漢元帝)가 제위에 올라 천하에 대사면령을 내리고 나서야 유하의 또 다른 아들인 유대종(劉代宗)이 다시 한 번 해혼리후(海昏釐侯)에 봉해졌다. 그뒤 해혼후는 다시 4대를 이어갔으니, 모두 해서 백 년 넘게 연속된 셈이다. 그리고 나서 해혼국은 갑자기 역사의 무대에서 완전히 종적을 감추고 말았기에 아직도 그 후대의 기록을 찾지 못하고 있다.

해혼후 묘에서 출토된 문물 가운데는 연호가 없는 동전이 2백만 개나 있다. 유관 전문가의 추산에 따르면 이 동전의 양은 서한 중기 전국에서 1년 동안 주조된 동전의 1%에 해당된다고 한다. 이렇게 막대한 양의 동전은 어디에서 온 것일까? 유하가 북방에서 가지고 온 것일까?

해혼후, 지워진 황제의 부활

그렇지 않으면 그가 예장에서 일부러 주조한 것일까? 그러나 무제는 일찍이 사전(私錢)의 주조를 엄격하게 금지하는 명령을 내렸다.

여기서 한문제 시대의 오왕(鳴王) 유비(劉濞)가 연상되는데, 당시 그는 예장에서 몰래 동전을 주조한 뒤에 반란을 일으켰다. 2백만 개에 달하는, 연호가 없는 이 동전에는 다른 의도가 있었던 것이 아닐까? 필자의 짐작에 따르면 이 동전들은 일종의 지전(紙錢), 즉 명폐(冥幣) 삼아 주조했을 가능성이 무척 높다. 서한 시대에는 5수(銖)의 도자기로 명폐를 만드는 것이 일반적이었는데, 유하는 5수의 동으로 명폐를 만든 데다가 수량 또한 그렇게 많았으니 당시 해혼후국의 재정이 튼튼했음을 알 수 있다.

해혼후 묘가 완벽하게 보존될 수 있었던 것도 참으로 경탄을 자아내게 한다. 『공문화통지(贛文化通志)』의 기록에 따르면, 삼국시대에 팽려택(즉 파양호)의 물이 남쪽을 침범하여 교양(鄡陽)과 해혼 두 현이 서기 420년과 425년에 각각 호수 밑바닥으로 가라앉았다고 한다. 한편 부근의 지세가 비교적 높은 오성진(鳴城鎮)이 번성하고 화려해지기 시작했기 때문에 민간에 "해혼이 가라앉으니, 오성이 일어난다(沈海昏, 起鳴城)"는 말이 생겼다고 한다.

그밖에 『진서(晉書)』의 기록에 따르면, 동진(東晉) 318년 1월에 "지진이 일어나 물이 솟구치고 산이 무너졌다(地震 , 水湧出 , 山崩)"고 한다. 『남창부지(南昌府志)』 동치(同治) 12년 간행본에는 다음과 같이 기록되어 있다. "동진 318년 3월, 노릉(廬陵)과 예장의 서양(西陽)에 지진

이 일어나 산이 무너졌는데, 그 가운데는 해혼도 포함된다."

해혼 고성의 침몰이 지진 때문인지는 연대가 너무 오래된 데다가 자세하고 믿을 만한 사료의 기록이 없기 때문에 아직도 고증할 방법이 없다. 그러나 바로 이러한 역사적 변천 때문에 해혼후 묘는 비로소 보존될 수 있었던 것이 아닐까?

제1대 해혼후 유하의 죽음도 후세에 미스터리를 남기고 있다. 묘 속에 있는 지극히 풍부한 부장품을 볼 때, 묘주 유하가 생전에 얼마나 편안하고 풍족한 생활을 누렸는지 알 수 있다. 그런데 그는 한창 때인 겨우 34세의 나이로 죽었다. 비록 사료에서는 유하가 자연사하지 않은 증거를 아직 하나도 찾아볼 수는 없지만, 그가 이상하게 죽은 것만은 확실하다.

그렇다면 유하는 도대체 어떻게 죽은 것일까? 사서에 기록되어 있는 것처럼 우울한 가운데 죽음을 맞이했을까? 혹시 사약을 받았거나 자살을 한 것일까? 그렇지 않으면 호수 지역에서 흔히 볼 수 있는 주혈흡충병에 감염되었다가 완치되지 못하고 죽은 것일까? 유하가 죽은 뒤 해혼후의 지위를 이어받으려고 준비를 하던 두 아들이 잇달아 갑자기 이상하게 죽은 것도 훗날의 사람들에게 꼬리에 꼬리를 무는 추측을 불러일으키고 있다.

오늘날, 해혼후 유하의 대묘가 이미 개방되었고, 거기에서 출토된 수많은 문물은 우리들이 해혼후국과 유하의 전기적인 인생을 연구하는 데 완전히 새로운 근거를 제공하고 있다. 연구가 깊어짐에 따라 해혼후 유하를 둘러싸고 있는 수많은 미스터리가 합리적으로 설명되는

해혼후, 지워진 황제의 부활

때가 반드시 올 것이라고 믿는다.

만약에 유하가 다시 한 번 삶을 살 수 있다면, 처음부터 어떻게 해나가야 하는 것일까? 파란만장했던 그의 인생이 오늘날의 우리에게 시사하고 있는 바는 무엇일까?

한무제 가족 관계도

1 진후
(진후: -141~-130)
-130년 폐위

2 위후

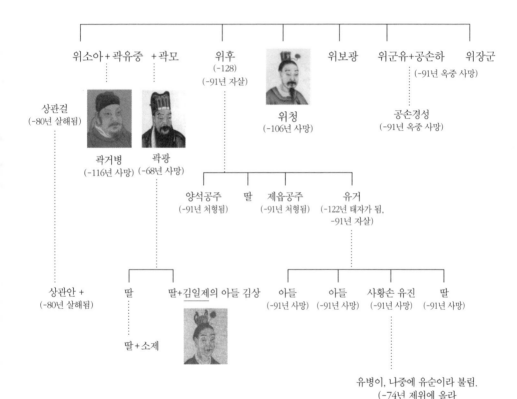

위소아 + 곽유중 + 곽모   위후
(-128)
(-91년 자살)

위보광   위군유 + 공손하   위장군
(-91년 옥중 사망)

상관걸
(-80년 살해됨)

위청
(-106년 사망)

공손경성
(-91년 옥중 사망)

곽거병   곽광
(-116년 사망) (-68년 사망)

양석공주   딸   제읍공주   유거
(-91년 처형됨)   (-91년 처형됨) (-122년 태자가 됨,
-91년 자살)

상관안 +
(-80년 살해됨)

딸   딸+김일제의 아들 김상   아들   아들   사황손 유진   딸
(-91년 사망) (-91년 사망) (-91년 사망) (-91년 사망)

딸+소제

유병이, 나중에 유순이라 불림.
(-74년 제위에 올라
선제라고 불림. -49년 사망)

* 년도 앞에 (-)는 서기전을 표시함.
* 인물자료 출처 : 『중국사 인물과 연표』(손잔쳰 지음, 진화 편역), 2017, 서울

3 이부인

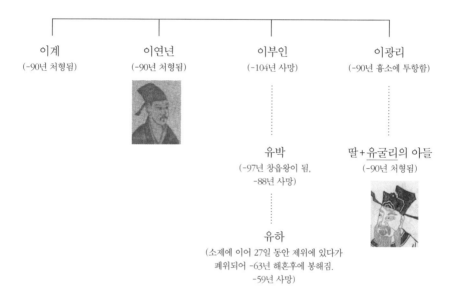

이계
(-90년 처형됨)

이연년
(-90년 처형됨)

이부인
(-104년 사망)

이광리
(-90년 흉소에 투항함)

유박
(-97년 창읍왕이 됨,
-88년 사망)

딸+유굴리의 아들
(-90년 처형됨)

유하
(소제에 이어 27일 동안 제위에 있다가
폐위되어 -63년 해혼후에 봉해짐.
-59년 사망)

4 구익부인
(-87년 이전에 사망)

5 왕부인

6 이희

유불릉 + 상관안의 딸
(-94년 출생하여 -87년에 제위에
올라 소제라고 함, -74년 사망)

유광
(-117년 제왕이 됨,
-110년 사망, 후사가 없음)

유단
(-117년 연왕이 됨,
-80년 자살)

유서
(-117년 광릉왕이 됨,
-54년 자살)

제8장

남은 이야기

- 역사의 반향 -

유하의 전기적인 이야기를 다 쓰고 보니 그것은 마치 역사의 베일을 벗기는 일이나 다름없었다.

무제 유철 · 소제 유불릉 · 폐제 유하 · 선제 유순, 진아교 · 위자부 · 이부인 · 구익부인, 대장군 곽광 · 상관 황태후…. 수많은 역사 인물이 온몸에 뒤덮인 진흙투성이를 탈탈 털어버리고 마치 되살아난 것처럼 생생한 모습으로 눈앞에 떠오른 것이다.

한무제 유철이 세상을 떠난 그 뒤를 이어 황위에 오른 세 명의 황제는 모두 나이가 어렸다. 무제의 막내아들인 소제 유불릉은 8세에 즉위해서 13년 동안 황제로 있다가 21세에 병사했다. 폐제 유하는 19세에 황제로 옹립되어 다만 27일 동안 황제로 있었을 뿐이고, 해혼후의 지위로 세상을 떠날 때는 34세였다. 선제 유순은 유하를 대신해서 황제가 되었을 때 18세였고, 25년 동안 황제로 있다가 42세에 세상을 등졌다. 소제 · 폐제 · 선제, 이 세 황제의 재위기간을 모두 합해 보아도 용감무쌍한 선대 황제인 무제 유철의 재위기간에 미치지 못한다. 이 몇

해혼후, 지워진 황제의 부활

명의 황제가 지고무상의 권좌에 앉았을 때 모두 나이가 어렸지만, 그 결말은 크게 달라 저절로 탄식이 나온다.

이 책에 등장하는, 태평성대였던 한무제 시대의 유명한 여인들, 예를 들면 무제의 첫째 아내인 진아교 황후·무제가 가장 존중했던 위자부 황후·무제가 가장 총애했던 이부인과 무제가 만년에 좋아했던 구익부인 등은 당대의 절세미인들이었다. 이 유명한 여인들은 총애받는 것을 믿고 교만을 떨거나, 어질고 정숙하고 겸손하며 온화하거나, 영특하고 지혜롭거나, 미인박명의 팔자를 벗어나지 못했다. 그녀들이 맞은 최후의 결말은 서로 너무나 달라서 안타깝다 못 해 두 주먹을 불끈 쥐게 만든다.

누명을 쓰고 죽은 여태자 유거는 '무고의 화' 와중에 어쩔 수 없는 처지가 되자 격노하여 군사를 일으켰는데, 불행히도 "충동이 악마다"라는 말에 호응한 셈이 되어 결국은 목숨을 잃는 재앙을 불러들이고 말았다. 여태자보다 훨씬 어린 선제 유순은 스무 살의 나이에 그리고 즉위한 지 이미 3년이 되었을 때, 초혼의 아내인 황후 허평군(許平君)이 곽광의 부인 곽현의 흉계에 빠져 독살되고 말았다. 황후의 죽음이 수상쩍다는 것을 분명히 알고 있었지만, 유순은 황제임에도 불구하고 속으로 꾹 참고 아무 말도 하지 못하고 오히려 곽광의 뜻에 따라 곽광과 곽현 사이에 난 딸 곽성군을 황후로 고쳐 세우고는 더욱더 총애하는 모습을 보였다. 유순은 곽광이 세상을 떠난 지 2년이 지나서야 마침내 보복을 했다. 곽현이 족인(族人)들과 연락하여 반역을 꾀한 기회를 틈타 곽광의 후손과 전족을 멸하고는 곽성군을 폐위해 버렸던 것이다. 유순은 보통사람으로서는 상상하기 힘든 은인의 방식을 통해 결국은 아내를 위해 복수를 함으로써 자기는 떳떳하게 되었으니, 가슴에 오랫동안 사무쳐 있던 화풀이를 제대로 한 셈이었다.

또한 한무제의 당부로 탁고의 무거운 책임을 맡은 대장군 곽광은 소제 유불릉·폐제 유하·선제 유순의 3대 황제를 계속해서 보좌한 데다가 무제 1대를 더하면 4조(朝)의 원로라고 말할 수 있다. 소제 때부터 곽광은 국가의 최고권력을 실질적으로 장악하고 있었다. 곽광이 3대에 걸쳐 정치를 보좌하자 무제 후기에 군사력을 동원하여 전쟁을 일삼는 바람에 고갈된 국력이 회복되어 역사상 유명한 '소선의 중흥' 시대가 열렸으니, 곽광의 공로가 크지 않다고 말할 수 없다.

그러나 곽광은 유하를 옹립하고 폐위한 사건이나 소제와 선제를 위해 황후를 뽑는 등의 문제에서 모두 황권에 대해 충성하면서도 자기 마음대로 하는 측면을 드러냈다. 특히 곽광은 자기의 처가 선제의 초혼 아내이자 황후인 허평군을 독살한 것을 알고 난 뒤 뜻밖에도 감히 문건을 감추고 보고하지 않고 사건을 덮고 조사하지 않았다. 참으로 그동안 세운 공로를 믿고 교만을 떨고 제멋대로인 것이 극에 달했다고 할 수 있다. 그래서 결국 곽광이 죽은 뒤 족인이 몰살당하는 비극의 씨앗을 확실히 뿌려둔 셈이었다.

만약 역사가 반복될 수 있다면, 몇 가지 가정을 제시해도 될 성싶다.

가령 여태자 유거가 무고의 화에서 억울한 누명을 쓰고도 그렇게 마음대로 군사를 일으키지 않았더라면, 가령 한무제와 경국지색인 이부인 사이에 영화 〈사랑과 영혼〉 같은 애정이 없었더라면, 가령 유하가 제위에 오른 뒤 그의 후임인 유순처럼 때를 기다릴 줄 알았더라면, 가령 곽광이 오랫동안 정치를 보좌하던 가운데 일찌감치 그만둘 수 있었더라면, 다시 말해 적당한 시기에 물러날 줄 알았더라면, 그리고도 수많은 가정이 떠오른다.

어느 가정이 성립되어 서한의 역사가 다시 쓰여지든지 간에 오늘날 전세계의 주목을 받고 있는 한묘는 없었을 것이다.

책을 덮고 생각에 잠겨보건대, 만일 유하가 다시 한 번 살 수 있다면, 그는 그 파란만장했던 역사에 대해 어떻게 생각할까?

생각 하나 : 권력이 있어도 자기 마음대로 해서는 안 된다.

봉건사회에서는 "널리 하늘 아래 왕의 땅이 아닌 곳이 없고, 그 땅의 물가에 왕의 신하가 아닌 이가 없다(普天之下 , 莫非王土 , 率土之濱 , 莫非王臣)." 황제는 털끝만큼도 의심할 여지가 없는 국가의 최고통치자다. 제대로 된 감시자가 거의 아무도 없는 최고권력과 지위 아래서 나를 따르면 흥하고 나를 거스르면 망하는 희비극이 끊임없이 전개되고 있었다.

권력이 있으면 자기 마음대로 하기 쉽고, 특히 감시자가 없는 권력은 더욱더 자기 마음대로 하기 쉽다. 27일 동안 황제로 있다가 폐위된 유하는 말할 것도 없고 54년 동안이나 늠름하게 보좌에 앉아 있다가 세상을 떠난 무제 유철 역시 최고권력을 가진 자로서의 그들이 가진 공통점은 권력이 있으면 자기 마음대로 한다는 것이었다.

먼저 재위기간이 그저 27일에 불과했던 황제 유하를 살펴보도록 하자. 유하의 전임인 한소제 유불릉은 13년 동안 집권하다가 붕어했는데, 후손이 없었기 때문에 후임자는 그의 조카 항렬에서 뽑을 수밖에 없었다. 이에 행운의 신이 제2대 창읍왕이자 소제의 조카 항렬인 유하에게 손짓을 했다. 19세의 유하는 천하를 좌지우지할 정도의 권력을 가진 대장군 곽광의 부름을 받고 입조해서 전임 황제인 유불릉의 장례를 주관했다. 장례를 주관하고 나서 오래지 않아 곽광은 유하를 황제로 옹립했다.

곽광은 유하를 옹립했다가 다시 폐위했으니 그는 고작 27일 동안 제위에 있었을 뿐이다. 전하는 말에 따르면 유하는 일단 황제가 되자 거의 잠시도 늦출 수 없다는 듯이 친정을 시작해서 창읍국에서 데리고 온 수많은 부하들을 임용하고, 나라는 물론 자기에게 공을 세운 곽광을 비롯한 노신들은 푸대접해 버렸다고 한다. 사료에 따르면 유하가 파견한 사자들이 끊임없이 오갔다고 하는데, 사자들은 새 황제 유하의 부절을 들고 다니며 명령을 내려 각각의 관아에서 무려 1,127차례에 걸쳐 물자를 징발했다. 유하는 27일 동안 황제로 있으면서 1,127건의

해혼후, 지워진 황제의 부활

악행을 저질러 하루 평균 40여 건이 되는 셈이니, 좀 과장된 것이 분명하다.

유하가 황제로 있는 동안, 조정의 고문을 담당하면서 갖가지 일에 대처하던 광록대부 하후승을 비롯한 대신들이 여러 차례 간언을 올려 유하의 과실을 정중하게 타일렀다. 뿐만 아니라 심지어는 누가 모반할 수도 있는 위험한 지경에 그가 처해 있음을 일깨워주기도 했다. 하지만 유하는 들은 척도 하지 않고 오히려 사람을 보내 하후승 등등을 문책하고는 포승줄로 묶어서 하옥시켜 버렸다. 대신 양창 등등도 여러 차례 간언을 올렸으나 유하는 역시 고치지 않고 도리어 날이 갈수록 더 제멋대로 굴었다.

이에 곽광은 유하가 하는 짓이 나라를 위태롭게 하고, 자기의 권세를 위태롭게 해서 조정을 동요시키고 천하의 백성을 불안에 떨게 만들 것이라고 걱정했다. 그래서 곧 뭇 신하들과 상의해서 유하를 폐위시키겠다는 뜻을 상관 황태후에게 보고했다. 유하가 재위하는 동안 주색에 빠져 사람의 도리를 지키지 못하고 제왕의 예의를 잃어버렸으며 조정의 제도를 뒤죽박죽이 되게 만들었다는 것을 이유로 들어 유하를 폐위하고 창읍의 옛 땅으로 돌려보내 버렸던 것이다.

이 한 단락의 역사는 당시 병권을 장악하고 있던 곽광이 노신들과 연합하고 상관 황태후를 이용해서 일으킨 사실상 궁정 정변이었다. 그러니까 유하가 아직 입지를 굳히지 못한 틈을 타서 번개처럼 유하의 권력을 해제했던 것이다. 유하가 조정에 데리고 온 2백여 명의 수행원을 거의 모두 주살해 버리고 일찍이 유하에게 권계한 적이 있었던 신하 세 사람만 남겨두었다.

유하가 주색에 빠져 사람의 도리를 지키지 못하고 학식도 재간도 없었다고 하는 사료의 기록은 묘에서 출토된 문물과 대조해서 세세히 따져볼 때 사실과 다른 것 같다. 왜냐하면 유하가 27일 동안 황제로 있으면서 내린 1천여 건에 달하는 조서의 구체적인 내용은 사료에는 상세히 기록되어 있지 않고, 상관 황태후가 유하를 폐위하는 조서에서도 그가 주색에 빠져 사람의 도리를 지키지 못하고 조정의 예의 등을 따르지 않았다고 공허한 말만 늘어놓고 있을 뿐 커다란 죄를 여럿 지었다고 하는 소리는 전혀 없기 때문이다.

그러나 묘에서 출토된 수많은 문물을 살펴보면, 부장품 가운데는 대량의 죽간이나 목간에 기록되어 있는 진귀한 전적과 공부자와 안회 등을 비롯한 유가 선현의 초상화 등도 있다. 한나라 시대의 "죽은 사람 모시는 것을 산 사람 모시는 것처럼 하는" 장례제도로 분석해 볼 때, 이러한 부장품들은 "제자백가의 학설을 배척하고 오로지 유가의 학설만을 받들었던" 무제 시대에 어려서부터 공맹의 고향인 산동에서 살아온 유하는 공자를 받들고 유학을 중시하는 교양 있고 자기 수양에 힘쓴 사람임에 틀림없다. 결코 학식도 재간도 없는 자가 아님을 충분히 입증해 주고 있다. 만약 그렇지 않으면 앞서 말한 그렇게 귀중한 문물들이 묘에서 출토될 리가 없는 것이다.

해혼후, 지워진 황제의 부활

유하는 부름을 받고 장례를 주관하기 위해 입조하러 급히 서둘러 가는 길에서마저 사람을 시켜 우는 소리가 아주 길고 오랜 닭을 사오도록 했다. 유하가 분상 길에 닭을 사게 된 경위를 두고 후세 사람들은 대개 유하가 상중임에도 불구하고 노는 것을 잊지 못해 선황에게 몹시 불경스러운 짓을 저지른 것이라고 그럴싸하게 꾸며서 말하고 있다. 그러나 의외로 그 장명계를 산 것도 유하가 입조한 뒤 매일같이 일찍 일어나 정사에 게으름을 피우는 일이 없도록 자기를 깨우는 데 쓰기 위한 것일 가능성이 높다.

사료에서는 유하가 황제로 있던 27일 동안 1,127건의 나쁜 짓을 저질렀다고 한다. 하지만 이것은 당시의 권신인 곽광이 유하를 폐위하는 명분을 세우고자 그에게 끼얹은 역사의 구정물일 가능성을 배제할 수 없다. 그리고 유하가 내린 1천여 건의 조서는 오히려 그가 제위에 오른 뒤 주지육림에 빠져 국정을 소홀히 한 일은 전혀 없고 도리어 즉시 친정에 임해 매일같이 직접 조정의 수많은 일을 처리했음을 증명하고 있다.

매일같이 평균 40여 건의 조서를 내린 사실로 추측해 볼 때, 유하는 황제로 있으면서 반드시 몸소 국정을 처리했음이 틀림없다. 매일같이 40여 건이나 되는 많은 양의 일을 처리하려면 아침 일찍 일어나 저녁 늦게 잠자리에 들면서 매우 부지런하고 근면해야 되므로 분상 길에 뜻밖에 장명계를 산 것도 나무랄 수 없는 일이다. 유하는 황제의 자리에 있으면서 이렇게 고생을 했음에도 불구하고 후세 사람들은 나쁜 짓만 한 것으로 여기고 있는데, 이러한 평가를 생각해 보면 참 어이가 없다.

서한에서 54년이나 재위했던 한무제 유철을 다시 한 번 살펴보자.

한무제 유철만큼 오랫동안 집권했던 황제는 중국 역사상 아마도 청대의 강희제와 건륭제밖에 없을 것이다. 16세에 등극한 무제는 황권을 튼튼히 다지기 위해 주보언의 건의를 받아들여 '추은령'을 시행함으로써 제후왕의 세력을 약화시킴과 동시에 염철과 주폐권(鑄幣權)을 중앙으로 회수했다. 문화상으로는 동중서(董仲舒)의 건의를 받아들여 "제자백가의 학설을 배척하고 오로지 유가의 학설만을 받든다"는 정책을 써서 선진(先秦) 이래의 "스승마다 도가 다르고 사람마다 주장이 다르며 백가가 저마다 방법이 다른(師異道, 人異論, 百家殊方)" 국면을 끝냈다.

한무제 시기에는 오랑캐를 물리쳐 영토를 확장해서 국위를 널리 떨치고, 동쪽으로는 조선을 합병하고 남쪽으로는 백월(百越)을 병탄하고 서쪽으로는 대원(大宛)을 정벌하고 북쪽으로는 흉노를 격파해서 한나라의 범위를 확정했다. 그밖에 실크로드를 개통하고 연호를 세우고 태초력을 반포하고 태학을 일으키는 일 등등이 이루어졌는데, 그것들은 모두 영향력이 심원한 공훈과 업적이었다.

한무제 유철의 일생을 쭉 훑어보면, 그도 어린 나이에 제위에 올랐으니 등극할 때의 나이는 16세에 불과했다. 권력이 튼튼해지기를 기

해혼후, 지워진 황제의 부활

다렸다가 무제는 말 한마디가 천금처럼 무거워지기 시작하더니 다른 의견은 아무것도 듣지 않게 되었다. 화살이 다하고 군량미가 떨어지는 바람에 흉노에게 투항한 이릉 장군을 위해서 바른말을 몇 마디 했던 사마천은 무제에게서 '궁형'의 처벌을 받았다. 자식을 낳지 못한 첫 번째 아내인 진아교 황후는 무제가 총애했던 위자부가 태자를 낳자 질투심에 무고의 술수를 사용했다가 무제에 의해 장문냉궁(長門冷宮)으로 쫓겨나서 다시는 만나지 못하게 되었다.

막내아들 유불릉을 태자로 세운 뒤 무제는 아들의 입지를 위해 어미를 죽이는 격으로 유불릉의 어머니이자 자기가 좋아하던 구익부인을 죽여버렸으니 부부간의 애정이라고는 털끝만큼도 없었다. 이러한 일들은 한두 차례에 그치는 것이 아니었다. 이러한 사건들로 볼 때, 무제의 행실 역시 권력이 있으면 자기 마음대로 하는 것의 본보기라 하지 않을 수 없다.

특히 '무고의 화' 와중에 무제는 한쪽 말만 곧이듣고는 후계자인 여태자 유거를 사지에 몰아넣었다. 이때 태자를 적극적으로 도와준 위자부 황후를 자살에 이르게 함으로써 만년에 돌이킬 수 없는 잘못을 저지르고 말았다. 전하는 말에 따르면 한무제는 '무고의 화'를 겪은 뒤부터 계속해서 괴로워하면서 오랫동안 태자를 세우지 않고 만년의 일을 몹시 후회하면서 보냈다고 한다.

만약에 무제가 권력이 있다고 해서 그렇게 제멋대로 하지 않고 아주 관대한 마음을 가지고 수중의 권력을 신중하게 다루며 자기 마음대로 포학하게 굴지 않았다면 상황이 달라졌을지도 모른다. 그가 온 마음을 다해 길러낸 후계자, 즉 온화한 성격에 인자하고 너그러운 태자 유거가 순조롭게 황위를 이어받았다면 한대의 역사도 다시 쓰여질 가능성이 있었을 것이다.

생각 둘 : 어리다고 해서 자기 마음대로 해서는 안 된다.

권력이 있으면 자기 마음대로 하기 쉬운 것과 마찬가지로 나이가 어려도 자기 마음대로 하기가 쉽다.

유하가 불과 27일 동안 황제로 있다가 폐위된 까닭은 그가 어려서 자기 마음대로 한 것 그리고 정치투쟁 경험이 없었던 것과 밀접한 관계가 있다. 유하는 아주 어린 나이에 창읍왕위를 이어받아 비단옷을 걸치고 진귀한 음식을 먹으며 자라났기 때문에 먹고살기 위해 농사짓는 일이 매우 힘들다는 사실을 아예 몰랐다. 창읍왕인 그의 신변에는 언제나 한 무리의 신료들이 그를 지키고 달래고 있었다. 조그마한 창읍국에서는 유하가 하고 싶은 일이 있으면 하지 못할 것도 할 수 없는 것도 없었다.

유하가 황제로 옹립되었을 때는 겨우 20세로 세상물정을 거의 모를 나이였다. 그는 위대한 한나라와 자기의 창읍국이 같은 것이라고 여겼기에 황제가 되면 창읍국에 있을 때처럼 자기 마음대로 해도 괜찮다고 보았다. 당시의 정세를 분명히 파악하지 못한 그는 정치적 구도라

해혼후, 지워진 황제의 부활

는 개념이 조금도 없었던 데다가 깊이 생각하고 멀리 내다볼 줄 몰랐다. 또한 실력을 두텁게 쌓아 조금씩 발휘할 줄도 모르는 상태에서, 하루아침에 권력을 잡게 되자 처신을 엉뚱하게 했다. 명령을 해대고 일이 생기면 혼자만의 생각으로 결정하고 제멋대로 굴다가 마침내 권신 곽광을 노하게 하고 말았던 것이다. 곽광은 자기의 외손녀인 상관 황태후의 조령을 빌려 유하를 고향인 창읍으로 급히 돌려보내 버렸다. 이 모든 일은 유하가 어려서 자기 마음대로 한 결과였다.

그러나 나이가 어린 황제들이 모두 유하처럼 자기 마음대로 한 것은 아니었다. 예를 들면 유하의 후임 황제인 유순이 그렇다.

여태자의 손자인 유순은 '무고의 화' 와중에 요행히 화를 면하기는 했지만 강보에 싸인 채 감옥살이를 하게 되었다. 호의호식하면서 자란 유하와는 전혀 달리 유순은 감옥살이와 위험하고도 고통스러운 처지로 유아 시기를 보냈다. 감옥 속에서 산 까닭에 유순은 사회 최하층의 고통을 직접 체험하게 되었다. 네 살이 되었을 때 만년의 무제 유철이 유거에게 미안한 마음에 조서를 내려 유순을 액정에서 기르게 함과 동시에 그를 황실의 족보에 정식으로 등재하도록 하기는 했다.

하지만 액정은 허드렛일을 하는 궁녀들이 사는 곳이라 하층사회라고 할 수 있었으니, 그곳에서 산 유순은 인정의 냉혹함과 따뜻함을 허다하게 체험했음이 틀림없다. 게다가 유순은 어렸을 때 늘 민간에서 논 까닭에 백성들의 생활 형편을 꽤 잘 이해하고 있었다. 덕분에 그는 아주 강한 마음과 인내력을 기르게 되었고, 백성들의 고통과 관리들의 좋은 점과 나쁜 점을 어느 정도 알아차리게 되었다.

유하가 폐위되고 나자 곽광을 비롯한 대신들은 유순을 그가 살고 있던 상관리에서 궁중으로 맞아들이고는 먼저 양무후(陽武侯)에 봉했다. 그리고 그다음에 황제의 자리에 올랐는데 즉위할 때의 나이는 겨우 18세였으니 무제 유철이 등극할 때와 비교하면 두 살 많고 폐제 유하보다 두 살 적었다. 후세 사람들은 선제 유순은 어려서부터 많은 고초를 겪었고, 황가의 혈통에 속하기는 하나 서민 출신이나 다름없으므로 포의(布衣) 황제로 여기는 경우가 많다.

18세에 떠밀려 제위에 오르게 된 유순은 전임 황제인 유하가 남긴 교훈을 심각하게 받아들였기에 제위를 이어받고 나서는 보통이 넘는 성숙함을 보여주었다. 황제로 옹립된 뒤, 유순은 유하처럼 당장 친정에 임하지 않았다. 심지어는 곽광이 국정을 그에게 돌려주겠다는 뜻을 표하자 유순은 두말할 것도 없이 공개적으로 거절하고는 곽광에게 계속해서 국정을 주관해 달라고 요청함으로써 곽광을 더 비할 바 없이 신임하는 모습을 확실히 보여주기까지 했다.

유순은 곽광이 세상을 떠날 때까지 쭉 기다렸다가 친정을 했는데, 그때 그는 이미 황제의 자리에 오른 지 4년이 되었다. 지고무상의 권력을 가진 황제로서 나이 어린 유순이 보여준 인내력은 정말 대단한 것이었다. 곽광을 비롯한 노신들과의 관계를 처리함에 유순이 보여준 모습은 유하와 사뭇 달랐다. 아래의 사료에서 서술하고 있는 이야기는 아주 흥미롭다.

해혼후, 지워진 황제의 부활

유순이 즉위하고 2년이 되어갈 무렵, 증조부인 한무제를 전면적으로 칭송하는 조서를 내리고는 승상과 어사대부와 열후 그리고 연봉 2천 석을 받는 관리와 박사에게 무제의 '존호(尊號)'와 '묘악(廟樂)'*을 두고 토론을 벌이게 했다. 뭇 신하들 가운데 찬성하지 않는 자가 없었는데, 유독 황태후의 스승인 하후승만이 반대의견을 제시하면서 말하기를 "무제께서 비록 네 오랑캐를 물리쳐 영토를 넓힌 공을 세우셨기는 하지만, 묘악을 짓기에는 적당하지 않습니다"라고 했다.

승상 채의(蔡義)와 어사대부 전광명(田廣明)이 앞장서 "조서를 비난하고 선제를 비방한" 하후승의 죄행을 성토하면서 '대역무도'로 규정하고, 또 승상부의 황패(黃霸)가 하후승의 관점을 미리 알고도 고발하지 않았으므로 은폐하고 교사한 죄를 범했다고 폭로했다. 이에 하후승과 황패 두 사람은 붙들려 하옥되었고 사형 판결을 받았다.

그러나 한선제는 관례에 따라 두 사람을 '대역무도'죄로 사형에 처하고 "3족을 멸하는" 명령을 결코 내리지 않았고, 오랫동안 가두어두었다가 나중에 다시 임용했다. 그후 대신들은 재빨리 방안을 세웠으니, 무제의 묘호를 높여 세종묘라 하고 묘에서는 「성덕(盛德)」・「문시(文始)」・「오행(伍行)」의 무곡(舞曲)을 연주하며 무제가 생전에 순행한 적이 있는 49개 군국(전국 군국의 약 절반)에 고조 유방의 묘와 태종 문제 유항의 묘와 같은 세종묘를 짓자고 했다. 선제는 즉시 윤허해서 전국에 걸쳐 시행하도록 명령했다. 전하는 말에 따르면 이 중대한 결정

---

* **묘악** : 종묘의 음악으로 제사를 지내고 덕을 기릴 때 주로 사용했다.

을 경축하기 위해 선제 유순은 널리 전국의 성인 남자에게 작위를 한 등급 높여주고 술과 고기를 상으로 하사했다고 한다.

선제가 무제를 위해 묘를 세운 일을 자세히 음미해 보면, 이것은 선제가 즉위 초기에 둔 좋은 수임에 분명하다. 유순이 즉위했을 때 증조부 유철은 세상을 떠난 지 이미 오래되었고, 소제 유불릉이 무제를 위해 묘를 세우지 않았기에 선제는 무제를 위해 묘를 세우는 방법을 통해 자기야말로 무제의 직계 혈통임을 보여주었다. 왜냐하면 그의 할아버지 여태자 유거가 무제의 적장자였기 때문이다.

유순은 이 조치를 통해 서자 신분으로 계위했던 소제와 달리 자기야말로 무제의 사업과 유지를 계승하는 정통(正統)이며, 자기의 계위는 불변의 이치이자 완전히 합법적인 것으로 의심할 여지가 없는 정당성을 갖추고 있음을 과시했던 것이다. 유순의 이 조치는 효도를 표방하는 것이기도 해서 무제를 위해 효도를 다하는 모습을 보여준 것이었다. 무제를 위한다는 기치를 내걸고 있었기에 곽광 역시 반대할 수 없었다. 하후승이 반대하고 나서자 선제는 그를 하옥해서 처음으로 본때를 보여주는 김에 더 나아가 자기의 권위를 수립했다. 그리하여 버팀목이 되어줄 외척도 없고 기반도 전혀 없는 포의황제인 자기를 대신들도 감히 업신여기지 못하도록 했다.

이렇게 무제에 대한 효심을 보여주고 또 자기가 정통 적손의 신분임을 표방한 일은 조정에서 위신을 확립하기 위한 첫걸음을 뗀 것으로, 정말 돌멩이 하나로 여러 마리의 새를 잡은 셈이었다. 이로부터 나이 어린 선제 유순이 보통이 넘는 총명함과 통찰력을 갖추었음을 알 수 있다.

그리고 일찍이 민간에 있을 때, 유순은 이미 곽광의 권세와 위엄에 대하여 들은 소문이 있었다. 그는 하룻밤 사이에 일개 평민에서 지고무상의 황제가 된 뒤, 조정 내부에서 기세등등한 곽광 일파로부터 사람을 핍박하는 정치적 압력을 분명히 느낄 수 있었다. 그래서 그가 등극하는 날 '고묘(高廟)'에 참배하러 갈 때, 곽광이 수레에 동승했는데 유순은 "바늘방석에 앉은 것" 같은 느낌이 들었다.

삶의 경험이 풍부했던 한선제는 즉위 초기에는 세력이 미미해서 그저 황제라는 칭호에만 의거하여 권세가 조정과 재야를 좌지우지하는 곽광에게 맞설 수는 없는 노릇임을 알았다. 그리하여 최대한 자제하고 자기의 세력을 차츰 확대해 가면서 유리한 시기를 모색해야만 비로소 원래 자기 것인 최고통치권을 되찾아올 수 있음을 분명히 알고 있었다.

그래서 즉위하자마자 곽광이 정권을 돌려주겠다고 했을 때, 한선제 유순은 거절함과 동시에 대중 앞에서 선포하기를, 일이라면 크고 작은 것을 가리지 말고 우선 곽광에게 서면으로 지시를 요청하고 나서 자기에게 상주하라고 했다. 그 일이 있고 난 뒤 유순은 곽광이 자기를 끌어다 옹립한 공을 표창하고 7천 호를 추가해서 하사하는 조서를 특별히 내리기까지 했다. 조회를 할 때면 한선제도 곽광을 최고의 예의로 대했다.

한선제가 보여준 일련의 행동은 그를 시기하고 경계하는 곽광의 마음을 풀고 조정 내부에 잠복해 있는 정치적 위기를 완화하며 그의 통치를 위해 양호한 정치적 분위기를 창출하는 데 분명히 적극적인 작용을 했다. 가장 직접적인 결과는 바로 전임인 유하와 같은 결말을 면함으로써 '제2의 창읍왕'이 되는 것을 피할 수 있었다는 것이다.

유순은 25년 동안 재위했는데, 후세에 중국 역사상 유명한 현군 가운데 한 사람이라는 평가를 받았다. 유순의 재위기간 동안, 전국의 정치가 투명하고 사회는 조화를 이루며 경제가 번영했고, "관리는 그 직무를 제대로 하고 백성은 그 생업에 편안히 종사했기에(吏稱其職, 民安其業)" 역사에서는 '효선(孝宣)의 치(治)'라고 부른다. 묘호와 시호를 제정하는 데 엄격하기로 유명했던 서한시대에 유순은 정식으로 묘호를 가진 네 명의 황제 가운데 한 사람이었다.

위진남북조(魏晉南北朝) 이전에는 붕어한 황제에게 묘호를 추존하는 데는 아주 엄격한 규정이 있었다. "조는 공이 있어야 하고 종은 덕이 있어야 한다(祖有功而宗有德)"는 기준에 따라 개국군주는 대개 조라 하고 그 뒤를 잇는 군주 가운데 치국의 재능이 있는 이는 종이라 했던 것이다. 서한은 14명의 황제에 211년을 거치며 다만 네 명의 황제만이 묘호를 가지고 있었다. 즉 태조 고황제 유방 · 태종 효문제 유항 · 세종 효무제 유철 · 중종 효선제 유순이다. 이로부터 선제 유순 역시 서한시대에 커다란 성과를 보였던 황제 가운데 한 사람이었음을 알 수 있다.

해혼후, 지워진 황제의 부활

유순이 커다란 성과를 낼 수 있었던 까닭은 그가 최고권력의 자리에 있으면서도 자기 마음대로 하지 않은 것과 직접적인 관계가 있다. 나이가 어린 황제임에는 마찬가지였으나, 유순은 전임인 유하처럼 어리다고 그렇게 자기 마음대로 하지 않았기 때문에 결국은 서한에서 가장 큰 성과를 보인 황제 가운데 한 사람으로서 위업을 달성할 수 있었던 것이다. 유하와 유순을 비교해 보면, 나이 어린 황제가 최고권력을 가지고 있을 때, 자기 마음대로 하지 않는 것이 몹시 중요하면서도 아주 쉽지 않은 일이다!

생각 셋 : 외모가 곱다고 해서 자기 마음대로 해서는 안 된다.

중국 고대 황제의 신변에는 미녀가 구름처럼 많았는데, 황제의 총애를 받은 여자는 단 하나의 예외도 없이 다 절세미녀였다. '금옥장교(金屋藏嬌; 금으로 만든 집에 미인을 감추어두다)'의 진아교는 말할 것도 없고 '천고일후(千古一后 ; 아주 오랜 세월 동안 하나 나올까 말까 한 황후)'의 위자부나 '경국경성(傾國傾城; 나라와 성을 기울게 하다)의 이부인은 모두 외모가 아주 고왔기 때문에 무제의 총애를 받은 것이었다.

먼저 무제의 본처인 진아교 황후에 대해서 말해보기로 하자. 그녀는 외모가 고와서 자기 마음대로 한 여자였다. 진아교가 어렸을 때, 소년이었던 유철이 좋아했다. '금옥장교'의 고사 속에 등장하는 '교'는 바로 진아교이다. 전하는 바에 따르면 무제 유철은 소년일 때 어떤 여자에게 장가들 것이냐고 묻자, 예쁜 아교를 가리키며 말하기를 "아교를 아내로 삼을 수 있다면, 특별히 황금으로 된 집을 하나 지어 그녀가 살도록 하겠다"고 했다고 한다. 이것이 유명한 '금옥장교'의 고사다. 그러니까 소녀 시절 진아교의 외모는 유철의 높은 평가를 받았음을 알 수 있다.

무제를 황태자로 세워 황제가 되는 대사를 치를 때 진아교의 가족이 커다란 역량을 발휘했기 때문에 진아교는 궁중에서 하늘 높은 줄 모르고 안하무인 격으로 교만을 떨고 제멋대로 굴었다. 이 진아교 황후는 타고난 성품이 거만하고 난폭하며 질투를 일삼아 무제의 사랑을 오랫동안 독차지했으나 아이를 낳지 못했다. 세월이 차츰차츰 흘러감에 따라 그녀에 대한 무제의 총애도 천천히 잦아들었다.

나중에 무제가 가희(歌姬) 위자부를 좋아하자, 황후인 진아교는 몹시 화를 내면서 죽느니 사느니 하며 소란을 피우고 마구 생트집을 잡았다. 그래서 무제는 제멋대로 구는 진아교 황후를 한층 더 불만스럽게 여겼다. 위자부가 중년의 한무제에게 아들 유거를 낳아주자 한무제는 대단히 기뻐하면서 그를 태자로 세웠다. 진아교는 무제가 태자를 애지중지한다는 사실을 잘 알고 있음에도 불구하고 강렬한 질투심이 활활 타올라 이성을 상실하고는 급기야 무고의 술수로 태자를 저주하고 말았다. 무제는 크게 노해서 진아교를 장문냉궁에 유폐해 버렸다.

진아교는 폐위된 뒤 후회하기를 그치지 않았다. 그녀는 대문호 사마상여가 지은 「자허부(子虛賦)」와 「상림부(上林賦)」가 한무제의 칭찬을

해혼후, 지워진 황제의 부활

크게 받았다는 소리를 듣고는, 많은 돈을 들여 사람을 시켜서 사마상여에게 「장문부(長門賦)」를 지어달라고 부탁했다. 자기의 한스럽고 후회하는 마음을 표현하고 이 기회를 빌려 무제의 마음을 돌이킬 수 있기를 바랐다.

사마상여는 재능이 정말로 출중한 사람이라는 말에 부끄럽지 않게 「장문부」를 금방 지었다. 전하는 바에 따르면 무제는 사마상여가 지은 「장문부」를 아주 좋아하기는 했지만, 진아교가 바라는 대로 마음을 돌리지는 않았기에 그녀는 결국 우울하게 죽어갔다고 한다.

진아교의 일생을 쭉 살펴보면 "금으로 만든 집에서 잠시 살았다가 냉궁에서 반평생을 지낸" 셈이다. 이것은 모두 온유하고 자상할 줄 모르고 도량이 좁아 너그럽게 받아들일 수 없었기 때문에 외모가 곱다고 해서 자기 마음대로 한 대가를 치른 것이었다.

진아교의 뒤를 이은 무제의 두 번째 황후는 위자부였는데, 그녀는 외모가 고와도 자기 마음대로 하지 않은 여자였다. 위자부는 출신이 비천해서 본래는 무제의 누님인 평양 공주 집에서 일하는 가희였는데, 나중에 외모가 아주 고운 덕분에 기회와 인연이 딱 들어맞아 무제의 총애를 받고는 궁중으로 불려와 부인에 봉해졌다. 위자부는 무제에게 그의 첫 번째 아들인 유거를 낳아주었기에 그제껏 아들을 보지 못한 무제는 몹시 기뻐하면서 그녀를 더욱더 총애했다. 유거가 태어나자 무제는 곧장 「황태자부(皇太子賦)」를 지으라고 명령하여 방금 막 태어난 갓난아기가 바로 태자임을 미리 천하에 명백히 알리고는 위자부를 부인에서 황후로 세움과 동시에 천하에 대사면령을 내렸다.

위자부는 후궁 문제가 복잡한 환경 속에서 38년 동안 황후로 있었다. 그녀는 전임 황후인 진아교처럼 황제를 독차지하려고 하지 않았고, 오히려 공손하고 온화한 태도로 한무제의 총애와 신임을 얻었고 대신과 후궁들의 존경을 받았다. 나중에 세월이 흘러감에 따라 점점 늙어서 용모가 쇠하자 무제가 애정이 변해 다른 여인을 총애한 뒤에도 위자부는 진아교처럼 죽기살기로 매달리지 않았다. 도리어 전과 마찬가지로 공손하고 온화한 태도로 정성을 다하고 책임을 다해서 무제를 위해 후궁을 잘 관리했기에 무제는 위자부를 더욱 존중했다. 무제는 순행에 나설 때마다 궁중의 일을 위자부에게 부탁했고, 그가 돌아오면 위자부는 중요한 문제를 골라 무제에게 보고했는데, 무제는 불만이 없었고 심지어는 따져묻지 않는 경우도 있었다.

38년 동안 황후로 있었던 위자부는 중국 역사상 재위기간이 두 번째로 긴 황후이자 중국 고대의 유명한 황후 가운데 한 사람이었다. 그녀가 후궁들을 다스린 덕행과 자기 마음대로 하지 않은 모습에서 볼 때, 그녀를 '천고일후'라고 해도 이상하지 않다. '무고의 화' 와중에 위자부는 아들을 보호하려는 마음이 간절한 탓에 태자가 군사를 일으키는 것을 지원해 주었다. 태자가 패한 뒤 위자부는 어쩔 수 없이 자살로 자기의 결백함을 입증했다. 위자부가 자살한 뒤, 무제는 난폭한 성정을 가졌음에도 불구하고, 그녀의 황후 봉호를 박탈하지 않은 데다가 그후에도 황후를 다시 세우지 않고 오랫동안 그녀에게 양심의 가책을 느끼며 살았던 것으로 볼 때, 무제는 속으로 그녀를 존중하고 인정했음을 알 수 있다.

위자부가 죽은 뒤 18년 되는 해, 그녀의 증손인 유순이 제위에 올랐다. 선제 유순은 황후의 예로 다시 그녀를 후하게 장례를 치르고 '사(思)'라는 시호를 추증하고는 정원을 세우고 금위를 배치했다. 이에 역사에서는 '효무사(孝武思) 황후' 또는 '위사(衛思) 황후'라고 부르게 되었으니, 누명을 벗고 명예를 회복한 셈이다.

진아교 그리고 위자부와 비교해 볼 때, 무제가 일생 동안 가장 총애했던 여인은 '경국경성'의 이부인이었다. 이부인은 외모로 따지자면 단연 최고였다. 총애를 독차지한 기간이 가장 짧았으나 가장 총명했으며 두 개의 '절(絶)'자로 형용할 수 있으니, 절대가인(絶代佳人; 절세의 미녀)과 절정총명(絶頂聰明; 대단히 영민함)이 그것이다. 무제와 이부인 사이의 '사랑과 영혼' 같은 이야기는 정말 감동적이다.

'쌍절(雙絶)'의 이부인은 입궁 후 무제의 총애를 독차지하더니 아들 유박을 낳았다. 이부인은 아이를 낳고 얼마 뒤 산후 기혈쇠약으로 병에 걸려 자리에 눕더니 일어나지 못했다. 무제는 슬퍼해 마지않으면서 늘 그녀를 보러 갔다. 그러나 이부인은 무제가 찾아올 때마다 황급히 이불로 자기의 얼굴을 가리고 병약한 몸으로 황제를 뵙기에는 적합하지 않다는 이유를 들어 얼굴을 보이지 않았다. 설령 무제가 이익으로 유혹하거나 부끄럽고 분한 나머지 화를 낸다 해도 끝내 황제에게 얼굴을 보이지 않았던 것이다.

그녀의 그러한 행동을 이해하지 못하는 사람들이 많았다. 황제가 얼굴 좀 보자는데 어찌 거절할 수 있단 말인가? 이것은 많은 사람들이 바라 마지않는 총애가 아닌가 말이다. 그러나 누가 알았으랴? 영특하고 지혜로운 이부인은 자기 나름대로의 주견이 있었다. 그녀는 황제 신변의 후궁들은 사실상 미모로 황제를 섬기는 셈이므로 미모가 쇠하면 사랑도 식고 사랑이 식으면 은혜도 끊어지는 법임을 잘 알고 있었던 것이다.

그녀는 자기의 가장 아름다운 모습을 황제의 기억 속에 남기고자 했는데, 그래야 자기가 떠난 뒤에도 황제는 자기를 잊지 못하고 그리워할 것이었기 때문이다. 이렇게 해야 자기가 황제에게 한 부탁을 비로소 황제가 염두에 둘 것이었다.

일의 결말은 과연 이부인의 예상을 벗어나지 않았다. 이부인은 무제에게 얼굴을 보이는 일을 거절했지만, 오히려 무제의 마음에 끝없는 그리움을 불러일으켰다. 무제는 이부인이 죽은 뒤 화공에게 명하여 생전의 그녀 모습을 그리게 하고는 자기가 한가한 시간을 보낼 때마다 가는 감천궁에 그 그림을 걸어두도록 했다. 그는 이부인이 낳은 아들 유박을 창읍왕에 봉했다. 이부인의 오빠 이연년은 협률도위에 봉해 악부를 관리하는 일을 책임지도록 했다. 이부인의 또 다른 형제인 이광리는 이사장군에 봉했고, 나중에는 또 해서후에 봉했다. 창읍왕 유박이 세상을 떠난 뒤 무제는 다시 유박의 아들 유하에게 창읍왕위를 잇도록 했다.

그러므로 이부인은 외모도 곱지만 대단히 영민한 여인이었음을 알 수 있다. 그녀는 제왕의 심리를 정확하게 파악했기에 병에 걸리고 나자 무제에게 절대로 얼굴을 보이지 않고 자기의 가장 아름다운 모습을 무제의 마음속에 남겨두었던 것이다. 전하는 바에 따르면, 무제는 이부인을 그리워했기 때문에 이소옹이라고 하는 방사를 불러 궁중에 제단을 설치하고 혼을 불러와 이부인과 자기가 서로 만나도록 했다고 한다.

무제가 죽은 뒤, 이부인의 능묘는 무제의 묘 옆으로 옮기게 되었으니, 한나라 판의 '사랑과 영혼'이 완성된 셈이었다. 심지어는 유하의 해혼후 묘에서는 이부인이 사용했던, 화장품을 담는 청동 집기, 즉 요즘의 분갑이 출토되기도 했다. 그러니까 대단히 영민했던 이부인은 무제로 하여금 줄곧 그녀를 그리워하게 만들었고, 자기의 후대 역시 그녀를 영원히 기억하게 만들었음을 알 수 있으니, 역사에 이름이 길이 남을 만하다.

꽃다운 세월은 쉽게 흘러가고, 아름다운 얼굴도 쉽게 늙는다는 속담이 있다. 세상에는 영원히 그대로인 미모는 없는 법이니, 이제까지 언급한 외모가 아주 고왔던 세 여인을 비교해 보면 마땅히 깨닫는 바가 있지 않을까?

생각 넷 : 공로가 있다고 해서 자기 마음대로 해서는 안 된다.

무제는 말할 것도 없고 그 뒤의 소제·폐제·선제는 모두 극히 중요한 역사 인물 한 사람과 더할 나위 없이 큰 관계를 맺고 있었다. 그 사람은 바로 무제와 그 뒤를 잇는 나이 어린 세 황제를 보좌했던 대사 마대장군 곽광이었다. 곽광은 무제에게 탁고와 섭정을 부탁받았고, 사람들이 늘 상나라 때의 섭정 명신인 이윤과 더불어 언급했기에 합쳐서 '이곽(伊霍)'이라고 부른다. 곽광은 유하를 폐위하는 사건을 주도했기 때문에 후세에는 흔히 '이곽지사(伊霍之事)'라는 말로 권신이 섭정하고 황제를 폐위하는 것을 대신하여 가리키게 되었다.

곽광은 거의 30년에 걸쳐 무제를 수행했으므로 무제 시기의 중요한 책사라고 할 수 있다. 무제를 곁에서 시봉하면서 20여 년 동안 궁궐에 출입하면서도 단 한 차례도 잘못을 범하지 않았다. 그래서 무제의 신임을 얻었다. 무제가 죽은 뒤, 곽광은 명령을 받고 한소제 유불릉의 보정(輔政) 대신이 되었고, 또 그 뒤의 세월 동안 소제와 폐제 그리고 선제의 3대에 걸쳐 황제를 보좌했으므로 사실상 거의 20년에 걸쳐 한나라 황실의 최고권력을 장악하고 있었던 것이다. 그는 한나라 황실의 안정과 중흥을 위해 탁월한 공로를 세워 서한 역사에서 중요한 정치 인물이 되었다. 곽광은 서한의 4조에 걸쳐 중신으로 있었으니, 고생하여 세운 공로가 크다고 할 만하다.

권력과 공로는 정말 이상한 것으로 언제나 사람이 그것을 위해 허리를 굽히고 추구하고 지키게 만드는데, 제왕도 이러할진대 권신은 더 심한 경우도 있다. 곽광은 한나라 황실의 최고권력을 실질적으로 장악한 뒤, 한나라 황실의 강산에 불타는 충성심을 보임과 동시에 자신이

해혼후, 지워진 황제의 부활

고생해서 세운 큰 공로를 믿었다. 권력이 있으면 자기 마음대로 하고 공로가 있으면 더욱 자기 마음대로 하는 저주 속으로 빠져드는 것을 역시 면하지 못했다.

한소제 유불릉이 아주 어릴 때, 곽광은 "처음에는 어린 군주를 보좌하며, 정치는 자기가 하는(初輔幼主, 政由己出)" 모습을 보여줬음에도 불구하고 크게 비난받지 않았던 까닭은 그것이 한무제의 유언이자 당부이기도 했기 때문이다. 하지만 시간이 흘러가서 한소제가 성인이 된 뒤에도 곽광은 여전히 정권을 돌려주지 않았는데, 이것은 사리에 어긋난 짓이었다. 곽광이 아직 한나라 황실에 충성하고 있는 셈이라 여기고 있는 데다가 조정에 있는 그의 기반과 세력이 더욱 두려웠던 한소제는 곽광과 싸워서 이길 수 없음을 스스로 알고 있었다. 용상에 앉아 계속해서 꼭두각시 황제노릇을 할 수밖에 없었으니, 포부와 타고난 자질이 높았던 한소제로서는 몹시 답답한 일이었다.

황권이 남의 수중에 떨어진 것 말고, 한소제가 가장 견딜 수 없었던 점은 자기의 사생활마저 곽광이 최대한 제한해서 심지어는 후궁의 일까지 마구 간섭하는 것이었다. 한소제는 12세 때 혼례를 치렀는데, 곽광의 외손녀로 나이가 겨우 여섯 살에 불과한 상관씨를 억지로 황후로 맞아들여야 했다. 소제와 여섯 살 난 황후 사이에는 근본적으로 아무런 감정도 없었지만, 이것은 곽광이 그를 위해 마련한 정략결혼이었기 때문에 받아들이지 않을 수 없었다. 그런데 곽광은 외손녀가 총애를 한 몸에 받게 하려고 다른 후궁들이 황제 근처에 얼씬거리지 못하게 했다. 이렇게 되자 한소제는 남녀가 서로 사랑하는 일마저 마음대로 하지 못하고, 매일같이 아무런 감정도 없는 데다가 심지어는 혐오감까지 드는 상관 황후만 마주보고 있을 수밖에 없었다. 한소제의 심정이나 처지는 짐작이 갈 만하다.

소제가 재위했던 13년의 세월부터 폐제 유하의 짧았던 27일 그리고 다시 한선제 유순이 즉위하고 나서 초기의 몇 년에 이르기까지 국정은 전부 곽광의 수중에 있었던 것이나 다름없었다. 당시, 곽광의 권세가 조정과 재야를 좌지우지하고 있는 것 말고도, 그의 아들 곽우와 질손 곽운은 궁위낭관을 통솔하는 중랑장*이었고 곽운의 동생인 곽산은 봉거도위시중을 맡았다. 두 사위는 동궁과 서궁을 각각 담당하는 위위로 황궁 전체의 경비를 관장했으며, 사촌 형재와 친척들도 다 조정의 중요 직책을 맡아 서한 조정에 깊고도 넓게 뿌리를 내린 방대한 세력망을 형성하고 있었다.

당시 곽광은 이미 실질적인 최고통치자가 되었고, 그의 권세와 명망은 창읍왕 유하의 제위를 폐하고 한선제 유순을 옹립한 뒤에는 더할래야 더할 수 없는 그야말로 절정의 경지에 이르렀다. 곽광이 자기 마음대로 한 것은 그가 죽은 뒤 남아 있는 가족의 운명에 거대한 화근이 되었다.

곽광이 죽은 뒤, 한선제는 황제의 예절에 따라 곽광의 장례를 성대

---

* **중랑장** : 중국 고대의 관원 명칭. 진나라 때 설치했고, 서한 시대에 이르러 5관ㆍ좌ㆍ우의 삼중랑서(三中郎署)로 나뉘었다. 녹봉은 2천 석에 비할 수 있었고, 품계는 여러 장군보다 낮았다.

해혼후, 지워진 황제의 부활

하게 치렀다. 그는 곽광이 죽기는 했지만, 곽씨 가문의 세력이 여전히 큰 데다가 그 친족과 측근들이 아직도 중앙정부의 각종 기밀 부서를 통제하고 있으며 병권도 그들의 수중에 있음을 매우 잘 알고 있었다. 곽광이 죽고 나서 얼마 후 한선제는 행동을 개시해서 곽씨 가문이 독차지하고 있던 권력을 점차 빼앗았다.

그는 먼저 곽광의 두 사위가 맡고 있던 동궁과 서궁 위위의 직무를 없애버리고 그들이 관장하고 있던 금위의 군권을 박탈했다. 또 곽광의 두 조카사위를 중랑장과 기도위(騎都尉)의 직위에서 전출시키고, 자기의 심복에게 남북군(南北軍)과 우림랑(羽林郎)의 통수를 맡기고는 최종적으로 병권을 자기 손에 넣었다. 그 뒤, 그는 곽광의 아들 곽우를 대사마로 등용함으로써 겉으로는 승진한 것처럼 보이지만 실상은 좌천시키는 방법을 통해 곽우가 장악하고 있던 우장군 휘하 둔병(屯兵)의 실권을 박탈했다.

또한 유순은 상서제도를 개혁해서 관리와 백성이 상소를 하면 상서(尙書)를 경유할 필요 없이 직접 황제에게 올려서 읽어볼 수 있게 하라는 명령을 내렸다. 그럼으로써 곽산과 곽운이 겸임하고 있던 상서의 직무를 별 볼 일 없게 만들어버렸다. 이러한 조치들을 통해 곽씨 가문이 장악하고 있던 권력은 대체로 거의 다 박탈당했기에 권력은 점점 한선제의 수중에 집중되었다.

한선제가 전면적으로 권력을 빼앗는 행동을 취하자, 곽씨 가문 내부에서는 놀라고 두렵고 불안한 나머지 이판사판으로 거병하여 반란을 일으킨 다음 한선제를 내쫓고 자기들의 기득권을 지키기로 결정했다.

그러나 반란은 만반의 태세를 갖추고 있던 한선제의 눈앞에서 금방 와해되고 말았다. 한선제가 곽씨 일파의 반란을 대규모로 진압하고는 반란에 참가한 사람들은 모두 극형으로 다스림과 동시에 곽광이 자기에게 짝지어준 곽황후(곽광의 둘째 딸)를 폐위시켜 버렸다. 결국 안하무인 격이었던 곽씨 가문의 세력은 하루아침에 전멸하고 말았으므로 한선제는 최종적으로 절대통치를 확립하게 되었다.

만약에 곽광이 커다란 공로를 세우고도 그렇게 자기 마음대로 하지 않고 공로가 있다고 교만을 떨지 않고 혁혁한 지위에서 나라의 이익을 좀더 많이 고려했더라면 상황은 바뀌었을지도 모른다. 자기 한 몸의 사사로운 이익을 줄일 생각을 하고, 사건을 속이고 보고하지 않고 사건을 덮고 조사하지 않고 사리사욕에 눈이 멀어 법을 어기는 짓을 하지 않았다면 말이다. 그가 죽은 뒤 곽씨 일족은 멸문의 화를 당하지 않을 수도 있었을 것이다.

공로가 있다고 해서 자기 마음대로 했던 대가는 한창 전성기를 누리고 있을 때는 전혀 생각지 못한다. 하지만 올 것은 결국 반드시 오고야 말 듯이 비싼 대가는 일찍이 고생해서 세운 커다란 공로 때문에 시간이 걸린다고 해도 닥치지 않는 법이 없다. 곽광이 바로 그 실례라고 할 수 있다.

해혼후, 지워진 황제의 부활

생각 다섯 : 비빌 언덕이 있다고 해서 자기 마음대로 해서는 안 된다.

곽광을 비빌 언덕으로 삼아서 비교적 자기 마음대로 했던 사람이 둘 있었다. 한 사람은 곽광의 외손녀이자 소제의 황후인 상관씨이고, 다른 한 사람은 곽광의 아내인 곽현이었다. 이 두 사람은 곽광이라고 하는 단단한 비빌 언덕이 있었기에 중대한 문제를 놓고 자기 마음대로 하다가 결국은 남도 해치고 자기도 해치고 말았다.

먼저 상관 황후에 대해서 말해보자.

소제의 상관 황후는 대장군 곽광의 외손녀다. 상관은 여섯 살 때 곽광의 안배에 따라 소제 유불릉이 받아들이자 궁중에 들어와서 황후가 되었다. 소제는 21세 때 급사했는데 후손을 남기지 않았기에 19세의 창읍왕 유하를 곽광이 황제로 옹립하자 상관씨는 황태후가 되었다. 유하가 폐위되고 여태자 유거의 손자인 한선제 유순이 즉위하자 상관씨는 태황태후가 되었다. 이렇게 상관씨는 일 년 동안 서열이 연이어 3등급이나 올랐으니, 황후에서 황태후로 그리고 다시 태황태후가 된 것이었다. 이러한 승급이 의미하는 바는 상관씨가 아주 젊은 나이에 과부로 수절하며 살았다는 것이다.

상관씨가 황후가 되었을 때는 겨우 여섯 살이었으므로 아무것도 몰랐다. 12세의 황제 유불릉은 곽광이 자기에게 짝지어준 이 꼬맹이 황후가 너무나 싫은 것이 분명했다. 그러나 이 꼬맹이 황후는 나이는 어렸지만 성질은 고분고분하지 않아서 곽광이라는 배경에 의지하면서 곽광의 분부에 따라 소제 유불릉을 단단히 관리해서 다른 여인과 마주치지 못하도록 했다.

곽광은 외손녀 상관씨가 황태자를 낳게 하고 싶은 마음이 급급해서 대신들과 어의에게 지시하여 소제에게 상서해서 옥체의 건강을 보장하려면 황후를 제외하고 황제는 마땅히 여색을 가까이 하는 일을 줄여야 한다고 건의하라고 했다. 곽광의 의도에 따라 상관 황후도 후궁들에게 황제의 잠자리 시중을 들어서는 안 된다는 명령을 내렸다.

이렇게 해서 상관 황후 이외의 아름다운 후궁들은 소제의 잠자리 시중을 들 수 없었다. 그러나 상관 황후가 잠자리를 독차지하기는 했으나, 소제는 속으로 그녀를 몹시 불만스럽게 여겼다. 용과 봉황이 사이가 나쁜 바람에 상관 황후는 결국 소제에게 남녀를 가릴 것 없이 아이 하나 낳아주지 못했다. 소제가 붕어했을 때 상관씨는 나이가 겨우 15세에 불과했는데, 먼저 황태후가 되었다가 계속해서 또 태황태후가 되었으니 중국 역사상 가장 나이 어린 태황태후가 된 셈이다.

곽광이 죽은 뒤, 한선제와 태황태후 상관씨는 직접 가서 제사를 지내며 더할 나위 없이 높은 의례를 사용했지만, 곽광의 가족은 나중에 한선제의 공격을 받고는 멸족의 재난을 당하고 말았다. 상관 태황태후는 15세에 장락궁으로 옮겨 가서 52세에 천수를 다하고 죽을 때까지 쭉 살았으니, 15세에 과부로 수절을 시작해서 37년이나 그렇게 지낸 셈이었다. 길고도 지루한 37차례에 걸친 춘하추동의 세월 속에 상관씨는 꽃다운 나이부터 서서히 죽음을 향해 나아갔으니, 어찌 해 볼 도리가 없는 그 처량한 심경은 아마도 다른 사람은 알 수 없는 것이리라.

상관씨는 비록 지위가 높은 태황태후이기는 했지만, 소제가 급사한 그날부터 그녀는 이미 외톨이였던 셈이다. 만약에 그녀가 곽광이라는 배경이 있다고 자기 마음대로 하지 않고 무제의 위자부 황후에게서 덕행과 수완을 조금이나마 배울 수 있었더라면 상황이 바뀌었을 수도 있다. 소제가 21세에 급사하는 일까지는 벌어지지 않았을 것이고, 그녀가 외롭고 쓸쓸하게 지낸 날들도 그렇게 빨리 오지는 않았을 것이다. 그녀는 자기 마음대로 했다가 외롭고 쓸쓸한 일생을 살고 말았으니, 참으로 가련하고 애석하다!

이제 비빌 언덕이 있다고 자기 마음대로 했던 또 한 사람을 살펴보자. 그 사람은 곽광의 아내 곽현이었다.

곽광의 일생을 쭉 훑어보면, 그가 보좌했던 몇 사람의 어린 황제 가운데 유하가 별로 말을 듣지 않은 것을 제외하면 다른 두 황제는 그를 더욱더 우러러 받들었다. 특히 선제 유순은 곽광의 말이나 계책이라면 무조건 모두 듣고 받아들였다. 그래도 한 가지 예외가 있기는 했는데, 그것은 바로 선제가 황후를 맞이하는 일이었다. 그때 조정의 여러 대신들은 곽광을 몹시 경외해서 서로 앞다투어 곽광에게 아부를 일삼고 있었다. 그렇기에 하나같이 선제에게 말하기를 곽광의 딸인 곽성군이 최적의 황후 후보라고 하면서 심지어는 한꺼번에 상서해서 시키는 대로 하라고 선제를 핍박하는 것이나 다름없는 짓을 했다. 그때 선제는 대단히 오묘한 조서를 하나 내렸다. 조서는 이렇게 되어 있었다.

"짐은 가난하고 미천했을 때 낡은 검 한 자루를 가지고 있었는데, 이제 그것이 몹시 그립구나. 친애하는 여러 경들께서는 짐을 위해 그것을 찾아올 수 있겠소?" 뭇 신하들은 선제의 의도를 깊이 헤아려보고는 선제가 자기의 초혼 아내를 저버리고 싶어 하지 않는다는 것을 알아차렸다. 이에 평소 곽광과 정견이 일치하지 않았던 대신들이 한 사람 한 사람씩 선제의 첫째 아내인 허평군을 황후로 세우고 그녀와 유순 사이에 태어난 아들 유석(劉奭)이 태자가 되기를 요청하기 시작했다. 그래서 선제가 바라는 바가 이루어졌던 것이다.

이로부터 '고검정심(故劍情深; 오래된 검에 애정이 깊다. 즉 처녀 총각으로 결혼한 부부의 정이 가장 깊다는 의미)'이라고 하는 낭만적인 고사가 세상에 널리 퍼지기 시작했다. 이것은 중국 역사상 가장 낭만적인 조서이자 왕자가 가난한 여인과 지킨 약속이었다.

곽광의 아내 곽현은 자기 딸 곽성군이 하루빨리 황후가 될 수 있도록 밤낮으로 허평군 황후를 제거할 생각을 했다. 얼마 후 곽현은 기회를 잡았다. 허평군이 다시 한 번 임신해서 딸을 낳은 뒤 보양할 필요가 있자, 이에 곽현은 어용 여의(女醫) 순우연(淳于衍)에게 명령해서 보양 탕약 속에 부자(附子)*를 집어넣고는 산후조리를 하고 있는 허평군에게 먹이도록 했다. 허평군은 그 탕약을 먹은 뒤 얼마 후 중독되어 죽었다. 한선제는 의혹이 풀리지 않기는 했지만 꾹 참고 겉으로 드러내지

---

* **부자** : 바꽃의 어린뿌리를 가리키는 말. 약재로 쓰이나 독이 있다. 약으로 쓸 때 제대로 조제하지 않거나 사용량이 많고 달이는 시간이 충분하지 않으면 중독 반응을 일으킬 수 있다.

해혼후, 지워진 황제의 부활

않았다. 비통한 나머지 선제는 허평군을 '공애(恭哀) 황후'로 추봉하고는 그녀가 이상하게 죽은 사건을 잠시 접어두었다.

허평군이 죽고 나서 얼마 후, 곽현이 바라 마지않던 대로 곽성군이 황후가 되었다. 그녀는 아버지 곽광의 권세를 등에 업고 거만하게 제멋대로 날뛰며 돈을 물 쓰듯 하면서 허평군 황후가 보여준 검소함과 선량한 성품과는 완전히 상반되는 모습을 보여줬지만, 유순도 그녀의 말이라면 짐짓 무조건 따르는 체했다. 유순이 황제가 되고 나서 4년 후 곽광이 세상을 떠나자 선제 유순은 그를 위해 아주 성대하게 장례를 치러주었다.

곽광이 죽은 뒤 곽현은 삼갈 줄 모르고 남아 있는 곽광의 위세를 등에 업고 조정의 핵심부서에 널리 퍼져 있는 친척들을 계속해서 비빌 언덕으로 삼고는 끊임없이 궁중의 일에 간섭했다. 딸이 차지하고 있는 황후의 자리를 튼튼히 다지기 위해서 곽현은 딸인 곽성군에게 태자 유석을 해칠 방법을 생각해 보라고 사주했다. 음모가 탄로나자 곽현은 또 이판사판으로 곽씨 가문의 역량을 모아 정변을 일으켰다가 뜻을 이루지 못하고 멸족의 재앙을 초래하고 말았다. 한선제는 음모를 꾸며 태자를 해치려 했다는 이유를 들어 곽성군을 폐위하고는 상림원(上林苑)의 소대궁(昭太宮)으로 옮겨가도록 했다. 12년 뒤 곽성군은 자살해 버렸다.

선제 유순이 황후를 폐위하는 조서의 원문은 다음과 같다.

"황후가 미혹되어 도리에 어긋나는 짓을 했으니, 부덕한 마음을 품고, 독을 끼고 어미 박륙선성후와 교묘한 계책을 꾸미면서, 태자를 해치려 했도다. 사람의 어미로서 은혜로움이 없으니, 종묘의 의복을 받는 것이 적당하지 않고, 천명을 받을 수 없구나. 아아 슬프구나, 그녀를 궁에서 물러나게 하고, 옥새와 인끈을 관리에게 이양하게 하라.(皇后煢惑失道, 懷不德, 挾毒與母博陸宣城侯顯謀, 欲危太子。無人母之恩, 不宜奉宗廟衣服, 不可以承天命。嗚呼傷哉, 其退避宮, 上璽綬有司。)"

그제서야 유순은 마침내 첫 번째 부인 허평군을 위해 복수하고 한을 풀었던 것이다. 유순이 민간에서 곤경에 처해 있을 때, 허평군은 유순을 떠나지도 버리지도 않았다. 황후가 된 뒤에도 허평군은 온 마음을 다해 후궁들을 돌봐주었다. 유순이 여러 대신들의 의견을 강하게 물리치며 허평군을 황후로 세우고 그녀를 위해 복수까지 할 수 있었던 것은 그녀의 입장에서는 이미 더할 나위 없는 행운이었다. 그러나 비빌 언덕이 있다고 해서 자기 마음대로 했던 곽현이 가족 전부를 끌어들였다가 끝내는 멸족당하는 결말에 이른 것은 곽광이 생전에 가장 보고 싶지 않았던 장면이었다.

생각 여섯 : 역사의 호기를 붙잡아라.

해혼후 묘는 역사의 재난을 피한 대묘다. 유하 묘의 고고학적 발견 과정을 돌이켜보면서, 가정 몇 가지를 다시 살펴봐도 무방할 것이다.

만약에 남창이 유하가 살았던 그 시대에 비교적 외진 곳에 위치하

해혼후, 지워진 황제의 부활

지 않았고, 그다음에 1백여 년에 걸친 역사의 진행에 따라 역대 해혼후가 점차 쇠락하고 해혼국이 사람들의 시야에서 소리 소문 없이 서서히 사라지는 일이 없었더라면, 유하 묘는 이렇게 다행스럽게도 완벽하게 보존되지는 못했을 것이다.

만약에 서기 318년 동진 시대에 파양호 일대에서 대지진이 발생해서 원래의 해혼현을 비롯해서 예장의 옛날 현이 파양호 속으로 가라앉지 않았더라면, 또 해혼후 묘의 묘실이 지진으로 무너져서 지하수에 잠기는 바람에 천연적인 보호벽이 생기지 않았더라면, 또 당시 사람들이 물밑에서 도굴할 수 있는 조건을 갖추었더라면, 유하 묘도 완벽하게 보존되기 어려웠을 것이다.

만약에 유하 묘가 비할 데 없이 튼튼하게 건조되었지만, 오랜 세월 동안 도굴범들이 찾아오는 가운데 주묘실을 열 수 있었더라면 유하 묘도 일찌감치 재난을 면치 못했을 것이다. 설령 한 차례 유하 묘가 도굴범들에 의해 맨 꼭대기 정중앙에서 수직으로 주곽실이 관통되었다고 해도, 다른 왕후의 묘혈처럼 주곽실이 정중앙에 배치되지 않았기 때문에 도굴되지 않았다. 왜냐하면 유하 묘는 거실화(居室化) 구도에 따라 주곽이 동북면의 침실 위치에 배치되어 있었기 때문이다.

현지의 촌민들이 수백 년에 걸쳐 유하 묘 위에 여러 겹으로 겹쳐서 수많은 선조를 묻고 묘지로 쓴 결과 이것이 유하 묘를 철저하게 막고 보호하는 역할을 했다. 도굴범들이 고묘의 위치를 정확하게 판단하기 어렵게 만들었던 것이다. 또한 5년 전 남창의 민경 한 사람이 한 차례 규정대로 순찰을 돌다가 수상하다고 판단한 결과에 따라서 도굴단을 신속히 체포하지 않았더라면, 오늘날까지 온전하게 보존된 유하 묘의 고고학적 발견은 상상하기 몹시 어려웠을 것이다.

이것은 어쩌면 2천 여 년 전에 이곳에 묻힌 해혼후이자 창읍왕 그리고 한폐제였던 유하가 2천 여 년 동안 쭉 이 대묘를 지키고 도운 이 지방 사람들에게 주는 가장 좋은 보답인지도 모른다.

해혼후, 지워진 황제의 부활

이 책이 세상에 선을 보이게 된 것은 우연한 만남에서 비롯되었다.

2015년 12월 26일 아침, 나는 우연히 장치우린(張秋林)을 만나게 되자, 최근 내가 푹 빠져 있던 화두, 즉 해혼후 묘의 발견과 해혼후의 정체에 대하여 이야기하기 시작했다.

직무상의 관계로 해혼후 고고발굴 현장에 여러 차례 들리게 된 나는 수천 년이 지나도 썩지 않은 묘 속의 목재를 먼발치에서 바라보았다. 대묘의 구조와 출토문물에 대한 전문가의 설명을 듣고 나자, 말로 표현하기 힘든 감동이 마음속을 뒤흔들어놓더니 곧 오만 가지 생각이 끊임없이 떠오르는 것이었다. 나의 전공은 중문학이었지만, 줄곧 역사에 커다란 흥미를 느끼고 있었다. 특히 진한시대의 역사에 말이다.

진황한무(秦皇漢武: 진시황과 한무제) · 도궁비현(圖窮匕現: 지도가 다하자 비수가 나타나다) · 금옥장교(金屋藏嬌) · 경국경성(傾國傾城) · 용관삼군(勇冠三軍: 용맹이 삼군 가운데 으뜸이다) 등등 여전히 사람들의 입에 흥미진진하게 오르내리는 고사성어를 들었다 하면 나는 그 시대가 사무치게 그리워졌고 열정이 끓어올랐다.

해혼후 묘가 발견되자 나는 그 파란만장한 시대로 와락 끌려들어가 버렸다. 한무제·이부인·유하·곽광 등등 그 옛날의 역사적 장면이 마치 머릿속에서 재방송되는 듯했다. 그 무렵 나는 사람을 만났다 하면 해혼후를 말하고 입을 열었다 하면 유하 이야기를 했다. 재미있는 일은 내가 이야기를 늘어놓을 때마다 듣는 이들이 흥미로워했다는 것이다. 심지어 어떤 이는 도취된 듯 꼼짝하지 않고 듣기까지 했다. 게다가 이야기를 할 때마다 양념을 치듯이 끊임없이 새로운 이야기를 덧붙였더니, 이야기는 갈수록 더 그럴듯하고 흥미로워지는 것 같았다. 나는 마치 역사학자가 된 듯한 기분마저 들었다.

그날, 장치우린은 유하의 이야기를 듣더니 곧 빠져들었다. 별안간 그가 내 손을 잡아채더니 말하기를, 이 이야기를 써보라고 했다. 유하의 삶 모든 것에 관한 책을 한 권 써보라는 것이었다. 너무나 흥분한 나머지 나는 엉겁결에 좋다고 말해버렸다. 그렇게 말해놓고는 대수롭지 않게 여겼다. 그리고 헤어지자마자 이 일을 까맣게 잊고 말았다.

이틀 뒤, 북경 출장을 마치고 남창으로 돌아오는 비행기에서 장치우린을 또 만났는데, 정말 공교롭게도 우리 두 사람의 자리는 붙어 있었다! 두 시간에 걸친 비행 동안 실컷 이야기를 나누었는데, 화제는 당연히 해혼후였다. 열심히 떠들어댔더니 주변의 승객들도 흥미가 생겼던지 제각기 한마디씩 거들기 시작했다. 유하가 누구냐고 묻는 이도 있었고, 남창에 황제의 묘가 있느냐고 묻는 이도 있었다. 이제 남창이 인

해혼후, 지워진 황제의 부활

기를 끌게 될 것이라고 말하는 사람들도 많았다. 이야기 듣기에 푹 빠져 있던 어느 승객은 기어이 장치우린과 자리를 바꿔 앉더니, 이 책이 나온 뒤 자기에게 한 권 주면 우리를 식사에 초대하겠노라고 했다.

그리고 장치우린의 태도 역시 나를 몹시 깜짝 놀라게 했다. 그전에 나는 장치우린을 잘 알고 있다고 생각했는데, 오늘에서야 그의 출판광(出版狂)다운 태도를 제대로 본 것이다.

선비가 사흘을 헤어져 있다가 만나면 눈을 비비고 상대를 다시 보게 된다는 속담이 있는데, 장치우린을 이틀 간 보지 않았더니 그는 놀랍게도 유하 전문가가 되어 있었다. 나와 그 주제를 놓고 이야기하는데, 막힘이 없었을 뿐만 아니라 출판인의 전문적인 시각에서 이 책을 어떻게 써내려가야 하는지 그 방법론을 제안하기도 했다. 하도 그가 사방으로 격정을 발산하며 열정적으로 말하는 바람에 내가 오히려 냉정을 되찾았다.

사실 그전에 내가 주로 이야기한 것은 한무제에 대한 이야기였고, 유하와 관련된 이야기는 대개 어림짐작에서 나온 것이었다. 이 부분에 관한 사료는 실로 제한되어 있는 데다가 기본적으로 이미 정론이 있기 때문에 이야기를 더 진전시키기란 아주 어려운 일이었다. 말로 떠드는 것이야 괜찮겠지만, 진짜로 책을 써낸다는 것은 말처럼 그렇게 쉬운 일이 아니었던 것이다.

그래서 나는 그 일을 과연 내가 해낼 수 있을까 하고 솔직히 말했다. 왜 안 되는데 하는 듯 장치우린의 두 눈이 번쩍 하더니, 우리 회사의 사훈을 당신도 늘 언급하지 않느냐고 했다. 불가능이란 없으며, 창의 력만 있으면 모든 일이 가능해진다! 이런 장치우린 때문에 말문이 막히지 않을 수 없었다.

더욱더 할 말을 잃게 된 것은 그가 이 일을 '남창 한대 해혼후국 유적지 보존연구 및 활용사업 관리팀'의 팀장을 맡고 있는 강서성위 상위이자 성위비서장인 쭈훙 동지에게 보고했다는 것이다. 내가 해혼후 유하에 관련된 작품을 쓰려고 한다는 소식을 들은 뒤(사실 당시 나는 아직 충분히 생각해 본 것은 아니고, 장치우린이 그렇게 말한 것이었다), 쭈훙 동지는 힘껏 격려하더니 지침으로 삼을 만한 의견을 제시해 주었다.

말하자면 이 작품이 역사 다큐멘터리 문예작품인 이상, 역사적 사실에 근거해야 할 뿐만 아니라 상상 역시 합리적인 것이어야 한다. 또한 필치가 생동감 있고 우아해야 전문가들의 박수도 받고 독자들의 인기도 끌기 마련이라는 것이었다. 그리고 덧붙여 말하기를 원고가 다 되어 자기에게 한번 보여주면 추천사를 써주는 일까지 고려해 보겠다고 했다. 일이 이렇게 되자 나는 쓰지 않으려야 않을 수 없었다.

내게 기운을 북돋워주고자 장치우린은 아주 유능한 편집팀을 붙여주겠다고 했다. 이 팀은 이전에 작가 후핑(胡平)과 호흡을 맞춰 『자상중국(瓷上中國)』(중국 선전부의 '오개일장(伍個一奬 : 우수 인문 도서상)'을 받음)의 원고청탁과 편집일을 마무리한 적이 있다. 또 얼마 전 지은이를 도와 『어린이 백 명의 차이니즈 드림』의 창작 출판을 완수한 경험 많은 '드림 팀(dream team)'으로, 나의 글쓰기 작업에 커다란 도움을 주리라는 것이었다. 바로 이렇게 나는 장치우린 때문에 "글쓰기에 내몰리게" 되었다.

해혼후, 지워진 황제의 부활

1월 1일, 원단(元旦)이 지난 뒤, 우리의 작업은 정식으로 시작되었다. 우리는 토요일과 일요일을 이용해서 이야기의 요점을 두고 토론을 벌였다. 사장인 장치우린과 상임부사장 리우카이쥔(劉凱軍) 그리고 '드림팀'의 팀원들과 나는 여러 차례 의논하고 퇴고를 반복했다. 최종적으로 확정하기를, 한무제의 갖가지 이야기는 버리고 변화무쌍한 유하의 일생을 중심적으로 서술함으로써 이야기의 흡인력을 최고로 높이고 독자가 가장 궁금해하는 미스터리를 풀어주기로 했다. 이와 같이 기본적으로 서술의 방향과 사고의 맥락을 확정했던 것이다.

내가 저녁과 휴식 시간을 활용해서 원고를 쓰면, 편집팀은 '공중지원'을 해주었다. 우리는 인터넷을 통해 끊임없이 의견을 교환하고 논쟁을 벌였다. 아무 때나 무슨 생각이 나서 어떤 자료가 필요하면, 팀원들은 당장 정보를 수집하여 제공했다. 한 장(章)을 다 쓸 때마다 바로 보내주면, 그들은 구체적인 의견을 제시하고 신속히 피드백해 주었다. 원고 자체를 손볼 때도 있었고, 나의 작업 진도를 다그칠 때도 있었다. 나는 금방 미친 듯이 글을 써대는 상태에 이르러 한밤중인 한두 시까지 작업을 하기 일쑤였다. 어느 날 밤에는 흥이 나서 놀랍게도 단숨에 1만 7천 자를 쓰기도 했는데, 너무 오래 앉아 있다 보니 서 있기조차 힘들었고 휘청대는 것이 술 취한 듯했다.

나는 역사 이야기를 지금의 해혼후 묘 고고발굴과 연계시키려는 시도를 했다. 예컨대, 대묘에서는 십 몇 톤의 동전이 출토되었는데, 이 오수전(五銖錢)에는 모두 연호가 없었다. 묘 속에 왜 이렇게 많은 오수전이 있는 것일까? 이 돈의 용도는 무엇일까? 나는 기존의 추측과 분석을 살펴보았다. 일설에는 유하가 황제로 있었던 기간에 준비한 것인데, 자기의 연호를 공포해서 사용하는 시간에 대지 못해서 연호가 들어가지 못한 관계로 유통되지 못하다가 결국 부장품이 될 수밖에 없었다는 것이다. 다른 설에 따르면, 유하는 폐위된 뒤 속으로는 불복했기 때문에 반란을 준비할 용도로 은밀히 대량의 돈을 사적으로 주조했다는 것이다.

이러한 추측과 분석은 좀 억지스러운 면이 있다. 화폐 주조에 사용하는 틀은 일회용임에 틀림없으니, 연호를 첨가하기 위해 두 번 주조할 리가 없기 때문에 첫 번째 설은 결코 성립될 수 없다. 두 번째 설의 가능성 역시 크지 않다. 폐위된 뒤 유하는 감시 상태에 있었기에 이렇게 많은 돈을 사적으로 주조하는 커다란 일이 조정의 이목을 벗어날 수는 없기 때문이다.

나는 유하의 묘에서 출토된, 연호가 없는 그 많은 오수전을 두고 생각에 생각을 거듭해 보았지만 도통 그 이유를 알 수 없었다. 그러던 어느 날 한대의 부장품 자료를 열람하다가 한묘의 부장품에는 도자기로 만든 명폐(冥幣)가 있다는 유관 설명을 보았다. 명폐의 모양은 오수전과 비슷한데 도자기로 만든 것일 뿐 금속으로 만든 것은 아니었다. 그런데 한대의 남창은 청동 제련기술이 이미 상당히 발달해 있었으니, 유하가 해혼후로 봉해진 뒤, 당시 남창의 그러한 편리한 조건을 이용하여 차후 자기를 위한 부장품으로 쓸 생각으로 청동 재질의 오수전을 주조한 것이 아닐까 하는 생각이 들었다.

연호가 없는 이러한 오수전은 원래 '명폐'일 가능성이 지극히 높으

해혼후, 지워진 황제의 부활

니, "죽은 사람 모시는 것을 산 사람 모시는 것처럼 하는(事死如事生)" 한대의 장례제도에 따라 돈이 모자라지 않은 유하가 사전에 자기를 위해 금속제의 명폐를 준비한 것이다. 정말로 '잘나가는 토호'였으니 이렇게 많은, 연호 없는 동전이 출토된 것이다. 생각이 여기에 미치자 나는 갑자기 "머릿속이 시원하게 뺑뚫리는" 쾌감을 느꼈다.

이와 같은 분석을 편집팀에게 알려주자 모두 하나같이 일리가 있다고 여겼다. 그래서 책 속에 유관 내용의 서술을 늘렸더니 읽는 재미가 쏠쏠해졌다. 이렇게 영감이 번뜩 떠오르는 일이 글을 써가는 동안 여러 차례 벌어졌기에 나도 무한한 창작의 쾌감을 느끼게 되었다!

춘절이 오기 전, 약 1개월의 작업 끝에 거의 10만 자에 달하는 초고가 마침내 완성되었다.

장치우린과 리우카이쥔 그리고 '드림 팀'에게 고맙다고 해야겠다. 그들의 편달과 도움이 없었다면, 나는 이렇게 짧은 시간 내에 거의 10만 자에 달하며 역사성과 문학성을 겸비한 다큐멘터리 문학작품을 완성할 수 없었을 것이다.

이 책은 내가 문학창작에 종사한 이래 처음으로 출간한 처녀작이다. 이 책이 수많은 독자들에게 읽는 재미를 주고, 수많은 해혼후 팬들이 유하를 한층 더 이해하는 데 도움이 되었으면 한다.

그리고 이 책의 출간이 벽돌을 던져 구슬을 끌어들이듯이, 사학계와 문학계를 비롯한 각 방면의 전문가와 작가를 끌어들여 해혼후 유하에 관한 더 많은 도서를 창작하고 출판하게 함으로써 "하늘이 강서성에 선사한"이 역사문화의 명함이 영향력을 한층 더 발휘할 수 있게 되기를 바란다. 만약 더 큰 '야심'이 또 있다고 한다면, 그것은 이 책을 기초 삼아 제왕후 유하와 관련된 드라마나 애니메이션 작품을 만들어, 내가 나고 자란 이 땅을 위해 나의 역량을 바치고 싶다는 것이다.

리룽우

2016년 2월 16일 남창에서

바야흐로 막이 내리고 있는 2015년은 강서성(江西省)의 문화발전을 놓고 볼 때 틀림없이 장차 역사책에 기록되어야 마땅할 한 해였다. 직전 5년여에 걸쳐 긴급한 고고학적 발굴이 진전되어감에 따라 남창(南昌) 신건구(新建區)의 대당평향(大塘坪鄉) 관서촌(觀西村)에 자리잡은 본래 외지고 조용했던 돈돈산(墩墩山) 아래, 2천여 년의 세월 동안 깊이 잠들어 있던 남창 서한(西漢) 해혼후묘(海昏侯墓)의 신비스러운 베일이 점차 벗겨졌기 때문이다.

이 경천동지(驚天動地)의 대발견은 세상 사람들을 깜짝 놀라게 하고도 남을 만한 것이었다. 권위 있는 고고학 전문가의 평가에 의하면, 남창의 한대(漢代) 해혼후국(海昏侯國) 유적은 지금껏 중국에서 발견된 문물 가운데 보존 상태가 가장 좋고, 묘주(墓主) 및 주묘(主墓)의 내부구조가 가장 온전하고, 묘원(墓園) 구역과 도시 구역의 배치가 가장 분명하며, 출토된 문물의 종류와 수량이 가장 풍부한 대유적지라고 한다. 이 발견은 한대의 정치·경제·문화 그리고 사람들의 온갖 생활 방면을 연구함에 대단히 중요한 학술적·역사적·예술적 가치를 지니고 있다. 2016년 1월, 중국 사회과학원(社會科學院)이 주최한 중국 고고학계 연도별 중요 발견 선정회에서 남창의 서한 해혼후묘는 2015년도 "중국 고고학계 6대 신발견"에 이름을 올렸으니 중국 고고학계의 "오스카상"을 탔다고 할 만하고, 제4회 중국 공예미술 소장품 연례 회의에서는 해혼후묘에서 출토된 1만여 개의 진귀한 문물이 "2015년 중국 공예미술 10대 사건"의 하나로 뽑혔다.

천지의 정기가 서린 곳에서 우수한 인재가 나오는 법이니, 하늘이 강서성을 돕는구나! 너무나 아름다워 말로 표현할 수 없는 광활한 산천은 언제나 사심없이 사람들에게 비할 수 없이 멋지고 풍부한 보물을 드러내 보이고, 만물을 싣고 기른 역사적 비밀을 펼쳐 보이고 있다. 나는 여러 차례 해혼후 고분 유적 현장에 가보았다. 나는 고고학적 발견에 호기심이 넘치는 한 사람으로서 유적의 온전함과 묘원의 독특함 그리고 문물의 풍부함에 무척이나 놀랐고 옛날 선조가 남긴 현대적인 유물에 탄복했다. 또한 나는 해혼후국 고고학 유적 보호 및 연구를 책임지고 있는 관리자로서 선조가 남긴 이 진귀한 역사문화 유산을 대함에, 우리는 위로는 역대의 조상에게 떳떳할 수 있어야 하며 아래로는 자손만대를 행복하게 해주는 역사적 책임이라는 중책을 짊어질 수 있어야 한다고 생각한다.

나는 2010년에 강서성에 와서 일을 시작한 이후로 발길이 닿는 곳마다 정이 들어 기후와 풍토가 뛰어나게 아름다운 자연 환경과 깊고

해혼후, 지워진 황제의 부활

두터운 인문적 바탕을 가진 이 곳 강서성을 한층 깊게 이해하게 되었으니, 속으론 항상 진정한 애착과 자부심을 느끼고 있다. 해혼후 고분이 세상을 깜짝 놀라게 하면서 등장한 것은 두말할 것도 없이 전국은 물론 심지어 세계적 차원의 중요한 역사문화적 사건이다. 우리 시대의 사람들은 운이 좋아 기쁘게도 직접 볼 수 있게 되었으니, 더욱더 이 역사문화유산을 성실하게 대할 책임이 있다.

중대한 역사적 의의를 가진 이 문물의 보존과 개발 및 활용 프로젝트를 어떻게든 잘 해 내서 "모두가 문화유산을 보존하고, 모두가 보존 성과를 함께 누리는" 상태를 진짜로 만들어 내려면, 깊이 생각하고 전면적으로 기획하고 적절하게 추진하며 체계적으로 처리할 필요가 있는 것이다. 강서성위원회와 강서성정부는 이미 남창 한대 해혼후국 유적의 보존과 활용을 주요한 문화관광 프로젝트로 삼아 "제13차 5개년 계획"에 끼워 넣음으로써 해혼후국 유적관리국과 해혼후박물관 및 연구원을 설립했다. 그리고 강서성 안팎의 일류 단과대학과 종합 대학·과학연구기관·박물관과 협력하고, 높은 봉급을 주고 전국의 전문학자를 초빙하여 보존과 연구 수준을 공동으로 제고하고, 세계문화유산과 국가 5A급 관광지구 선정을 적극적으로 추진하고자 한다.

현재 해혼후묘의 고고학적 발굴과 보존 그리고 연구 등의 각종 작업은 일사불란하게 진행중이나, 유적지의 건설과 보존 그리고 활용과 관리 등의 작업은 여전히 맡은 바 책임은 무겁고 갈 길은 먼 상황이라고 할 수 있다. 이 작업은 정부와 사회 그리고 민간 각 방면이 지혜를 모아 보다 큰 효과를 거두고 한마음 한뜻으로 협력하는 것을 필요로

한다. 이렇게 해야만 비로소 이 역사문화 유산의 가치와 의의를 진정
으로 드러내고 개발해낼 수 있는 것이다.

  2016년 "양회(兩會)" 기간 동안 우리는 북경의 수도(首都) 박물관에
서 남창 한대 해혼후국의 고고학적 발굴 성과전을 개최하여 커다란
반향을 불러일으켰다. 북경 사람뿐만 아니라 다른 성과 시의 수많은
사람들이 비행기와 고속철을 타고 와서 관람했다. 또한 일반대중뿐만
아니라 수많은 인대대표(人大代表)와 정협위원(政協委員) 그리고 지도
자급 동지들도 다 명성을 흠모하여 찾아왔기에 날마다 5천장의 예매
권을 발행했지만 수요를 만족시키기 어려웠다.

  그리고 본서는 출간된 지 겨우 한달만에 판매부수가 10만을 돌파했
는데, 가장 많게는 하루에 11,300부가 팔려 나감으로써 전국 전기류
(傳記類) 베스트 셀러 순위 오프라인 서점 판매 1위를 차지했다. 또한
여러 회사가 잇달아 영화와 텔레비전 · 애니메이션 · 모바일 게임 각
색권을 사겠다고 나서고 있으며, 여러 해외 출판사도 이미 해외판권을
사들였다.

  문물이 있는 그대로의 사물이 아닌 것은 그것이 문화에 의탁하고
있기 때문이다. 고고학적 대발견이란 결국 인문역사를 중시한다는 것
이다. 장구한 세월 동안 묵묵히 묻혀 있던 문물의 진정한 가치는 문물
배후에서 일찍이 울고 웃으며 살았던 사람에게 있다. 해혼후묘의 중요
한 특색 가운데 하나는 바로 묘주의 특수성에 있다. 해혼후묘가 전사

해혼후, 지워진 황제의 부활

회적 관심을 불러 일으킨 까닭은 묘지에서 정교하고 아름다운 문물이 대량으로 출토되었기 때문이라기 보다는 그 배후에 풍부하고도 광활한 역사문화적 배경이 깃들여 있기 때문이다.

작금의 고분과 묘원 그리고 출토 문물의 특징을 문헌 기록과 결부시켜보고 특히 유하의 개인 도장에 근거해서 우리는 다음과 같은 사실을 확증할 수 있다. 해혼후 고분의 주인은 바로 한대 해혼후국 제1대 해혼후 유하다. 왕실 후예인 유하의 신분은 복잡하다. 그는 겨우 34세에 죽었고 한나라 역사상 재위기간이 가장 짧은 황제였지만, 한 몸에 왕(王)·제(帝)·후(侯)·평민이라는 네 가지 배역을 맡았다. 그러니까 역사라는 무대 위에서 제멋대로 날뛰는 새파란 청년에서 지존의 제위로 뛰어 올랐다가 휘황찬란한 최고봉에서 미끄러져 분개하다가 요절한 전기(傳奇)적이며 비극적인 삶을 연기한 셈이다.

이런 특별한 경력은 중국 역사상 오로지 이 한 사람 밖에 없다. 그의 사람됨과 정치활동 그리고 폐위 원인 등등을 놓고 사학계에서는 논쟁이 많고 더욱이 민간에서는 전설이 분분하다. 하여간 이 남창 한대 해혼후 고분 주인의 신상에는 신비롭고 전기적인 색채가 한 꺼풀 덧씌워져 있는 것이다. 해혼후의 미스테리를 풀어서 해혼후묘 세계문화유적 고고학 공원이 장기적이고 지속적인 활력과 영향력을 유지하여 강서성 문화관광 발전의 새로운 대표 상품이 되도록 만듦과 동시에 남창이 국제 대도시로 성장하는 티핑포인트가 되도록 하자면, 사학계·문학계·문화계 각 방면의 인재가 각자의 전문적인 시각에서 출발하여 역량을 발휘함으로써 유하와 해혼후묘를 적극적으로 연구하고 홍보하며, 새로운 연구성과를 끊임없이 제출하고, 해혼후가 함유하고 있는 풍부한 다원적 가치를 깊이 인식하고, 역사의 수수께끼를 풀어서 해혼후에 얽힌 이야기를 잘 설명할 수 있도록 만드는 일이 절실히 요구된다.

출판은 마땅히 시기를 잘 맞추어야 한다. 나는 중국 출판계에서 큰 영예를 누리고 있는 21세기 출판 그룹이 열심히 생각하고 신속히 움직여 재빨리 편집진을 조직해서 역사 다큐멘터리 색채를 지닌 문학작품인 『해혼후, 지워진 황제의 부활』을 출간하는 과정을 아주 기쁘게 지켜보았다. 중대한 사건은 허구로 구성하지 않고 사소한 일에는 융통성을 둔다는 원칙을 견지하고 있는 이 작품은 믿을 만한 사료를 근거로 삼아 고분에서 발굴된 대량의 문물과 결합시키고, 복잡하게 뒤섞여 있는 정사(正史) 그리고 전설과 일화로 이루어진 야사(野史)를 조목 조목 세밀하고 조리 있게 분석하여 오래된 역사가 자아낸 안개를 뚫고, 독특한 거시적 시야와 사실에 부합하는 디테일과 생생하고 거침 없는 묘사로 한나라 폐제 유하의 전기적인 삶의 모든 것을 흥미진진하게 이야기함으로써 지금껏 사람들이 모르고 있던 전혀 새로운, 말하자면 있는 그대로의 유하를 드러내고 있다.

작가는 역사를 거울로 삼아 옛사람과 대화를 하고 서술을 하고 논의를 하기도 하면서, 역사적 사실에 부합하는 증거와 인물을 대조하는 방법을 채용하여 왕위쟁탈과 권력투쟁 그리고 정치상의 지혜 및 성공과 실패의 인과관계 속에서 심오한 이치를 탐구하고 상세히 밝힘으로써 국가에 대한 자기자신의 깊은 사고와 민족에 대한 진실하고 열렬한 사랑 그리고 역사인물에 대한 명철한 분석을 설명하고 있다. 덕분에 수많은 독자가 유하와 해혼후 유적을 이해하는 데 아주 큰 도움을 얻게 되었다. 특별히 지적할 만한 것은 역사의 베일을 천천히 벗긴 뒤 작품의 마지막 부분에서는 독창적인 형식을 보여주고 있는데, 역사가 반복되고 유하가 다시 살아났다고 가정하는 방식을 통해 역사와 깊이 있는 대화를 진행하면서, 권력이 있어도 자기 마음대로 해서는 안 됨·어리다고 해서 마음대로 해서는 안 됨·외모가 곱다고 해서 지기 마음대로 해서는 안 됨·공로가 있다고 해서 자기 마음대로 해서는 안 됨·비빌 언덕이 있다고 해서 자기 마음대로 해서는 안 됨이라는 다섯 가지 차원의 전방위적 사고를 보여주고 있다는 점이다. 이러한 사고는 역사의 심층에서 비롯된 심오한 계시이자 작금의 정치와 처세에 대한 이성적인 차원의 경고인 셈이다.

새로 출토된 문물과 새로 발견된 자료에 근거하여 「십 년을 꾹 참다-서민 유하」라는 장을 군이 보충하여 쓴 본서의 수정판에서는 폐위된 뒤 유하의 서민 생활이 그려지고 있으며, 그와 동시에 나머지 장절(章節)도 손을 봄으로써 등장인물이 더 많아지고 그만큼 특색도 더 많이 가미되어 이야기의 흡인력이 더 늘어나게 되었다. 유하가 살았던 격동의 한대(漢代)는 진작에 아득히 먼 역사가 되었지만, 역사라는 커다란 무대 위에서 유하의 전기적인 운명에 반영된 정치의 이치와 인생의 철리(哲理) 등등의 풍부한 내용은 오랜 세월이 흘렀어도 오히려 더욱더 새롭게 느껴져 후세 사람이 거듭 깊이 음미해볼 만한 가치가 있다. 묘실(墓室)의 구조와 문물의 배치를 통해 우리는 한대의 무덤 제도가 죽은 사람 모시는 것을 산 사람 모시는 것처럼 하는 것임을 알 수 있다. 그러나 역사학자가 늘 말하듯이, 모든 역사는 현대사인 것이다. 해혼후 유적 앞에 서서 유하의 모든 삶을 회상하면서 작가가 선보이고 있는 독창적인 해독과 사고는 이 책이 읽는 재미를 주고 관광문화 발전을 촉진하는 평범한 도서일 뿐만 아니라 깊은 생각에 잠기게 하는 진지한 역사 저작물로 불릴만 하다.

나는 이 책이 수많은 독자들 사이에서 인기를 끌 뿐만 아니라 문화계에서 갈채를 받을 수 있기를 기대한다. 그리고 해혼후묘의 고고학적 발견 성과가 늘어남에 따라서 출판자원도 장차 연이어 끊어지지 않고 나타나기를 바란다. 훌륭한 문화유산을 계승하여 새로운 역사문화 대표상품으로 만드는 것은 21세기 출판 그룹을 포함한 강서성 출판인이라면 피할 수 없는 책임이다. 이 책이 세상에 선보이는 기회를 빌어 우리는 해혼후를 주제로 하는 더 좋고 더 많은 도서가 쏟아져 나와 강서성의 역사문화유산 보존 및 개발 사업을 촉진하여 한 걸음 더 나아가게 만들기를 기대한다.

쭈홍(朱虹)
강서성위상위, 성위비서장,
'남창 한대 해혼후국 유적지 보존연구 활용사업 관리팀' 팀장

해혼후, 지워진 황제의 부활

고고학적 발견과 역사적 상상력이 밝혀낸 비운의 서사 드라마

이 책을 편 독자는 아마 적어도 두 번은 놀랄 것이다. 책 앞쪽에 실려 있는, 거의 완벽하게 보존되어 있는 2천 년 전의 진귀하고도 세련된 여러 가지 문물의 모습에 눈이 번쩍 뜨일 것이고, 그 막대한 양의 문물 주인이 어느 대제국의 황제가 아니라 당시 중국의 남쪽 변방에 살았던 일개 제후에 불과하다는 사실에 어쩌면 기가 턱 막혀 입을 다물지 못할지도 모른다.

2011~2015년에 걸친 최초 발견과 지속적인 발굴을 통해 중국 고고학계를 흥분의 도가니에 빠뜨린 강서성 남창 한나라 시대 고분의 주인은 '해혼후 유하'라는 사실이 밝혀졌다. 유하는 비록 저 유명한 한무제의 손자이기는 하지만, 황제의 자리에 단 27일밖에 있지 못하고 폐위된 까닭에 중국사에 제법 익숙한 사람이라 해도 그의 이름은 낯설다. 그런 그가 '한대 고고학 발견 중 최고'라는 평가를 받는 부장품과

함께 불쑥 세상에 다시 나타났으니, 어찌 보면 애처롭고 또 어찌 보면 한심한 그의 인생에 때아닌 스포트라이트가 쏟아졌다. 이에 이 책을 비롯해서 해혼후의 일생과 고고학적 발견 문물을 소개하는 책이 여럿 나오기 시작했다.

그 가운데서도 비교적 이른 시기에 나온 이 책의 남다른 장점은 화보집 수준을 넘어서 출토 문물과 역사적 기록을 토대로 유하의 일생을 근거 있고 합리적인 역사적 상상력을 잘 발휘하여 촘촘하게 재구성했다는 점이다. 덕분에 독자들은 사실적인 다큐멘터리를 보면서도 또 한편으로는 역사소설을 보는 듯한 즐거움을 느낌과 동시에 유하의 기구한 일생이 은연중에 제시하고 있는 철학적 · 정치학적 의미를 되새겨보는 시간을 가질 것이다. 그밖에 다른 여러 가지 특장점은 저자 후기와 추천사에 잘 밝혀져 있고, 무엇보다 아직 이 책을 읽어보지 못한 독자들에게는 일종의 스포일러가 될 수도 있으므로 더 이상 언급하지 않겠다.

역자로서 적지 않은 세월 동안 여러 가지 책을 번역해 오는 가운데 원서의 저자를 직접 만나본 경우는 지금까지 딱 두 번 있었다. 한 사람은 한국에서도 밀리언셀러로 유명한 틱낫한 스님이었고, 또 한 사람은 바로 이 책의 저자 리룽우였다. 2016년 북경 북페어의 행사와 오찬에서 만난 그는 공교롭게도 나와 동갑내기였는데, 본래 직업은 강서성의 고위직 공안이었다. 다부진 체격에 날카로운 눈매를 가진 그는 바쁜

해혼후, 지워진 황제의 부활

업무 가운데 틈틈이 짬을 내서 이러한 본격적인 저술을 할 정도로 열정적인 인물임을 금방 알아볼 수 있었다. 그것을 입증이라도 하듯 그는 베이징대·칭화대·푸단대 그리고 하버드대를 비롯한 50여 개의 유명 대학은 물론 중국 내의 여러 기업에서 이 책과 관련한 강연 릴레이를 지속적으로 펼치고 있다.

그러므로 아마도 조만간 한국의 대학 등등에서 그의 강연을 들을 기회가 올지도 모르겠다. 역자로서 자기 고향에서 발견된 유물을 전세계에 알리는 데 자기의 모든 '역량'을 바치고 싶어하고, 이미 해혼 후 웹드라마 상영 등등 소기의 성과를 하나하나 이루어 가고 있는 저자의 '장정(長征)'에 박수를 보내며 앞으로 기회가 된다면 또 동참하고 싶다.

마지막으로 이 책의 번역에 관해서 몇 가지 밝힐 것이 있다. 역사물이라서 중국 고전 문어(文語)가 꽤 등장하는데, 저자가 그 해석을 현대 중국어로 병기할 경우에는 역자의 의견이 좀 다르다 해도 저자의 해석을 따랐다. 그러나 병기하지 않고 문어만 등장할 경우에는 역자의 생각대로 옮겼다. 그리고 내용상 중복되는 부분 또는 사족이라 여겨지는 부분은 편집자의 의견을 받아들여 과감하게 생략했다. 그러나 이것 역시 홍콩판본 등의 편집을 참고해서 독단적인 것이 되지 않도록 조심했음을 밝힌다.

그러면 역자의 더딘 작업을 인내하며 기다려서 또 한 권의 멋진 책을 만들어준 나무발전소 편집팀과 한국어판 번역 기회를 준 중국의 21세기 출판사에 감사함을 표하는 것으로 역자후기를 맺는다.

역자 진화
2018년 4월 어느 봄날에
동북아(東北亞) 대표 항왜성지(抗倭聖地) 여수 양망재(兩忘齋)에서

해혼후, 지워진 황제의 부활

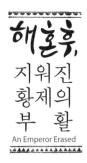

초 판 1쇄 인쇄 | 2018년 5월 1일
초 판 1쇄 발행 | 2018년 5월 8일

지은이 | 리롱우
옮긴이 | 진화

펴낸이 | 김명숙
펴낸곳 | 나무발전소
디자인 | 이명재
교 정 | 정경임

등 록 | 2009년 5월 8일(제313-2009-98호)
주 소 | 서울시 마포구 합정동 358-3 서정빌딩 7층
이메일 | tpowerstation@hanmail.net
전 화 | 02)333-1962
팩 스 | 02)333-1961

ISBN 979-11-86536-56-8 03900